Die Zeugnisverweigerungsrechte von Geistlichen und kirchlichen Mitarbeitern

Schriften zum

STAATSKIRCHENRECHT

Herausgegeben von
Axel Frhr. von Campenhausen
und Christoph Link

Band 30

PETER LANG
Frankfurt am Main · Berlin · Bern · Bruxelles · New York · Oxford · Wien

Walter Fischedick

Die Zeugnisverweigerungsrechte von Geistlichen und kirchlichen Mitarbeitern

PETER LANG
Europäischer Verlag der Wissenschaften

Bibliografische Information Der Deutschen Bibliothek
Die Deutsche Bibliothek verzeichnet diese Publikation in der Deutschen Nationalbibliografie; detaillierte bibliografische Daten sind im Internet über <http://dnb.ddb.de> abrufbar.

Zugl.: Frankfurt (Main), Univ., Diss., 2005

D 30
ISSN 1437-3149
ISBN 3-631-54053-1

www.peterlang.de

Vorwort

Die vorliegende Arbeit wurde im Wintersemester 2004/2005 von der juristischen Fakultät der Johann Wolfgang Goethe-Universität Frankfurt am Main als Dissertation angenommen. Text und Anmerkung befinden sich auf diesem Stand.

Dank gilt Herrn Prof. Dr. Stolleis für die Annahme und Betreuung der Arbeit sowie seine zügige Begutachtung. Ebenfalls danke ich Herrn Prof. Dr. Wolf für die Erstellung des Zweitgutachtens.

Mein besonderer Dank gilt all jenen Freundinnen und Freunden, die mit Rat, Hilfe und Geduld unschätzbare Wegbegleiter bei Entstehung dieser Arbeit gewesen sind.

Dank gilt selbstverständlich auch meinen Eltern für ihre Unterstützung.

Den Bistümern Mainz und Limburg sowie dem Erzbistum Köln danke ich herzlich für die Gewährung eines Druckkostenzuschusses.

Frankfurt am Main im April 2005 — Walter Fischedick

Inhaltsverzeichnis

Einleitung

Gegen Ende des Zweiten Weltkriegs wird der Münchener Kaplan Hermann Joseph Wehrle auf Anordnung des nationalsozialistischen Gewaltregimes ermordet. In seiner Eigenschaft als Seelsorger war er zum Mitwisser des Attentatplans vom 20. Juli 1944 geworden. Eine Anzeige jedoch erstattete er nicht. Seine Verschwiegenheitspflicht als Geistlicher verbot ihm dies, so dass er seine priesterlichen Vorschriften zum Schutz anderer über sein eigenes Leben stellte.[1] Ein solches Ereignis gehört wohl mit zu den spektakulärsten Fällen eines Martyriums der Beichtverschwiegenheit und ist, demokratische und rechtsstaatliche Verhältnisse vorausgesetzt, heute so nicht mehr denkbar. Die modernen deutschen Verfahrensordnungen besitzen Ausnahmeregelungen, die in solchen Konfliktsituationen eine Verweigerung der Zeugenaussage ermöglichen. So sieht die Strafprozessordnung sowohl für die Geistlichen als auch für andere kirchliche Mitarbeiter eine Befreiung von der allgemeinen Zeugenpflicht vor. Die zentrale Norm bildet hierbei § 53 Abs. 1 Nr. 1 StPO. Sie berechtigt Geistliche zur Verweigerung des Zeugnisses über all das, „was ihnen in ihrer Eigenschaft als Seelsorger anvertraut worden oder bekannt geworden ist". Diese seit vielen Jahrhunderten nur wenig veränderte Privilegierung ist zur Grundlage für einen weitreichenden und differenzierten Schutz vor einer ungewollten Offenbarung vertraulicher Inhalte im gerichtlichen Verfahren geworden. Der Gesetzgeber hat nicht nur einzelnen kirchlichen Berufsgruppen, wie den Beraterinnen und Beratern nach dem Schwangerschaftskonfliktgesetz oder solchen der Suchtberatung, gemäß § 53 Abs. 1 Nrn. 3a und 3b StPO ein originäres Zeugnisverweigerungsrecht gegeben, sondern generell auch die Aussagepflicht der Gehilfen von Geistlichen gemäß §§ 53, 53a StPO beschränkt. Selbst Regelungen zum Schutz der Geheimnisse des „öffentlichen Dienstes" gemäß § 54 StPO werden auf kirchliche Mitarbeiter angewandt. Mit diesen Möglichkeiten der Zeugnisverweigerung verbinden sich weitere Normen, die vor der Preisgabe vertraulicher Inhalte schützen wollen. Zur Verhinderung einer Umgehung der Zeugnisverweigerungsrechte findet das Beschlagnahmeverbot gemäß § 97 StPO daher auch auf die Geistlichen und ihre Gehilfen ebenso Anwendung wie § 100d Abs. 3 S. 1 StPO, der zumindest die Geistlichen vom sogenannten „großen Lauschangriff" aus-

[1] Morschhäuser, Zeuge des Glaubens in bedrängter Zeit, S. 453 u. 458; Stein, Hat die Schweigepflicht des Seelsorgers Grenzen?, WuPKG 1972, S. 375-388, 454-463

nimmt. Sogar das Wissen um die Begehung zukünftiger Straftaten muss ein Geistlicher gemäß § 139 Abs. 2 StGB nicht preisgeben. Weiterhin hat der Gesetzgeber auch in seinen zivilprozessualen Vorschriften einen zum Strafprozess parallelen Schutz normiert, so dass Geistliche und Gehilfen gemäß der §§ 383 und 376 ZPO von der Zeugenpflicht befreit werden. Darüber hinaus hat das Bundesverfassungsgericht auch noch bejaht, dass sich im Einzelfall unter bestimmten Voraussetzungen ein über die positivrechtlich normierten Vorschriften hinausgehendes Zeugnisverweigerungsrecht unmittelbar aus der Verfassung ergeben kann.[2] Aufgrund der zahlreichen Verweisungen strahlen die Zeugnisverweigerungsrechte auf viele andere Verfahrensordnungen aus. So gelten die Zeugnisverweigerungsrechte der Geistlichen teilweise im verwaltungsgerichtlichen Verfahren (§ 98 VwGO), im Verfahren vor dem Arbeits- (§ 46 ArbGG), vor dem Finanz- (§ 82 FGO) und Sozialgericht (§ 118 SGG) sowie im Ordnungswidrigkeitsgesetz (§ 38 OwiG), in der Abgabenordnung (§ 102 Abs. 1 Satz 1) und in der freiwilligen Gerichtsbarkeit (§ 15 FGG). Eine intensive Auseinandersetzung mit diesen Zeugnisverweigerungsrechten der Geistlichen und der kirchlichen Mitarbeiter hat in Rechtsprechung und Literatur bislang aber nur sehr vereinzelt stattgefunden. Weder existiert eine umfänglichere Darstellung zumindest der zentralen Verweigerungsmöglichkeiten für Geistliche und Mitarbeiter, noch sind die Zeugnisverweigerungsrechte im Hinblick auf die Veränderungen, die in den vergangenen Jahrzehnten in den kirchlichen Gemeinden und in der Gesellschaft stattfanden, untersucht worden. Immer öfter übernehmen nämlich sogenannte *Laien* die Aufgaben von geweihten Priestern und ordinierten Pastoren. Die Reichweite ihrer Zeugnisverweigerungsrechte hängt jedoch entscheidend von ihrer Klassifizierung als Geistliche oder als Gehilfen ab. Auch arbeiten mittlerweile mehr als eine halbe Million hauptberuflicher Mitarbeiterinnen und Mitarbeiter und weit mehr noch ehrenamtlich tätige Menschen im Auftrag der beiden großen christlichen Konfessionen und partizipieren auf ganz verschiedene Weise an der Seelsorge der Geistlichen.[3] Viele davon sind im sozialen Bereich tätig, der mehr als andere Arbeitsfelder Anlass zu Konflikten mit der Zeugenpflicht bietet. Die verschiedenen Bereiche kirchlicher Arbeit haben sich aber in den vergangenen Jahren immer weiter ausdifferenziert, so dass fraglich ist, ob die Zeugnisverweigerungsrechte tatsächlich alle diese Beschäftigten erfassen sollen und wo gegebenenfalls Grenzen zu ziehen sind. Zwar wurden im Laufe der Zeit vor diesem Hintergrund kritische Fragen

---

[2] BVerfGE 33, 367 (374f.)

[3] Lienemann, Kirchlicher Dienst zwischen kirchlichem und staatlichem Recht, S. 497; Rüfner, Das kirchlich rezipierte und adaptierte Dienst- und Arbeitsrecht, HdbStKirchR, Bd. II, S. 877

gestellt,[4] jedoch bislang nicht genauer diskutiert oder beantwortet. Deshalb soll durch die nachfolgende Untersuchung eine ausführlichere Beschäftigung mit dieser Problemstellung stattfinden, die zumindest auf die zentralen Normen fokussiert, die Geistlichen und kirchlichen Mitarbeitern ein Recht zur Zeugnisverweigerung gewähren. Im Mittelpunkt der Arbeit stehen die entsprechenden strafrechtlichen Normen, denn sie haben fundamentale Bedeutung für alle anderen Vorschriften und rufen aufgrund des starken Eingriffs in die staatliche Rechtspflege auch die größeren Konflikte hervor. Darüber hinaus werden aber auch jene zivilprozessualen Vorschriften Berücksichtigung finden, die ähnliche Regelungen für das Zivilverfahren zum Inhalt haben. Die hieraus abgeleiteten Normierungen anderer Verfahrensordnungen oder jene, die wie das erwähnte Beschlagnahmeverbot oder verbotene Abhörmaßnahmen aus dem Recht der Zeugnisverweigerung folgen,[5] können dabei außer Acht bleiben, da sich die zentralen Fragen vermittels der hier ausgewählten Normen klären lassen.

Die Untersuchung gliedert sich in drei Teile. Der erste Teil behandelt die Grundlagen der Zeugnisverweigerungsrechte. Hierzu wird zunächst ein Aufriss der Historie erfolgen, da die Ausnahmeregelungen für Geistliche einen weit in die Vergangenheit reichenden Ursprung besitzen, der eng mit Entwicklungen in der katholischen und evangelischen Kirche verknüpft ist. Die ökumenische Perspektive bleibt dabei für die Arbeit bestimmend, da trotz eines gewissen Bedeutungsverlustes und Wegbrechens volkskirchlicher Strukturen beide Kirchen immer noch die mit Abstand größten Bekenntnisse bilden und die meisten Berührungspunkte mit dem Staat haben. Zu den Grundlagen der Zeugnisverweigerungsrechte gehört darüber hinaus auch die Analyse von Spannungen zwischen den allgemeinen Zeugenpflichten und den damit einhergehenden Einschnitten in die Rechte von Zeugen. Dabei ist zu klären, warum der weltanschaulich neutrale Gesetzgeber Privilegierungen für Geistliche und kirchliche Mitarbeiter überhaupt zulässt, welche Zwecke er damit verfolgt und welche anderen, die Zeugenaussage überwiegenden Rechtsgüter er damit möglicherweise schützen will.

Der zweite Teil der Arbeit bemüht sich um die Klärung der notwendigen Voraussetzungen zur Ausübung der Zeugnisverweigerungsrechte der Geistlichen. Die bisherige Literatur beschränkt sich hierbei auf wenige Sätze und tradiert Jahrzehnte alte Vorstellungen, die den Veränderungen jüngster Zeit nicht mehr gerecht werden. Vor allem aber wird es darum gehen müssen,

---

[4] Ling, Zum Geistlichenprivileg im Strafrecht, S. 325; Leipziger Kommentar - Hanack, § 139, Rdnr. 7f.; Haas, Zeugnisverweigerungsrecht des Geistlichen, NJW 1990, S. 3254

[5] Zur Problematik von Erhebungsmethoden für den Geheimnisbereich der Geistlichen: Radke, Beichtgeheimnis und Zeugnisverweigerung, ZevKR 2003, S. 385-406

aus dem dünnen Gesetzesmaterial ein Gerüst zu entwickeln, das die Vielzahl unterschiedlicher Personen und Situationen trägt. Wer aber in einer Religionsgemeinschaft als *Geistlicher* angesehen werden kann, richtet sich dabei nicht allein nach den Anforderungen der weltlichen Normen, sondern maßgeblich auch nach dem Selbstverständnis der Kirchen, das aufgrund ihres Selbstbestimmungsrechts Berücksichtigung finden muss. Eine rein juristische Zugangsweise würde den Gesetzen zur Zeugnisverweigerung nicht gerecht werden, vielmehr ist die Auseinandersetzung mit den Zeugnisverweigerungsrechten auch ureigenste Materie des Staatskirchenrechts, das nicht zuletzt verwiesen ist auf Nachbarwissenschaften wie die Theologie. Um in der Praxis verwendbare Lösungen zu erhalten, ist daher die interne Perspektive der Religionsgemeinschaften jeweils mit den zuvor entfalteten Anforderungen des Gesetzes abzugleichen. Weder innerhalb der Kirchen noch in der Rechtsprechung ist diese notwendige Verzahnung bislang im Detail erfolgt. In diesem Kontext wird dann auch die bislang überwiegende Meinung hinterfragt, ob die Zeugnisverweigerungsrechte allein auf die Geistlichen der christlichen Kirchen und jener Religionsgemeinschaften, die den Körperschaftsstatus des öffentlichen Rechts besitzen, zu beschränken sind. Diese Fragestellung ist von großer Bedeutung, da heute weniger der Staat die Religion bedroht als vereinzelt auch die Religionen den Staat. Die dem Religiösen innewohnende Dialektik von Nutzen und Gefahr muss deshalb auch im Hinblick auf den Kreis der Zeugnisverweigerungsberechtigten sorgfältig abgewogen werden. Die Auslegung der Normen steht durch das Anwachsen des Islams zur drittgrößten Konfession in Deutschland oder aufgrund möglicher Gefahren durch fundamentalistische Gruppen vor neuen Herausforderungen. Sollten die Zeugnisverweigerungsrechte auch für andere Religionsgemeinschaften als ausschließlich für die christlichen gelten, ist daher die Frage, wer unter den Begriff „Geistliche" subsumiert werden kann, äußerst bedeutsam. Um aber im Rahmen der vorliegenden Untersuchung zu bleiben, müssen die Ausführungen bezüglich der konkreten Anwendung hier auf Lehre und Praxis der katholischen und evangelischen Kirche beschränkt bleiben. Einige der Ergebnisse werden sich jedoch, trotz der Glaubensunterschiede, auch auf andere Religionsgemeinschaften übertragen oder doch zumindest als hilfreiche Kontrastfolie und Grundlage für weiterführende Untersuchungen nutzen lassen.

Der dritte und abschließende Teil nimmt die zahlreichen weiteren kirchlichen Mitarbeiter in den Blick. Sie arbeiten in den unterschiedlichsten Einrichtungen der Kirchen, in denen sich Konfliktlagen ergeben, für die eine Ausübung der Zeugnisverweigerungsrechte relevant werden kann. Die nachfolgenden Darlegungen wollen sichtbar machen, welche kirchlichen Mitarbeiter in wel-

chen Positionen und Institutionen ein Zeugnisverweigerungsrecht ausüben können und unter welchen Voraussetzungen dies geschehen kann. Hierbei können nicht alle in Betracht kommenden Tätigkeiten einzeln aufgelistet und geprüft werden, dazu ist der kirchliche Arbeitsbereich zu differenziert und umfangreich. Aber die gegebenen Beispiele sollten in die Lage versetzen, Schlussfolgerungen für alle kirchlichen Mitarbeiter zu ziehen und auch aus der Perspektive der Praxis Zweifelsfragen zu beantworten.
All jene hier zu erörternden rechtlichen Schwierigkeiten der Geistlichen und kirchlichen Mitarbeiter, die im Prozess als Zeugen geladen werden, sind fernab von der Dramatik des Schicksals eines Kaplan Wehrle. Fragen zu den Zeugnisverweigerungsrechten der Geistlichen und kirchlichen Mitarbeitern gehören auch nicht zu den täglichen Problemen, die es im Gerichtssaal zu klären gilt. Dennoch wurden Konflikte in diesem Bereich mit einer gewissen Regelmäßigkeit in den vergangenen Jahrzehnten immer wieder akut und können in unterschiedlichster Form täglich erneut relevant werden, so dass eine tiefergehende Hilfestellung geboten erscheint.

A. Grundlagen der Zeugnisverweigerungsrechte

I. Ursprung und Entwicklung der Zeugnisverweigerungsrechte für Geistliche

Mit den Privilegien zur Verweigerung des Zeugnisses hat der moderne Gesetzgeber nur wenig verändert Normen übernommen, die seit Jahrhunderten die Zeugnispflicht der Geistlichen vor Gericht einschränken. Den Ausgangspunkt dieser Entwicklung bildete die kirchliche Lehre, insbesondere ihre Theologie und ihr Recht. Denn durch die Ausbreitung des Christentums in Europa und dem damit verbundenen Vordringen des kirchlichen Rechts wurde das Geistlichenprivileg fest in die späteren Prozessordnungen verankert. Entscheidende Voraussetzung hierfür war, dass sich weltliche und kirchliche Gewalt in ihrem Streit um den Herrschaftsanspruch trotz teils gegensätzlicher Interessen in der Verbundenheit des mittelalterlichen *Corpus Christianum* arangierten.[1] Die Geltung des Kirchenrechts beschränkte sich damals nicht allein auf die Kirche, sondern beeinflusste ebenso weltliche Rechtsmaterien, und umgekehrt war „alles Recht, auch das ius civile, innerhalb dieser Rechtsgemeinschaft geistlich geprägt, zur Theologie hin offen und von dorther bestimmt."[2] So setzte sich nach und nach auch eine Sonderstellung für Kleriker im Gerichtsverfahren durch, die bis in die Gegenwart hinein Bestand hat.

1. Buße und Beichtgeheimnis als Ausgangspunkt der Verschwiegenheitspflicht

Den Ursprung der prozessualen Privilegierung von Geistlichen bildete die kanonische Buße der alten Kirche. Nachdem die Christen zunächst allein vermittels der Taufe die vollständige Vergebung der Sünden erhielten, setzte sich langsam die anfänglich umstrittene Möglichkeit durch, aufgrund einer streng reglementierten öffentlichen Buße auch nach der Taufe eine einmalige Sündenvergebung zu empfangen. Kennzeichnend hierfür war ein dreistufiges Bußverfahren. Es bestand aus liturgischen Vollzügen, wie dem Schuldbekenntnis vor dem Bischof und der öffentlichen Aufnahme in den „Stand der

[1] Schlaich, Art. Corpus Christianum, EvStL, Sp. 421ff.
[2] Campenhausen, Staatskirchenrecht, S. 11

Buße", dessen äußeres Kennzeichen die Handauflegung durch den Bischof und die Übergabe des Bußgewandes war. Daraufhin folgte die Wiedergutmachung des Schadens, und am Gründonnerstag bildete die Rekonziliation als zeichenhafter Ausdruck der *Pax cum Deo* und der *Pax cum ecclesia* den Abschluss.[3] Bereits im späten römischen Recht wurde deshalb zunehmend darauf gedrungen, dass den Geistlichen vertraulich Mitgeteiltes auch ebenso zu behandeln sei,[4] und es wurde dem weltlichen Richter ausdrücklich untersagt, einen Bischof oder Kleriker als Zeugen im Prozess zuzulassen.[5] Das altkirchliche Rekonziliationswesen ging jedoch im 4. und 5. Jahrhundert immer stärker zurück, und auch die Einmaligkeit der Buße bezog sich nur noch auf die öffentlichen Anstoß erregenden Sünden. Mehr und mehr wurde jetzt – dem Gedanken Augustins „corripienda sunt secretius, quae peccantur secretius"[6] folgend– auf ein öffentliches Verfahren verzichtet und das Erfordernis der Wahrung des Beichtsiegels herausgestellt.[7] Einen entscheidenden Beitrag zur Institutionalisierung des Beichtgeheimnisses leistete dann im 6. Jahrhundert die Missionstätigkeit der iro-schottischen Mönche, indem sie die private Buße in der westlichen Christenheit noch stärker verbreiteten und so die verschiedenen kirchlichen und liturgischen Bußformen anglichen.[8] Indem die private Buße nun vom öffentlichen Raum in die Sphäre des Zwiegesprächs zwischen Seelsorger und Beichtenden verlagert wurde, kam es zugleich zum vollständigen Wegfall der Öffentlichkeit. Von nun an war die Buße unbeschränkt wiederholbar und nicht mehr an den Zeitpunkt des unmittelbar bevorstehenden Todes gekoppelt. Vor allem aber wurde jetzt je nach Art und Schwere der Sünde die Bußleistung speziell tarifiert, wodurch das subjektiv-persönliche Element stärker hervortrat, das öffentliche Zeichen für die durch die Sünde bewirkte Absonderung des Sünders von der christlichen Gemeinde aber immer mehr verloren ging. Erst die Normierung

---

[3] Sattler, Art. Bußsakrament, LThK, S. 851f.; Kalb, Art. Buße, LKStKR Bd. I, S. 309

[4] Kurtscheid, Das Beichtsiegel in seiner geschichtlichen Entwicklung, FThSt 1912, S. 3-23

[5] Die von Uhlendorff, Das Zeugnisverweigerungsrecht in der Hauptverhandlung und seine geschichtliche Entwicklung, S. 21, und von Görtz-Leible, Die Beschlagnahmeverbote, S. 35, vertretene Ansicht, dass es Ausnahmen für Geistliche im römischen und germanischen Prozess nicht gab, ist wohl unzutreffend. So bestimmte beispielsweise Kaiser Theodosius: „[...] Episcopum ad testimonium dicendum admitti non decet." Dem folgte auch eine ähnliche Konstitution Kaiser Justinianus´ Augustus. Marcianus dehnte solche Regelungen auf alle Kleriker der Stadt Konstantinopel aus und Zeno gab dieses Privileg schließlich allen Klerikern; zum Ganzen: Knopp, Der katholische Seelsorger als Zeuge vor Gericht, S. 4f. m. entspr. Nw.

[6] Schanz, Die Lehre des hl. Augustin über das hl. Sakrament der Buße, ThQ 1895, S. 599

[7] Kurtscheid, Das Beichtsiegel in seiner geschichtlichen Entwicklung, S. 43-64

[8] Sattler, Art. Bußsakrament, LThK, S. 847

der Pflichtbeichte war es, die eine innere Notwendigkeit mit sich brachte, die Schweigepflicht unter allen Umständen zu wahren.[9] Denn nur, wenn das Gebeichtete auch vor Missbrauch sicher war, konnte die Beichte redlicherweise zur Pflicht erhoben werden. Ohne das Beichtsiegel – so die kirchliche Vorstellung – würde die Beichtpflicht *onerosum et odiosum*, beschwerlich und verhasst, das Sakrament der Buße in Gefahr kommen, gemieden zu werden, und so das Seelenheil aufs äußerste gefährdet sein.[10]

Auf dem 4. Laterankonzil (1215) war es schließlich soweit: Es erhob nicht nur den seit dem 8. Jahrhundert durch Einzelvorschriften von Bischöfen und Synoden bestehenden mindestens jährlichen Beichtgang zur Pflicht und machte ihn zur Voraussetzung für die Teilnahme an der österlichen Eucharistiefeier,[11] sondern übernahm auch die auf älterem Recht und Tradition aufbauenden Grundsätze zum Beichtgeheimnis.[12] Ein Priester sollte sich demnach hüten, „durch ein Wort, ein Zeichen oder auf eine beliebige andere Weise den Sünder in irgendeiner Hinsicht zu verraten [...]", und wer eine ihm im Beichtgeheimnis enthüllte Sünde zu offenbaren wagte, der sollte „[...] nicht nur vom priesterlichen Amte abgesetzt, sondern auch, um immerwährende Buße zu tun, in ein strenges Kloster verstoßen werden."[13] Damit waren die allgemeinkirchlichen Grundlagen zum Schutz des Beichtgeheimnisses statuiert. Kurze Zeit später gingen diese Bestimmungen in jene unter dem Namen *Compilatio quarta*[14] bekannte Rechtssammlung über, von wo aus sie schließlich in die *Dekretalien* aufgenommen wurden.[15] Über die Jahrhunderte hindurch hatten sie unverändert Bestand und fanden dann zunächst Eingang in den can. 889 des Codex Iuris Canonici (CIC) von 1917, bis sie schließlich in can.

[9] Immer noch gab es verschiedene Anlässe, die ganz offiziell zum Bruch des Beichtgeheimnisses führen konnten: So war der Beichtpriester verpflichtet, bestimmte dem Bischof zur Absolution vorbehaltene Sünden unter namentlicher Angabe der Person diesem zu melden. Sünder mit schwerwiegenden Vergehen wurden ohnehin zur bischöflichen Rekonziliation am Gründonnerstag ausgesandt. Auch durfte das Beichtwissen zur Verhinderung eines Sakrilegs oder der Abwendung drohender Gefahren für Leib und Gut des Nächsten preisgegeben werden. Und es konnten durch das pfarrherrliche Korrektions- und Aufsichtsrecht weitere Kollisionen mit dem Schweigegebot entstehen. Frank, Art. Beichte II, TRE, S. 419

[10] Mode, Beichtsiegel und Zeugnispflicht nach der Reichsprozessordnungen, AfkathKR 1902, S. 476

[11] Denzinger/Hünermann, Kompendium der Glaubensbekenntnisse, Rdnr. 812

[12] Plöchl, Geschichte des Kirchenrechts, Band IV, S. 150

[13] „Er [der Priester] hüte sich aber sehr, durch ein Wort, ein Zeichen oder auf eine beliebige andere Weise den Sünder in irgendeiner Hinsicht zu verraten [...].", Denzinger/Hünermann, Kompendium der Glaubensbekenntnisse, Rdnr. 814

[14] c. 3 V 14

[15] c. 12 X, V, 38 de poenit.; Decretum Gratiani, De poenit. VI c. 2; Petrus Lombardus, Sentenzen, IV d. 21 c. 9; Kurtscheid, Das Beichtsiegel in seiner geschichtlichen Entwicklung, FThSt 1912, S. 65

983 § 1 des CIC von 1983 Bestandteil des gegenwärtig gültigen kirchlichen Rechts wurden: „Das Siegel des Sakraments ist unverletzlich. Deshalb achte der Beichtvater sorgfältig darauf, dass er nicht durch Wort oder Zeichen oder auf irgendeine andere Weise und aus welchem Motive auch immer den Sünder, und sei es nur bis zu einem gewissen Grade, preisgibt."

2. Beichtgeheimnis und Schweigepflicht im gemeinen Strafprozess

Aufgrund der engen Verzahnung von Staat und Kirche strahlte das Bemühen um strenge Wahrung des Beichtsiegels auch auf den außersakramentalen Bereich ab. Nahezu durchgehend respektierte der gemeine Strafprozess das Beichtsakrament und stellte das Interesse an der Verbrechensaufklärung hinter das Beichtsiegel zurück.[16] Auch wenn der Beichtvater durch ehrbares Leben, Verständigkeit und Unparteilichkeit geradezu den Idealtypus des tauglichen Zeugen hätte verkörpern können, so wurde seine Aussage doch unter allen Umständen ausgeschlossen.[17] Anders als in den meisten anderen Fällen der Zeugenbeweisregelung fehlen hierzu Streitmeinungen oder Ausnahmeregelungen. Die Macht gerade der katholischen Kirche bewirkte, dass das *sigillum confessionis* unverbrüchlich wurde, obwohl dem inquisitorischen Verfahren die Respektierung eines Prinzips außerhalb der Wahrheitsfindung eigentlich völlig fremd war.[18] Verweigerte ein Priester die Zeugenaussage unter Berufung auf das Beichtgeheimnis, so war möglicher Zwang ihm gegenüber ausgeschlossen. Der Richter aber sollte bereits dafür Sorge tragen, dass ein Geistlicher erst gar nicht für solche Nachforschungen herangezogen würde.[19] Erst durch die Auswirkungen der Reformation kam es dann langsam zu Änderungen des strikten Schutzes des Beichtgeheimnisses im gemeinrechtlichen Prozess und der damit verbundenen Privilegierung der Geistlichen.

3. Auswirkungen der Reformation auf das Geistlichenprivileg

Die Väter der Reformation nahmen die Einzel- und Privatbeichte aus dem Zusammenhang der katholischen Lehre vom Bußsakrament heraus und entkleideten sie ihres gesetzlichen Charakters.[20] Das Beichtsiegel war ihrer

---

[16] Renaud, Lehrbuch des gemeinen deutschen Zivilprozess, S. 297; Karitzky, Die Geschichte der Zeugnisverweigerungsrechte, S. 41; Bayer, Vorträge über den gemeinen Zivilprozess, S. 795

[17] Karitzky, Die Geschichte der Zeugnisverweigerungsrechte, S. 41

[18] Ebd.

[19] a.a.O., S. 42

[20] Benrath, Art. Buße V, TRE, S. 465; Bezzel, Art. Beichte III, TRE, S. 421; Hoffmann, Beichtgeheimnis, S. 5

Auffassung nach nicht *necessitas salutis* und auch nicht göttlicher, sondern menschlicher Kirchenordnung; weil es aber an der Dignität jener Fundamentallehren teilnähme, wurde es in der Sache beibehalten.[21] Obwohl gerade die Theologie der spätmittelalterlichen Bußpraxis und die dabei auftretenden Missbräuche entscheidender Anlass für die Abkehr von der Papstkirche waren, bleibt die Wahrung des Beichtsiegels dennoch keine rein katholische Einrichtung. Luther selbst betont in seiner 8. Invokavit-Predigt von 1522: "[Ich will] mir die heymliche beicht niemants lassen nehmen und wolt sie nit umb der gantzen welt schatz geben. Denn ich weys was trost und stercke sie mir gegeben hat [...] ich were langst vom teuffel erwürgt, wenn mich nit die beichte erhalten hett!"[22] Daran knüpft er auch die strenge Einhaltung des Beichtgeheimnisses: „Heimliche Dinge sollen in der Beichte auch heimlich bleiben und heimlich gehalten werden."[23] Wie schon in der katholischen Lehre, galt für die Reformatoren alles, was dem Beichtvater anvertraut wurde, nicht wie einem Menschen, sondern als Stellvertreter Gottes wie Gott anvertraut. Ein Beichtvater weiß das Gebeichtete *non ut judex, sed ut Deus.* Das Wissen aus der Beichte war demnach kein Wissen, über das der Mensch verfügen darf, sondern allein Christus.[24] Wie die mittelalterlichen Theologen vor ihm,[25] kam auch Luther zu dem Schluss, dass Beichtwissen vor Gericht notfalls geleugnet werden darf, denn: „Wenn Christus es verborgen halten will, so bin ich gehalten, es auch zu verbergen und schlankweg zu erklären, ich hätte nichts gehört. Wenn Christus etwas gehört hat, möge er es selbst aufdecken! Ich weiß nichts drum, denn *ich* höre nicht Beichte, sondern Christus!"[26] Auch die reichsrechtlich besonders bedeutsame *Confessio Augustana* schloß sich diesen Ansichten an.[27] So wurde gemäß der Wertschätzung der Reformatoren die private Beichte und die mit ihr verbundene Integrität des Beichtsiegels zum festen Bestandteil des kirchlichen Lebens, vor allem in den Landeskirchen lutherischer Prägung. In den damaligen Kirchen- und Konsistorialordnungen wurden diese Auffassungen entsprechend rechtlich ausgestaltet und das Beichtgeheimnis ausdrücklich eingeschärft.[28] So heißt es beispielsweise in der Pommerischen Kirchenordnung von 1563: „[...] unde

---

[21] Leonhard, Das Beichtgeheimnis, S. 410
[22] WA 10, 61f.
[23] WA 44, 221
[24] „Christus sitzt da, Christus hörts. Christus antwortet, nicht ein Mensch.", WATR IV, 695, Nr. 5176
[25] „Potest iurare se nescire, quod scit tantum ut Deus", Thomas von Aquin, In, IV 1 sent. d. 21 q. 3 art.1 sol. 1
[26] WATR IV, S. 696f., Nr. 5178
[27] Confessio Augustana XI und XII (Bekenntnisschriften der evangelisch-lutherischen Kirche, S. 66 und 67)
[28] Bezzel, Frei zum Eingeständnis, S. 173-184

wat einem kerckendener in der bicht vortruwet wert, schal he bi lives strafe nicht melden edder naseggen."[29]

Im Gegensatz zu den lutherischen Kirchen war in den reformierten Kirchen der Bruch mit der katholischen Tradition der Beichte größer.[30] Das Sündenbekenntnis vor dem Priester oder, wie es vielfach allgemein im Protestantismus möglich wurde, vor dem Nächsten, hatte den Charakter einer „freiwilligen, persönlich-individuellen Bußübung",[31] begleitet durch seelsorgerlichen Rat. Im Mittelpunkt stand nicht die Sündenvergebung, sondern viel stärker die „Seelenführung" durch den Beichtvater. So war Zwingli der Ansicht, dass die Beichte nicht zum Nachlassen der Sünden geschehe, sondern als seelsorgerischer Rat „fürgegeben werden soll",[32] während hingegen Calvin sich bemühte, die private Beichte beizubehalten. Später jedoch zeigte sich zunehmende Polemik gegen die „papistische Ohrenbeichte"[33] oder sie wurde ganz in den Bereich der Seelsorge verschoben: „Vnd da jemands ein priuat anligen hette darumb er sich mit seinem Kirchendiener gern besprechen wolte dem soll dasselbig vnuerwegert sein".[34] Die Unterweisung, der Rat in schwierigen Lebenslagen, der Gewissenstrost sowie die Fürbitte wurden zu zentralen Elementen dieser *consolatio fratrum*.[35] So konnte ein Seelsorgegespräch mitunter auch Beichtcharakter annehmen, selbst wenn es nicht zu einer förmlichen Beichthandlung kam und die Aussprache möglicherweise nur mit einem Bibelwort oder gemeinsamen Gebet abgeschlossen wurde. Eine klare Unterscheidung zwischen Beichtseelsorge und allgemeiner seelsorgerischen Verschwiegenheit gibt es im evangelischen Bereich seither nicht mehr.[36] Denn schon bald zeichnete sich eine Erweiterung der Schweigepflicht auch auf Gegenstände ab, die dem Geistlichen außerhalb der Beichte vertrauensvoll mitgeteilt wurden. Die Pfarrer sollten neben dem, was sie in der Beichte hörten, auch das, was „heimlich [...] ihnen vortrauet, nicht offenbaren".[37]

Die Herauslösung der Beichte aus dem sakramentalen Bereich und die Ausdehnung auf die Seelsorge bewirkten aber zugleich auch eine laxere Handhabung der Schweigepflicht.[38] Ausnahmeregelungen entstanden, die das Beicht-

---

[29] Sehling, Die evangelischen Kirchenordnungen des 16. Jhs., I, 1, S. 428
[30] Bezzel, Art. Beichte III, TRE, S. 424
[31] Sattler, Gelebte Buße, S. 198
[32] Bekenntnisschriften der reformierten Kirche, S. 5, Zeile 26-27
[33] Bekenntnisschriften und Kirchenordnungen der nach Gottes Wort reformierten Kirche, S. 242
[34] a.a.O., S. 189
[35] Roth, Privatbeichte und Schlüsselgewalt in der Theologie der Reformatoren, S. 112
[36] Hoffmann, Beichtgeheimnis, S. 12f.
[37] Sehling, Die evangelischen Kirchenordnungen des 16. Jhs., S. 16
[38] Wach, Das Recht der Zeugnisverweigerung, S. 13

siegel löchrig werden ließen und dem Ermessen für seinen möglichen Bruch einen weiten Spielraum gewährten. Vor allem im staatsfrohen 18. Jahrhundert förderte das Staatskirchentum der evangelischen Landeskirchen diese Entwicklung.[39] So schrieb Johann Lorenz von Mosheim, es sei „unrichtig", wenn der Prediger „an keine göttliche und menschliche Gesetze gebunden" sei, denn „unstreitig sind doch die Pflichten gegen die Obrigkeit und das Publikum göttliche Vorschriften [...]"[40]. Und auch für Friedrich D. Schleiermacher existierte das Beichtgeheimnis nicht mehr als Pflicht: „[...] das ganze Verhältnis selber ist kein zu Recht bestehendes, sondern ein freies persönliches. Vertrauen zur Verschwiegenheit des Geistlichen müssen die Gemeindeglieder haben, können sie aber nicht von ihm fordern, müssen es seinem Urteil überlassen."[41] Das protestantische Beichtwesen insgesamt geriet so in die Krise.[42] Daran änderten auch pietistische Wiederbelebungsversuche nichts, sondern stießen sogar eher auf Kritik: „Es lobe, wer da will, ich sage: Beicht-stuhl, Satans-stuhl: Feuer-Pfuhl".[43] Selbst die Theologische Realenzyklopädie von 1897 sah ein unbedingtes, in jedem Fall ausnahmslos zu bewahrendes Stillschweigen im Widerspruch zur lutherischen Lehre von der Stellung der Kirche zur Obrigkeit. Die Entscheidung, das Beichtgeheimnis zu wahren, falle vielmehr dem „sittlichen Urteil des Geistlichen zu."[44] Diese Auffassungen blieben nicht ohne Rückwirkung auf die Gesetzgebung. Nicht zuletzt deshalb, weil in der Zeit des landesherrlichen Kirchenregiments das staatliche Recht weithin die kirchenrechtliche Seite der das Beichtgeheimnis betreffenden Fragen mitregelte.[45]

4. Geistlichenprivileg in der Partikulargesetzgebung der Länder

Diese ganz verschiedenen Entwicklungen und Auffassungen zur Beichtpraxis lassen sich auch in der Partikulargesetzgebung der Länder wiederentdecken. Sie gestalteten das gemeinrechtliche generelle Zeugenverbot für Geistliche variierend aus und wurden so zum Spiegel des vielfältigen kirchlichen und liturgischen Beichtverständnisses in Deutschland.[46] In einigen Ländern

---

[39] Hoffmann, Beichtgeheimnis, S. 13

[40] Mosheim, Sittenlehre IX. und letzter Teil, S. 453

[41] Schleiermacher, Die praktische Theologie nach den Grundsätzen der evangelischen Kirche, S. 438

[42] Bezzel, Freiheit zum Eingeständnis, S. 194-201

[43] Schade, Vom Conscientia erronea, § 19

[44] Caspari, Theologische Realenzyklopädie von 1897, S. 541

[45] Hoffmann, Beichtgeheimnis, S. 20

[46] Beling, Die Beweisverbote als Grenzen der Wahrheitsforschung im Strafprozeß, S. 17; Wach, Das Recht der Zeugnisverweigerung, S. 14; Uhlendorff, Das Zeugnisverweigerungsrecht in der Hauptverhandlung und seine geschichtliche Entwicklung, S. 22; Ka-

hielt sich die traditionelle, restriktive Normierung, bei der die Geistlichen prinzipiell von einer Vernehmung ausgeschlossen waren.[47] Die Herauslösung des Beichtgeschehens aus dem liturgisch dogmatisch streng reglementierten Raum und die Ausdehnung auf den allgemeinen Vollzug der Seelsorge führte sogar dazu, dass einzelne Landesgesetze den Geistlichen im Bereich des seelsorgerischen Geheimnisses nicht nur für das, was ihm in der Beichte mitgeteilt wurde, sondern auch für alles, was er in seiner Eigenschaft als Seelsorger anvertraut bekam, für „untüchtig" oder „vernehmungsunfähig" erklärten.[48] Nicht mehr nur das Beichtsiegel oblag jetzt dem besonderen Schutz im Prozess, sondern auch das Amtsgeheimnis des Seelsorgers.[49] Der sakramentale Charakter der Beichte trat nun völlig in den Hintergrund.[50] Auch die damit verbundene Aufweichung des ehedem strengen Beichtsiegels schlug sich in der Gesetzgebung nieder. So schützten manche Länder zwar immerhin noch das Beichtgeheimnis als solches, verpflichteten die Geistlichen ansonsten aber zur Aussage.[51] Andere Länder ließen die Geistlichen in allen Fällen als Zeugen zu und stellten es in ihr freies Belieben, das Zeugnis abzulehnen.[52] Allen gemeinsam jedoch war immer noch, dass sie grundsätzlich eine über staatlichen Interessen stehende absolute Verpflichtung der Geistlichen zur Wahrung anvertrauter Geheimnisse in bestimmtem Maße anerkannten. Nur wenige sahen die Integrität des Beichtgeheimnisses nicht als absolut an. Das Preußische Allgemeine Landrecht forderte zwar, dass alles, was einem Geistlichen unter dem Siegel der Beichte oder der geistlichen Amtsverschwiegenheit anvertraut wurde, bei Verlust seines Amtes geheim gehalten werden musste,[53] ja sogar Geldbußen, Suspension oder Dienstentzug drohten bei Zuwiderhandlung,[54] jedoch musste, „soweit [...] die Offenbarung eines solchen Geheimnisses nothwendig ist, um eine dem Staat drohende Gefahr abzuwen-

---

ritzky, Die Geschichte der Zeugnisverweigerungsrechte, S. 47, 63; Hahn, Motive zu dem Entwurf einer Deutschen StPO, S. 35ff.

47 Z.B. Art. 467 Württembergische ZPO, Art. 142 Württembergische StPO von 1868, Art. 400 Bayerische ZPO, § 105 Nr. 1 Badische StPO von 1864, Art. 128 Hessische StPO von 1865

48 Z.B. Art. 142 Nr. 1 Württembergischer StPO von 1868; § 150 Badische StPO von 1845; Art. 128 Hessische StPO von 1865

49 Wach, Das Recht der Zeugnisverweigerung, S. 13; Uhlendorff, Das Zeugnisverweigerungsrecht in der Hauptverhandlung und seine Geschichte, S. 22

50 Wach, Das Recht der Zeugnisverweigerung, S. 16

51 z.B. Art. 219 Sächsische StPO von 1868; II Art. 204, Nr. 2 Bayrisches StGB von 1813; Art. 151 Entwurf zur Bayerischen StPO von 1870

52 Art. 176 Thüringische StPO von 1850; Art. 107, § 1 Nr. 2 Oldenburgische StPO von 1857; § 170 Hamburgische StPO von 1861; Art. 41, § 183 Bremerische StPO von 1870; § 87 Nr. 1 Lübecksche StPO von 1862; § 313 Preußische Criminalordnung von 1805

53 ALR II. Teil 11. Tit. § 80

54 ALR II. Teil 20. Tit. § 500

den; oder ein Verbrechen zu verhüten; oder den schädlichen Folgen eines schon begangenen Verbrechens abzuhelfen oder vorzubeugen, [...] der Geistliche dasselbe der Obrigkeit anzeigen".[55] Auch in einem Spezialgesetz der sächsisch-weimarischen Regierung von 1823 findet sich eine solche Einschränkung: In § 38 wurde normiert, dass, wenn durch „Aussage und Angabe des Geistlichen Unglück und Nachteil für den Staat abgewendet, ein Verbrechen verhütet oder den schädlichen Folgen eines begangenen Verbrechens abgeholfen werden können, [...] das Siegel der Verschwiegenheit nicht stärker sein [kann] als die Verbindlichkeit des Staatsbürgers".[56] Obwohl das Allgemeine Landrecht und spätere Preußische Strafgesetzbuch zur Grundlage für das Reichsstrafgesetzbuch wurde, fanden diese beschränkenden Regelungen in der neuen Reichsstrafprozessordnung keinen Niederschlag.[57] Allerdings entfielen zugleich auch staatliche Sanktionen gegen jene, die ihre seelsorgerische Schweigepflicht nicht einhielten.[58] Dies sollte allein dem kirchlichen Disziplinarrecht überlassen bleiben.[59]

---

55 ALR II. Teil 11. Tit. § 82

56 Sächsisch-weimar. Gesetz von 1823, § 38 in Erwiderung auf die Bulle „De salute animarum"; im Unterschied zur protestantischen Kirche regte sich gegen diese Regelung in der katholischen Kirche Widerstand. Diese stellte spätestens seit dem Konzil von Trient immer wieder nachdrücklich die lückenlose Geltung des Beichtsiegels heraus und wies abweichende Sondermeinungen stets zurück. Ihre Praxis untermauerte sie damit, dass die Wahrung des Beichtsiegels dem Naturrecht zuzuordnen sei. Jederman sei verpflichtet, den guten Namen anderer zu schonen und dessen geheime Fehler nicht grundlos bekannt zu geben. Wem Geheimes unter der Bedingung, es anderen nicht zu offenbaren, anvertraut wird, der sei aufs Strengste von dieser Forderung des Naturrechts verpflichtet. Weiterhin gründe das Beichtsiegel auch auf positiv-göttlichem Recht. Selbst wenn ein ausdrückliches Gebot Christi nicht vorliege, so sei es doch Absicht des göttlichen Gesetzgebers gewesen, denn anders hätte Christus mit der Einsetzung des Beichtinstituts den meisten Menschen eine unerträgliche Last auferlegt. Um die Heiligkeit des Sakraments zu wahren und Kollisionen mit dem Kirchenrecht zu vermeiden, protestierte das zuständige Generalvikariat daher auch scharf gegen die sächsisch-weimarische Sonderregel und führte an, dass ein einziger Siegelbruch jeden Verbrecher künftig von der Buße zurückschrecken ließe und ihn so auch der dem Staatswohl so förderlichen Disziplin entzöge. Bezogen auf das Allgemeine Preußische Landrecht war das Generalvikariat der Ansicht, dass Unrecht, nur weil es an einem Orte bestehe, an anderem Orte nicht deswegen neu eingeführt werden sollte. Kurtscheid, Das Beichtsiegel in seiner geschichtlichen Entwicklung, FThSt 1912, S. 154; Hoffmann, Beichtgeheimnis, S. 10f.; Leonhard, Das Beichtgeheimnis, seine Stellung im Strafprozess und Strafvollzug, S. 419

57 Sauter, Das Berufsgeheimnis und sein strafrechtlicher Schutz, Strafrechtliche Abhandlungen von Lilienthal, Heft 123, S. 54ff.

58 Hoffmann, Beichtgeheimnis, S. 21

59 So fehlt die Berufsgruppe der Geistlichen bis heute in dem dafür in Frage kommenden Katalog des § 203 StGB.

5. Entstehung einer reichseinheitlichen Regelung

Alsbald nach der Gründung des Deutschen Reiches wurde das zersplitterte Strafverfahrensrecht reichsrechtlich und kodifikatorisch gesetzlich geregelt und die neue Strafprozessordnung zum Schlussstein in der Überwindung des gemeinrechtlichen Inquisitionsprozesses hin zum modernen reformierten Strafprozess.[60] Während der gesetzgeberischen Beratungen war das Zeugnisverweigerungsrecht für Geistliche unumstritten. In den Verhandlungen wurde darauf verwiesen, dass es seit langem in Deutschland anerkannt sei.[61] Die unterschiedliche Praxis in den Ländern musste nun allerdings vereinheitlicht werden. Als Grundlage griffen die Verfasser beim Entwurf der neuen Strafprozessordnung auf die Vielzahl der verschiedenen landesrechtlichen Kodifikationen zurück.[62] Sie übernahmen, dass sich das Zeugnisverweigerungsrecht des Geistlichen nicht nur auf das spezifische Wissen aus der Beichte erstrecken sollte, sondern auf alles, was ihm bei der Ausübung der Seelsorge mitgeteilt wurde.[63] Weiterhin entschieden sich die Gesetzgebungsorgane dafür, dass es einen vollständigen Ausschluss der Geistlichen vom Zeugenbeweis nicht mehr geben sollte. Es wurde als genügend erachtet, ihnen das Recht zu gewähren, solche Aussagen abzulehnen, von denen sie glaubten, dass ihre berufliche Stellung ihnen diese verbiete.[64] Begründet wurde dies damit, dass ein Zeugnis zur Aussage Bereiter nicht zurückgewiesen werden sollte, da bei Geistlichen, Anwälten und Verteidigern vorausgesetzt werden müsse, dass sie sich der Verantwortlichkeit einer etwaigen Aussage bewusst wären. Sie wären selbst am besten im Stande, „die der Ausübung ihres Rechts etwa entgegenstehenden Rücksichtnahmen zu würdigen".[65] Auch könnte ein Vernehmungsverbot nur insoweit in Betracht kommen, als die Sachkenntnis der Zeugen dem vom Gesetz geschützten Vertrauensverhältnis entspränge.[66] Die Vorschriften des Entwurfs fanden schließlich fast unverändert unter den § § 51 bis 54 Aufnahme in das neue Reichsgesetz.[67]

---

[60] Rüping, Grundriss der Strafrechtsgeschichte, S. 99, Rdnr. 248ff.

[61] Hahn, Motive zur StPO, S. 44

[62] Glaser, Die geschichtlichen Grundlagen des neuen deutschen Strafprozessrechts, S. 11ff., 65

[63] Hahn, Materialien zur StPO, Bd. 3 Abt. 2, S. 2156

[64] Ders., Motive zur StPO, S. 43; „Geistliche sind in Ansehung desjenigen, was ihnen bei der Ausübung der Seelsorge anvertraut ist, zur Verweigerung des Zeugnisses berechtigt.", so § 43 des Entwurfs zur StPO.

[65] a.a.O., S. 43

[66] Lorch, Das Zeugnisverweigerungsrecht im Strafprozess, S. 13

[67] § 52 RStPO: „Zur Verweigerung des Zeugnisses sind ferner berechtigt: 1. Geistliche in Ansehung desjenigen, was ihnen bei der Ausübung der Seelsorge anvertraut ist."; Lorch, Das Zeugnisverweigerungsrecht im Strafprozess, S. 6

Die Verabschiedung der Reichsstrafprozessordnung in ihrer endgültigen Fassung brachte so als erstes Reichsgesetz nach der *Carolina* auch für die Zeugnisverweigerungsrechte eine einheitliche Regelung für ganz Deutschland. Diese historische Entwicklung wirkte sich entsprechend auch auf die Zeugnisverweigerungsrechte in der Civilprozessordnung aus. Zeitgleich wurden auch hier die Privilegierungen für Geistliche normiert.[68] Heute finden sich diese strafprozessualen Vorschriften sowie die für den Zivilprozess nahezu unverändert in den aktuell gültigen Regelungswerken wieder und werden durch die Straffreiheit bei der Nichtanzeige geplanter Straftaten und die Vorschriften für Gehilfen ergänzt.[69] Damit entstand ein im deutschsprachigen Raum typischer Schutz, der in den europäischen Rechtsordnungen keine Selbstverständlichkeit ist.[70]

---

[68] Hoffmann, Beichtgeheimnis, S. 21

[69] Bis 1953 blieb die Vorschrift inhaltlich völlig unverändert. Lediglich 1926 gab es eine Umbenennung der Vorschrift von § 52 nach § 53 (Bekanntgabe der Texte des GVG und StPO vom 4.1.1924, RGBl. I, S. 322) und 1926 nochmals eine Umstellung der Worte in § 53 Nr. 1: „Geistliche über das, was ihnen bei Ausübung der Seelsorge anvertraut ist." (Gesetz zur Änderung der StPO vom 27.12. 1926, RGBl. I, S. 529); zur Entstehungsgeschichte des § 139: Leipziger Kommentar - Hanack, § 139, vor Rdnr. 1; Schwarz, Die unterlassene Verbrechensanzeige, S. 123; Detert, Die Pflicht zur Anzeige drohender Verbrechen, S. 44ff.

[70] In Österreich wird das Beicht- und Amtsgeheimnis durch § 151 Nr. 1 StPO sogar umfangreicher als in Deutschland geschützt. Im Zivilprozess, im Strafprozess, im allgemeinen Verwaltungsverfahren, in Abgabensachen sowie in den Verfahren vor dem Verfassungs- und Verwaltungsgerichtshof gilt ausnahmslos, dass ein Geistlicher nicht als Zeuge vernommen werden darf „in Ansehung dessen", was ihm in der Beichte oder sonst unter dem Siegel geistlicher Amtsverschwiegenheit anvertraut wurde (§§ 320 Z. 2, 367 Z. 3, 372 ZPO; §§ 151 Z. 1, 203, 281 (1) Z. 3 StPO; §§ 48 Z. 2, 51 AVG; § 103 lit. b FinStG; § 170 Z. 2 BAO; § 119 Abs. 5 Dienstpragmatik; § 62 VwGG; §§ 35 (1), 81 VerfGG; Art. XVIII Konkordat 1933; § 11 GesEvK; 7 (1) GesOrK. Ähnlich schützt auch die Schweiz in ihren kantonalen Strafprozessordnungen und in § 187 ZPO die Geistlichen (Hauser, Der Zeugenbeweis im Strafprozeß mit Berücksichtigung des Zivilprozesses, S.208f.). Gem. Art. 321 des Strafgesetzbuches steht dort sogar generell auch die Verletzung des Anvertrauten unter Strafe. Hingegen existiert beispielsweise in Frankreich kein absoluter Schutz für Geistliche. Zwar existiert dort ein allgemeines berufsrechtliches Verweigerungsrecht, so dass gemäß Art. 109 CPP von der Aussagepflicht befreit werden kann. Ein Mißbrauch der Verschwiegenheit steht sogar auch für Priester und andere „ministres des cultes" gemäß Art. 226-13 code pénal unter Strafe. Jedoch besteht aufgrund der Ausnahmeregelungen des Art. 226-14 code pénal in bestimmten Fällen ein Aussagezwang, so dass hier eine Berufung auf das Beichtgeheimnis nicht mehr möglich ist.

II. Wahrheitsermittlung und Zeugenpflicht im Verfahren

Die historische Entwicklung verdeutlicht, auf welch lange Tradition das Zeugnisverweigerungsrecht der Geistlichen zurückblickt. Es ist nicht das Ergebnis eines systematischen Abwägungsprozesses des Gesetzgebers, sondern hat sich aus dem engen Zusammenwirken kirchlicher und weltlicher Interessen im Laufe der Jahrhunderte herausentwickelt. Allein Gewohnheit und Brauch aber können nicht zur Legitimation eines solchen Privilegs im modernen Rechtsstaat ausreichend sein, vor allem dann nicht, wenn ihm ein so fundamentaler Wert wie die prozessuale Wahrheitserforschung entgegensteht. Denn Wahrheit und Gerechtigkeit zählen zu den Leitprinzipien des Prozessrechts.[71] Um diese zu verwirklichen, gehört zu den Hauptaufgaben des Strafverfahrens die Feststellung und die Durchsetzung eines möglichen staatlichen Strafanspruchs ebenso wie die Wiederherstellung des durch das tatsächliche oder auch nur vermutete Tatgeschehen gestörten Rechtsfriedens.[72] Eine leistungsfähige Strafjustiz soll helfen, diese Ziele zu erreichen. Sie gehört in den Gewährleistungsbereich des Rechtsstaatsprinzips des Art. 20 Abs. 3 GG. Denn der Grundsatz der Rechtsstaatlichkeit, soweit er die Idee der Gerechtigkeit enthält, verlangt nach einer funktionstüchtigen Rechtspflege, ohne die Gerechtigkeit sonst nicht verwirklicht werden kann.[73] Deshalb ist das Bedürfnis nach einer wirksamen Strafverfolgung anzuerkennen, das öffentliche Interesse an einer möglichst vollständigen Wahrheitsermittlung im Strafverfahren hoch einzuschätzen und die Aufklärung schwerer Straftaten als wesentlicher Auftrag eines rechtsstaatlichen Gemeinwesens zu bezeichnen.[74]

1. Zeugenpflicht und Strafverfahren

Dazu sind, dem Prinzip der Erforschung materieller Wahrheit folgend, im Verfahren alle belastenden und entlastenden Umstände mittels der bestmöglichen Beweise zu ergründen. Eine der entscheidenden Möglichkeiten der justizförmigen Sachaufklärung ist dabei der Zeugenbeweis.[75] Die Zeugen können helfen, den historisch richtigen Geschehensablauf zu rekonstruieren, indem sie über die von ihnen sinnlich wahrgenommenen Tatsachen

[71] Beulke, Strafprozessrecht, S. 3, Rdnr. 3
[72] BVerfGE 19, 324 (347); 20, 45 (49); 20, 144 (147); BerlVerfGH, NJW 1993, 515 (517); Beulke, Strafprozessrecht, S. 4, Rdnr. 6; Ranft, Strafprozessrecht, S. 2, Rdnr. 2
[73] BVerfGE 34, 238 (248f.); 80, 367, (375); BVerfG NJW 1996, 771; BVerfG NJW 2002, 51
[74] BVerfGE 44, 353 (374); 34, 238 (248); 36, 174, (186); 38, 105 (115f.)
[75] BVerfGE 38, 105 (116)

berichten. Trotz der Unzuverlässigkeit der Zeugenaussagen gelten sie als die wichtigsten Garanten der Wahrheitsfindung.[76] Jedermann, der der deutschen Gerichtsbarkeit untersteht, hat daher grundsätzlich die Pflicht, auf ordnungsgemäße Ladung hin im Strafverfahren als Zeuge zu erscheinen.[77] Einzige Voraussetzung hierzu ist, dass der Zeuge nicht schon durch eine andersartige Verfahrensrolle von dieser Position ausgeschlossen ist.[78] Die Zeugenpflicht wird als staatsbürgerliche Pflicht verstanden, die nicht in der Strafprozessordnung eigens begründet, sondern von ihr vorausgesetzt wird.[79] Indirekt allerdings lässt sie sich damit begründen, dass ihre Verletzung mit verschiedenen Sanktionen bedroht ist. Kommt der Zeuge seiner Pflicht nicht nach, so trägt er die durch sein Ausbleiben entstandenen Kosten und unter Umständen ergeht ein Ordnungsgeld.[80] Bei unberechtigter Weigerung kann zur Erzwingung des Zeugnisses die polizeiliche Vorführung angeordnet oder sogar Ordnungshaft für die Dauer von längstens 6 Monaten verhängt werden.[81] Erscheint der Zeuge, so ist er verpflichtet, bei seiner Aussage die Wahrheit zu sagen.[82] Verstößt er gegen diese Wahrheitspflicht, muss er mit strafrechtlichen Sanktionen rechnen.[83]

2. Grenzen staatlicher Wahrheitserforschung

Längst jedoch ist das staatliche Wahrheitserforschungsprinzip kein absoluter Wert an sich mehr. Denn die Verwirklichung der materiellen Gerechtigkeit und des Rechtsfriedens durch die Bereitstellung umfassender Mittel und Möglichkeiten zur Wahrheitserforschung ist nicht nur geeignet, Werte zu schützen, sondern steht immer in der Gefahr, andere, ebenfalls fundamentale gemeinschaftliche und persönliche Werte in gravierender Weise zu beschneiden oder zu verhindern.[84] Deshalb darf es dem Richter nicht mehr darum gehen, „mit der Fackel rücksichtslos in das finstere Dunkel hineinzuleuchten, dass ihn keine menschlichen Anwandlungen, keine Scheu und Rücksichtnahme auf die Beteiligten mehr davon abhält, den Schleier zu lüf-

---

[76] Jung/Krüger, Stellung, S. 31f.

[77] Vor dem Richter, dem Ermittlungsrichter, dem beauftragten oder ersuchten Richter, dem erkennenden Gericht und vor dem Staatsanwalt, § 161a II i.V.m. §§ 51, 70, 77 StPO

[78] Roxin, Strafverfahrensrecht, S. 207, Rdnr. 1

[79] BVerfGE 49, 280 (284); Löwe/Rosenberg - Dahs, vor § 48 Rdnr. 6; Geppert, Der Zeugenbeweis, Jura 1991, S. 134

[80] § 51 Abs. 1 StPO

[81] §§ 70 II, 135 StPO

[82] §§ 57 S. 1, 66c I StPO

[83] §§ 153ff. StGB

[84] Peters, Gutachten für den 46. Deutschen Juristentag, 3 A, S. 93

ten"[85]. Heute zwingt die staatliche Aufklärungspflicht nicht mehr zu einer „Wahrheitserforschung um jeden Preis".[86] Vielmehr setzt das Recht selber einer schrankenlosen Aufklärung strafbarer Handlungen Grenzen, indem es verbietet, gewisse Beweise überhaupt,[87] auf bestimmte Umstände[88] oder auf bestimmte Art und Weise zu erheben[89] und bei Verstoß gegen diese Regeln, sie in der Hauptverhandlung zu verwerten.[90]

Die durch Beweisverbote relativierte Wahrheitserforschung verdeutlicht, dass „der Zweck, Straftaten aufzuklären und zu ahnden, zwar von überaus großer Bedeutung ist, aber nicht stets und unter allen Umständen das überwiegende Interesse des Staates ist und sein kann"[91]. Die strafprozessualen Aufgaben sind vielmehr in ein Verhältnis zu den verfassungsrechtlichen Rangordnungen zu stellen.[92] Denn die Zeugenpflicht kann zu Kollisionen mit anderen Rechtsgütern, bis hin zu starken Eingriffen auch in die Grundrechte führen.[93] So berührt die Pflicht, sich als Zeuge dem Gericht örtlich und zeitlich zur Verfügung zu stellen, die allgemeine Handlungsfreiheit des Art. 2 Abs. 1 GG. Auch kann sich die Befragung des Zeugen auf Gegenstände richten, die zu seiner Privat- und Intimsphäre gehören und damit einen Eingriff in das Persönlichkeitsrecht sowie sein Recht auf informationelle Selbstbestimmung darstellen. Die „negative" Meinungsfreiheit kann berührt werden, wenn die Freiheit des Zeugen, seine Meinung für sich behalten zu dürfen, eingeschränkt wird. Das Befragen des Zeugen nach eigenen Straftaten könnte sein mit Art. 1 Abs. 1 GG in Verbindung stehendes Recht, nicht aktiv zu seiner Strafverfolgung beitragen zu müssen, verletzen. Müssten Ehegatten und Angehörige aussagen, würde der Familienfriede empfindlich gestört, so dass auch Art. 6 Abs. 1 GG tangiert werden könnte. Eingriffe in die Berufsfreiheit des Art. 12 GG drohen den Inhabern jener Berufe, die auf einem besonderen Vertrauensverhältnis gründen, das durch eine Pflicht zur Aussage belastet würde. Nicht selten müssen die Zeugen nach ihren Aussagen sogar mit Repressalien seitens des Beschuldigten oder Dritten rechnen sowie psychische oder körperliche Belastungen durch die Zeugenaussage hinnehmen.[94]

---

85 Beling, Die Beweisverbote als Grenzen der Wahrheitsforschung im Strafprozeß, S. 2
86 BGHSt 14, 358 (365) und ständig
87 Z.B. darf Prozessbeteiligten nicht der Eid abgenommen werden
88 Z.B. Beschlagnahmeverbote § 97 StPO
89 Z.B. verbotene Vernehmungsmethoden § 136a StPO
90 Dünnebier, Zur Tagebuchentscheidung des Bundesgerichtshof, MDR 1964, S. 965
91 BGHSt 19, 329
92 Peters, Gutachten für den 46. Deutschen Juristentag, 3 A, S. 93
93 Blau, Schweigepflicht und Schweigerecht, Jura, S. 514
94 Weigand, Gutachten zum 62. Deutschen Juristentag, C 17ff. m.w.Nw.

Jene, die als Zeugen im Strafverfahren geladen werden, dürfen deshalb niemals nur als bloße Verfahrensobjekte angesehen werden.[95] Auch wenn die Rechtsstellung des Zeugen im Strafverfahren gesetzlich vor allem durch die Betonung sanktionsbewährter Pflichten gekennzeichnet ist, so hat sich doch im Laufe der Zeit eine zunehmende Sensibilisierung für die Rechte des Zeugen durchsetzen können. Bereits die Reichsstrafprozessordnung nahm die Vorschriften über die Zeugnisverweigerung nicht mehr im Abschnitt über die Voruntersuchung auf, sondern verankerte sie in ihrem allgemeinen Teil. Im inquisitorischen Verfahren hatten diese Vorschriften nur insoweit eine Bedeutung, als sie das Vorgehen des inquirierenden Richters bestimmten. Nunmehr gelten sie als persönliche Rechte des Zeugen, die ihm immer, in jedem Stadium des Verfahrens und unabhängig von einer bestimmten richterlichen Handlung zustehen.[96] Zu den Rechten der Zeugen gehört heute, dass auch für sie der Grundsatz des fairen Verfahrens gilt,[97] sie einen Anspruch auf rechtliches Gehör haben, unzulässige Fragen beanstanden dürfen,[98] beschwerdebefugt sind[99] und gegen die sie berührenden sachleitenden Anordnungen des Vorsitzenden das Gericht anrufen können.[100] Vor allem aber wird ihre grundsätzlich bestehende Aussagepflicht durch die Möglichkeit von Zeugnis-, Auskunfts- und Eidesverweigerungsrechten durchbrochen.[101] So besteht für Zeugen, die sich selbst oder einen Angehörigen belasten müssten, die Möglichkeit, die Zeugenaussage zu verweigern.[102] Daneben steht auch Vertretern bestimmter Berufsgruppen ein Zeugnisverweigerungsrecht zu.[103] Verteidiger, Rechtsanwälte und Ärzte hat der Gesetzgeber ebenso in diese Normen aufgenommen wie Steuerbevollmächtigte, Sozialarbeiter, Sozialpädagogen und Psychologen. Der Kreis der verweigerungsberechtigten Personen wurde in den vergangenen Jahren immer weiter ausgedehnt,[104] so dass neben den Schwangerschaftskonfliktberatern und Mitarbeitern von Presse und Rundfunk nunmehr auch die Berater von Drogenberatungsstellen und Psychotherapeuten hinzugekommen sind. Als erste privilegierte Berufsgruppe, die berechtigt ist, das Zeugnis zu verweigern, nennt der Gesetz-

---

95 Schmidt, Die Rechte des Zeugen im Strafverfahren, S. 2ff.
96 Hahn, Motive zur StPO, S. 34
97 BVerfGE 56, 37 (44); Geppert, Der Zeugenbeweis, Jura 1991, S. 141; Roxin, Strafverfahrensrecht, S. 223, Rdnr. 50
98 §§ 241, 68 StPO
99 §§ 304 Abs. 2, 305 StPO
100 §§ 68a, 238 StPO
101 §§ 52 Abs. 1, 55 Abs. 2, 63 Satz 2 StPO
102 §§ 52 Abs. 1, 55 StPO
103 § 53 StPO
104 Sarstedt, Referat für den 46. Deutschen Juristentag, F 16; Heinsen, Zeugnisverweigerungsrechte, S. 25f.

geber jedoch die Geistlichen. Sie sind gemäß § 53 Abs. 1 Nr. 1 StPO zur Verweigerung des Zeugnisses über das berechtigt, „was ihnen in ihrer Eigenschaft als Seelsorger anvertraut worden oder bekannt geworden ist". Und obwohl der Staat die Anzeige der Katalogtaten gemäß § 138 StGB für so bedeutsam hält, dass er deren Nichtanzeige unter Strafe stellt, hält er sich diesbezüglich bei den Geistlichen zurück und gewährt ihnen gemäß § 139 Abs. 2 StGB Straffreiheit. Ganz bewusst stellt der Staat seine eigenen Belange aufgrund der dargelegten gegenläufigen Interessen zurück und begrenzt seine Wahrheitserforschungspflicht.

3. Zeugen- und Wahrheitspflicht im Zivilprozess

Auch die Zivilprozessordnung durchbricht auf ganz ähnliche Weise die allgemeine Zeugenpflicht. Die Rolle der Zeugen im Zivilverfahren ist allerdings im Vergleich zum Strafprozess eine andere. Weil hier die Dispositionsmaxime herrscht, bestimmen die Parteien selbst den Gegenstand des Prozesses und den Umfang der richterlichen Prüfung.[105] Es ist ein Prozess „inter partes", in dem ausschließlich private Interessen verfolgt werden. Vermittels ihrer Anträge sind es die widerstreitenden Parteien selber, die eine Beweiserhebung durch Zeugen veranlassen.[106] Der Wahrheitsanspruch im Zivilverfahren ist daher geprägt durch die Interessenlage der Parteien. Auch wenn die Zeugen im Zivilprozess nicht Objekt des öffentlichen Wahrheitserforschungsinteresses sind, so ist ihre Bedeutung dennoch nicht gering. Sie sind unersetzlich, weil sie eine entscheidende Quelle zur Aufklärung eines in der Vergangenheit liegenden Sachverhalts sind, ohne den eine sachgerechte Entscheidung schwer möglich ist.[107] Auch für die Zeugen im Zivilprozess besteht daher grundsätzlich eine allgemeine Pflicht zu erscheinen, auszusagen und gegebenenfalls die gemachte Aussage zu beeiden. Andernfalls droht ein Ordnungsgeld bis hin zur Ersatzordnungshaft und Vorführung des Zeugen.[108] Jeder Zeuge muss Angaben zur Person[109] sowie zur Sache[110] machen und die an ihn gerichteten Fragen beantworten[111]. Dabei muss er nach bestem Wissen wahr und vollständig aussagen.[112] Für den zivilprozessualen Zeugen bedeuten diese Anforderungen ähnliche Kollisionen wie für den Zeugen

[105] Baumbach/Lauterbach/Albers/Hartmann, Einl. III. Rdnr. 9f.; Jauernig, Zivilprozessrecht, S. 2
[106] § 373 ZPO
[107] Jauernig, Zivilprozessrecht, S. 220
[108] § 380 Abs. 2 ZPO
[109] § 395 ZPO
[110] § 396 ZPO
[111] § 397 ZPO
[112] § 392 S. 3 ZPO

im Strafprozess. Daher hat der Gesetzgeber die Zeugenpflichten auch hier durchbrochen und für die Geistlichen Normen geschaffen, die sie vom Zeugenzwang befreien. So gewährt § 383 Abs. 1 Nr. 4 der Zivilprozessordnung den Geistlichen die Möglichkeit, das Zeugnis zu verweigern „in Ansehung desjenigen, was ihnen bei der Ausübung der Seelsorge anvertraut ist". Ebenso werden die kirchlichen Mitarbeiter besonders geschützt, denn gemäß § 383 Nr. 6 ZPO sind zur Verweigerung des Zeugnisses solche Personen berechtigt, denen kraft ihres Amtes, Standes oder Gewerbes Tatsachen anvertraut sind, deren Geheimhaltung durch ihre Natur oder durch gesetzliche Vorschrift geboten ist. Darüber hinaus kann unter Umständen auch § 376 Abs. 1 ZPO herangezogen werden. Er sieht vor, dass „für die Vernehmung von Richtern, Beamten und anderen Personen des öffentlichen Dienstes als Zeugen über Umstände, auf die sich ihre Pflicht zur Amtsverschwiegenheit bezieht, und für die Genehmigung zur Aussage" die besonderen beamtenrechtlichen Vorschriften gelten. Parallel zu den strafrechtlichen Normen schränkt der Staat so die üblichen Zeugenpflichten der Geistlichen und kirchlichen Mitarbeitern ein und gewährt damit auch im Zivilprozess einen ähnlichen Schutz.

III. Die Normzwecke der Zeugnisverweigerungsrechte

Der Verzicht auf eine uneingeschränkte prozessuale Wahrheitsfindung bedeutet immer auch eine Kollision mit den beschriebenen zentralen Werten einer funktionierenden Rechtspflege. Dieser Konflikt darf nicht leichtfertig zur einen oder anderen Seite aufgelöst werden. Neben den allgemeinen Gründen für die Berücksichtigung von Zeugeninteressen im Verfahren bedarf der staatliche Verzicht auf fundamentale Rechtsgüter zugunsten der Geistlichen und kirchlichen Mitarbeiter zu seiner Legitimation des Schutzes gleichwertiger oder höherwertiger anderer Rechtsgüter, die von solchem Gewicht sein müssen, dass sie - selbst im weltanschaulich neutralen Staat - Berücksichtigung finden können.

1. Normzwecke der Zeugnisverweigerungsrechte für Geistliche

Die berufsbezogenen Zeugnisverweigerungsrechte schützen ein breites Spektrum von Tätigkeitsbereichen. Für keine andere Berufsgruppe sind aber derart weitreichende Befreiungen von der Zeugenpflicht statuiert worden wie für die Geistlichen. Deshalb ist es geboten, genau zu prüfen, welche Gründe dieser Privilegierung zugrunde liegen und warum diese Ausnahmen gerechtfertigt sein können.

a) Normzwecke des § 53 Abs. 1 Nr. 1 StPO

Die zentrale Norm, die den Geistlichen ein Recht auf die Verweigerung des Zeugnisses gewährt, ist § 53 Abs. 1 Nr. 1 StPO. Die Geistlichen entscheiden allein, ob sie von ihrem Recht Gebrauch machen oder nicht und in welchem Umfang sie es nutzen. Bei ihren Überlegungen haben sie nicht nur die Besonderheit ihres Amtes und somit die Gebote ihrer Kirche zu berücksichtigen, sondern immer auch die Dimension des anderen, der sich ihnen gegenüber offenbart hat.

aa) Schutz der Privatsphäre

Oftmals fordert der Wahrheitsanspruch im Gerichtsprozess eine Offenbarung privatester Informationen. Denn eine funktionierende Rechtspflege steht regelmäßig über dem Schutz der Privatsphäre der Betroffenen. Im Rahmen der Seelsorgetätigkeit vertrauen sich jedoch Rat- und Hilfesuchende gerade einem Geistlichen mit sehr persönlichen Informationen an. Die Anvertrauenden geben intimstes Wissen preis, das sie mit niemandem sonst austauschen würden und an deren Geheimhaltung sie größtes Interesse haben. Eine solch

rückhaltlose Offenbarung darf nicht in der Gefahr stehen, einer breiten Öffentlichkeit bekannt zu werden. Müssten die Geistlichen aber als Zeugen im Prozess über Sachverhalte, die in die Privatsphäre der Gesprächspartner gehören aussagen, wäre der absolute Schutz dieser vertraulichen Informationen nicht mehr garantiert. Um dies zu verhindern, ermöglichen es die Zeugnisverweigerungsrechte den Geistlichen, vor Gericht zu schweigen und so Privatgeheimnisse zu schützen.[113]
Jedoch drängt sich die Frage auf, warum der Schutz anvertrauter Informationen den Geistlichen gewährt werden soll, obwohl für andere Zeugen, die sich nicht auf ein Aussage- oder Zeugnisverweigerungsrecht berufen können, keine Möglichkeit des Ausweichens auf Fragen aus dem intimsten Lebensbereich besteht. Es erscheint nicht einsichtig, warum im Falle einer vorherigen freiwilligen Offenbarung an einen Dritten, wie beispielsweise einen Geistlichen, die Privatsphäre mehr geschützt werden soll als bei dem sich Anvertrauenden selbst. Das rechtspolitisch Wünschens- und Erstrebenswerte kann jedenfalls nicht primär den Schutz individueller Geheimhaltungsinteressen begründen.[114] Daher könnte dem Schutz der Privatsphäre auch nur ein mittelbarer Stellenwert zukommen, der dann eher einen Schutzreflex als bereits primär einen Schutzzweck der Zeugnisverweigerungsrechte darstellt.[115] Hiergegen lässt sich aber vorbringen, dass selbst der Gesetzgeber bei der Erweiterung der Zeugnisverweigerungsrechte auf neue Berufsgruppen die Ausweitung des Gesetzes allein damit begründete, dass bei diesen neuen Berufsträgern ein solches schutzwürdiges Interesse bezogen auf die privaten Informationen vorläge.[116] Dies lässt den Schluss zu, dass auch der Gesetzgeber in dem Schutz des Individualinteresses einen Normzweck der Zeugnisverweigerungsrechte erblickt. Darüber hinaus würde durch die Pflicht zur Offenbarung der anvertrauten Privatgeheimnisse auch der *nemo tenetur*-Grundsatz verletzt und der Zeuge indirekt selbst belastet werden. Würde nämlich der Geistliche zur Aussage verpflichtet, so könnte das Recht, sich im Verfahren nicht selbst belasten zu müssen, indirekt umgangen werden. Es besteht deshalb nahezu Einigkeit darüber, dass, abgeleitet aus Art.

[113] Rengier, Die Zeugnisverweigerungsrechte im geltenden und künftigen Strafverfahrensrecht, S. 14; Lenckner, Aussagepflicht, Schweigepflicht und Zeugnisverweigerungsrecht, NJW 1965, S. 323; Rudolphi, Revisibilität von Verfahrensmängeln, MDR 1970, S. 96; Baier, Strafprozessuale Zeugnisverweigerungsrechte außerhalb der Strafprozessordnung, S. 56

[114] Görtz-Leible, Die Beschlagnahmeverbote, S. 5

[115] a.a.O., S. 164

[116] BT-Drucksache 1/3713, S. 47, BT-Drucksache 12/5890, S. 29

2 Abs. 1 i.V.m. Art. 1 Abs. 1 GG, die berufsbezogenen Zeugnisverweigerungsrechte auch dem Schutz der Privatsphäre dienen.[117]

bb) Vermeidung existentieller Pflichtenkollisionen

Eine Zeugenpflicht für Geistliche könnte darüber hinaus auch einen erheblichen Pflichtenwiderstreit hervorrufen, der für die Geistlichen zu einer schweren Konfliktsituation führen kann.[118] Im Bereich der Seelsorge ist die Mitteilung vertraulicher, häufig auch strafrechtlich relevanter Informationen nicht selten. So wenden sich beispielsweise Straftäter an Seelsorger gerade deshalb, weil sie von ihnen Beistand in einer quälenden Gewissensnot oder bei Ausweglosigkeit erwarten. Wären die Geistlichen verpflichtet auszusagen und dadurch das Siegel der Verschwiegenheit zu brechen, so könnte dies für die Geistlichen Verrat an denjenigen bedeuten, die ihnen vertraut haben. Das Vertrauensverhältnis zwischen den Geistlichen und den auf die Verschwiegenheit Vertrauenden wäre zerstört. Eine Zeugnisverweigerung ohne Rechtsgrund hätte andererseits jedoch strafrechtliche Sanktionen zur Folge. Durch die Einräumung der Zeugnisverweigerungsrechte werden die Geistlichen aus der Zwangslage einer solchen Konfliktsituation befreit, in die sie geraten, wenn ihre Schweigepflicht mit der staatlichen Zeugenpflicht kollidiert.[119]
Gegen eine solche Ratio der Zeugnisverweigerungsrechte könnte eingewandt werden, dass es sich für Geistliche nur um einen rein subjektiven Pflichtenwiderstreit handelt, denn gemäß § 203 StGB müssen nur bestimmte Berufsträger mit strafrechtlichen Sanktionen rechnen, wenn sie Berufsgeheimnisse verraten. Davon aber sind Geistliche nicht betroffen, da sie aus dieser Norm herausgenommen wurden. Für sie gibt es eine materiell-rechtliche

---

[117] BVerfGE 32, 373 (380); BVerfGE 33, 367 (376ff.); Heinsen, Die Zeugnisverweigerungsrechte von Mitarbeitern, S. 39; KMR - Paulus, § 53, Rdnr. 3; Michalowski, Schutz der Vertraulichkeit, ZStW 1997, S. 523; Rengier, Die Zeugnisverweigerungsrechte im geltenden und künftigen Strafverfahrensrecht, S. 15; Schmitt, Die Berücksichtigung der Zeugnisverweigerungsrechte, S. 124

[118] BGHSt 9, 59 (61); Rengier, Die Zeugnisverweigerungsrechte im geltenden und künftigen Strafverfahrensrecht, S. 13; Kribs-Dress, Grenzen prozessualer Aussageverpflichtung, DStZ 1978, S. 52; Krekeler/Schonrad, Der Berufshelfer im Sinne des § 53a, wistra 1998, S. 138; Schmitt, Die Berücksichtigung der Zeugnisverweigerungsrechte, S. 118-120

[119] BT-Drucksache 12/870, S. 5; BGHSt 9, 59 (61); BGH StV 1990, 435 (436); LG Hamburg wistra 2002, 77 (78); Löwe/Rosenberg - Dahs, § 53 Rdnr. 1; Karlsruher Kommentar - Senge, § 53, Rdnr. 1; Baier, Strafprozessuale Zeugnisverweigerungsrechte außerhalb der Strafprozeßordnung, S. 56; Rengier, Die Zeugnisverweigerungsrechte im geltenden und künftigen Strafverfahrensrecht, S. 13 u. 26; Blomeyer, Die Revisibilität von Verfahrensfehlern, JR 1971, S. 145, Anm. 38; Michalowski, Schutz der Vertraulichkeit, ZStW 1997, S. 522ff.; Niese, Die Rechtsprechung des Bundesgerichtshofs in Strafsachen, JZ 1953, S. 223

Schweigepflicht nach staatlichem Recht nicht mehr, so dass die Weitergabe ihres Wissens auch nicht mehr strafrechtlich relevant ist. Ihr Konflikt bei der Offenbarung von Anvertrautem ist daher kein anderer als bei allen anderen zum Zeugnis verpflichteten Bürgern.[120] Eine solche Argumentation aber verkennt, dass die gemäß § 203 StGB bestehende Schweigepflicht durch die allgemeine Zeugenpflicht aufgehoben ist, so dass es auch für diese Berufsträger nicht zu einer „unbefugten" Geheimnisoffenbarung und folglich nicht zu einer Konfliktsituation kommen kann.[121] Darüber hinaus hat der Gesetzgeber umgekehrt nicht all jenen, die gesetzlich zur Verschwiegenheit verpflichtet sind, zugleich auch ein Zeugnisverweigerungsrecht gewährt, so dass die materiell-rechtliche Situation allein sich weder für Geistliche, noch für andere Berufsträger sinnvoll zur Bestimmung des Schutzzweckes heranziehen läßt.[122]

Zu einer Konfliktlage zwischen einer möglichen Zeugenpflicht und einer rein innerlich als verpflichtend empfundenen Schweigepflicht kann es aber tatsächlich dann kommen, wenn nicht mehr bloß eine rein objektive Pflichtenkollision, sondern ein erheblicher persönlich subjektiver Gewissenskonflikt entsteht. Solch ein innerer Gewissenskonflikt ist in vielfältiger Form denkbar. Er könnte bereits vorliegen, wenn der Zeuge die angeklagte Tat aus ethischen Gründen überhaupt nicht für strafwürdig hält oder er dem Angeklagten sein Stillschweigen versprochen hat. Allerdings hat der Gesetzgeber diese kaum überprüf- und begrenzbaren Konstellationen in der StPO nicht berücksichtigt, so dass dies als bestimmendes Motiv für den Schutzzweck ausscheiden muss.[123] Es wäre jedoch denkbar, dass die innerlich als verpflichtend empfundene berufsethische Schweigepflicht zu einem derartigen Gewissenskonflikt führt, dass typischerweise eine gravierende Beeinträchtigung oder gar eine Zerstörung der Persönlichkeit des Zeugen droht.[124] Unabhängig davon, ob das Eintreten eines solchen Falles praktisch ausgeschlossen[125] oder immer schon dann bejaht wird, wenn objektiv ein geschütztes Vertrauensverhältnis zwischen dem Anvertrauenden und dem Zeugen vorliegt,[126] wird doch zumindest für Geistliche angenommen, dass ein solcher Gewissenskonflikt

---

120 Daher scheidet aber auch für sie die Möglichkeit aus, gemäß § 172 Nr. 3 GVG die Öffentlichkeit von der Verhandlung auszuschließen, wenn „ein privates Geheimnis erörtert wird, dessen unbefugte Offenbarung durch den Zeugen oder Sachverständigen mit Strafe bedroht ist."

121 Löwe/Rosenberg - Dahs, § 53, Rdnr. 9; Karlsruher Kommentar - Senge, § 53, Rdnr. 3; Schönke/Schröder - Lenkner, § 203, Rdnr. 29; LG Köln JR 2002, 172

122 Heinsen, Die Zeugnisverweigerungsrechte von Mitarbeitern, S. 34

123 Schmitt, Die Berücksichtigung der Zeugnisverweigerungsrechte, S. 118f.

124 a.a.O., S. 120

125 Ebd.

126 Harenne, Das Zeugnisverweigerungsrecht der Berufshelfer, S. 23

entstehen kann.[127] Der Schutz des Vertrauensverhältnisses kann nämlich zum elementaren Bestandteil priesterlichen Lebens gezählt werden. So verstehen vor allem katholische Priester ihr geistliches Amt als ganzheitliche Existenz. In einer liturgischen Weihehandlung verpflichten sie sich nach der Lehre der Kirche öffentlich vor ihrem Gott und den versammelten Menschen, ihr Leben ganz in den Dienst der Verkündigung und des Nächsten zu stellen. Durch ihr Gelöbnis zum Zölibat nehmen sie eine Lebensform an, die auch ein äußerlich sichtbares Zeichen dafür geben soll, dass sie ihr Leben ganz ihrem Amt widmen.[128] Ähnlich sehen auch die protestantischen Seelsorger ihr Amt als eine Lebensform und nicht als eine zeitlich begrenzte, bloß arbeitsvertragliche Leistung an.[129] Vor allem aber sind Verstöße gegen das Beichtgeheimnis und die Schweigepflicht innerhalb der katholischen und evangelischen Kirche durch das Kirchenrecht streng sanktioniert. Die Verletzung des Beichtgeheimnisses führt für die katholischen Seelsorger gemäß can. 982 § 1 CIC/1983 zu einer von selbst eintretenden Exkommunikation. Protestantische Pfarrer sind aufgrund der Pfarrerdienstgesetze zur Verschwiegenheit sowohl über anvertrautes Wissen aus der Beichte und Seelsorge als auch über sonstige Angelegenheiten ihres Amtes verpflichtet und müssen bei Verstößen ebenfalls mit disziplinarrechtlichen Konsequenzen rechnen.[130] Die Verschwiegenheitspflicht der allgemeinen Seelsorge ist gegenüber dem Beichtgeheimnis zwar nur ein *secretum naturale*,[131] welches in Ausnahmefällen gebrochen werden kann,[132] da eine scharfe Trennung in diesem Bereich aber kaum möglich ist, bleibt die Gefahr eines Missbrauchs des Anvertrauten bestehen.[133] Für die Geistlichen würde die Pflicht zur Aussage entgegen ihrer persönlichen und amtlichen Verpflichtung somit zu existentiellen Gewissensnöten führen, die sich daher auch von denen anderer Berufsträger stark unterscheiden.[134] Das Beichtgeheimnis der katholischen

---

[127] Heinsen, Die Zeugnisverweigerungsrechte von Mitarbeitern, S. 35

[128] Greshake, Priester sein in dieser Zeit, S. 303ff.

[129] Winkler, Art. Pfarrer II, TRE, S. 370

[130] § 36 und § 37 Pfarrerdienstgesetz EKU vom 15. Juni 1996, ABl. EKD 1997, S. 45ff. und § 41 Pfarrerdienstgesetz VELKD vom 17.10.1995

[131] Oppermann, Die Verwaltung des Heiligen Bußsakramentes, S. 223; Spari, Darf der Priester wirklich nie etwas aus der Beichte offenbaren, ThPQ 1901, S. 85

[132] Die herrschende Lehre erkennt sogar unter Verwerfung der von Luther angedeuteten Ausnahme für die Beichte, wenigstens im Rahmen der *peccatorum futurorum* ein Rederecht, ja sogar eine Redepflicht an; Detert, Die Pflicht zur Anzeige drohender Straftaten, S. 43; Stein, Kirchenrecht, S. 71

[133] Detert, Die Pflicht zur Anzeige drohender Straftaten, S. 43f.

[134] Für Harenne, Das Zeugnisverweigerungsrecht der Berufshelfer, S. 22f., besteht der Pflichtenwiderstreit nicht nur bei einem schwerwiegenden inneren Gewissenskonflikt, sondern schon dann, wenn objektiv ein geschütztes Vertrauensverhältnis zwischen dem Anvertrauenden und dem Zeugen vorliegt.

Priester ist so absolut, dass eine Entbindung - selbst dann, wenn der Beichtende dies will - nicht ohne weiteres möglich ist.[135] Dass Geistliche mehr als andere Berufsträger in einen fundamentalen Gewissenskonflikt geraten können, hat der Gesetzgeber daher auch in § 52 Abs. 2 StPO berücksichtigt. Denn anders als die übrigen Berufsträger müssen die Geistlichen nicht aussagen, wenn sie von ihrer Schweigepflicht entbunden werden, so dass ihre Gewissensentscheidung im Hinblick auf die Bereitschaft zur Zeugenaussage absolut respektiert wird.[136]

cc) Schutz der Berufsfreiheit

Eine Aussagepflicht für Geistliche würde sich aber nicht nur auf das Vertrauensverhältnis im Einzelfall auswirken, sondern hätte auch Konsequenzen für die Berufsausübung als solches. Denn Berufe, bei denen das Vertrauensverhältnis von Berufsträgern und Hilfesuchenden die Grundlage ist, können durch den Zeugniszwang so massiv beeinträchtigt werden, dass der Schutzbereich des Art. 12 Abs. 1 GG berührt wird.[137] Dies gilt gerade für den Bereich der Seelsorge. Dort sind vertrauliche Mitteilungen berufstypisch, und nur, wenn die Hilfesuchenden auf die Verschwiegenheit der Berufsträger absolut vertrauen können, werden sie sich ihnen auch offenbaren. Ist dies nicht gewährleistet, werden Hilfsangebote erst gar nicht in Anspruch genommen. Jedes persönliche Gespräch stünde dann unter dem Vorbehalt, dass Vertrauliches in die Öffentlichkeit gelangen könnte, sofern es die staatliche Wahrheitserforschung erfordert. Selbst dann, wenn der Bruch der Schweigepflicht die absolute Ausnahme bliebe, wäre doch ein Präzedenzfall geschaffen, der das Vertrauen in die Geistlichen zutiefst erschüttern würde. Offene Gespräche und intensive Hilfe seitens der Geistlichen wären dann kaum mehr möglich. Die Geistlichen könnten daher ohne Zeugnisverweigerungsrechte ihren Beruf nur noch sehr bedingt ausüben. Deshalb dient das Zeugnisverweige-

---

135 Daher lässt das katholische Prozessrecht den Priester in Bezug auf das Beichtwissen selbst bei Entbindung von der Schweigepflicht nicht als Zeugen zu (can. 1757 CIC/1983).

136 Heinsen, Die Zeugnisverweigerungsrechte von Mitarbeitern, S. 36

137 Rengier, Die Zeugnisverweigerungsrechte im geltenden und künftigen Strafverfahrensrecht, S. 13f; Dünnebier, Zur Tagebuchentscheidung, MDR 1964, S. 965; Schmitt, Berücksichtigung der Zeugnisverweigerungsrechte, S. 132; Baier, Strafprozessuale Zeugnisverweigerungsrechte außerhalb der Strafprozeßordnung, S. 56; Kühne, Zeugnisverweigerungsrecht im Strafprozess, JuS 1973, S. 689; Blau, Schweigepflicht und Schweigerecht, Jura 1993, S. 516; Michalowski, Schutz der Vertraulichkeit, ZStW 1997, S. 523; Weigand, Gutachten zum 62. DJT 1998, C 82

rungsrecht für Geistliche gemäß § 53 Abs. 1 Nr. 1 StPO auch dem Schutz der Berufsfreiheit.[138]

dd) Schutz der Religionsausübung

Die Zeugnisverweigerungsrechte der Geistlichen unterscheiden sich wesentlich von denen anderer Berufsträger. Da die entsprechenden Normen immer in Verbindung mit jenen Normen stehen, die zugleich die Religionsausübung betreffen, ist im Hinblick auf die Schutzrichtung des § 53 Abs. 1 Nr. 1 StPO immer auch an den Schutzbereich des Art. 4 Abs. 1 und 2 sowie Art. 140 GG zu denken. Denn die Ausübung des Berufes eines Geistlichen ist regelmäßig zugleich Religionsausübung. Dies betrifft sowohl die eigene Berufung der Geistlichen als auch die sie in Anspruch nehmenden Angehörigen ihrer Glaubensgemeinschaft. Wäre das den Geistlichen Anvertraute nicht geschützt, so könnte beispielsweise der katholische Priester das Beichtsakrament nicht mehr spenden. Die Spendung der Sakramente aber gehört zu den Pflichten eines Priesters, und ebenso gehört der Empfang dieses Sakramentes, zu dessen Wesensbestandteil die Offenbarung privater Ereignisse zählt, zu den Pflichten der Gläubigen. Sie könnten diese Handlung, die wichtiger Bestandteil ihrer Religionsausübung ist, ohne ein Zeugnisverweigerungsrecht nur noch durch Verstoß gegen staatliche Normen durchführen.
Aber nicht nur die katholische Beichtpraxis wäre gefährdet, sondern eine Reihe weiterer kirchlicher Vollzüge sind denkbar, bei denen die Vertrauensstellung der Geistlichen Grundlage für religiöses Handeln ist. So gehört die Vorbereitung auf Taufe, Abendmahl, Konfirmation oder Katechese ebenso dazu wie Ehebegleitung oder Trauergespräch. Bei solchen Begegnungen entstehen vertrauliche Situationen, die zum Kern des seelsorgerischen Handelns gezählt werden können. Darüber hinaus kommt es vor allem auch in Extrembereichen menschlichen Daseins oft zu Gesprächen, deren Inhalt rechtlich prekär sein kann, wie beispielsweise während der Krankenhaus- oder Gefängnisseelsorge. Zu den Menschen in Not zu gehen, ist aber auf dem Glauben basierender Auftrag zumindest der Geistlichen christlicher Kirchen. Die Möglichkeit für Geistliche, das Zeugnis zu verweigern, dient aufgrund der

---

[138] Heinsen, Die Zeugnisverweigerungsrechte von Mitarbeitern, S. 37ff., sieht dies nicht als eine autonome Zielsetzung des § 53 StPO an, sondern weist darauf hin, dass es nicht um eine Privilegierung einzelner Berufe gehen darf, denn dies würde Ursache und Wirkung miteinander verwechseln, nur als Kehrseite eines allgemeinen öffentlichen Interesses käme dieser Schutz letztlich auch dem einzelnen Berufsträger selbst zugute.

religiös konnotierten Seelsorge daher immer auch der Verwirklichung der Religionsfreiheit gemäß Art. 4 Abs. 1 und 2 sowie Art. 140 GG.[139]

ee) Schutz des Allgemeininteresses

Nicht nur der einzelne Hilfesuchende und der Berufsträger haben ein berechtigtes Interesse an der Möglichkeit der Zeugnisverweigerung, sondern auch die Allgemeinheit, denn an der Funktionsfähigkeit der von § 53 Nr. 1 Abs. 1 - 4 StPO umfassten Berufe besteht ein großes öffentliches Interesse. Ist das Vertrauensverhältnis geschützt, steigt auch das Vertrauen der Allgemeinheit in diese Berufe, deren gelungene Ausübung für die Gesamtheit der Bürger ein eigenes Gut darstellt. Daher ist es nahezu unbestritten, dass das Zeugnisverweigerungsrecht des § 53 StPO auch das Allgemeininteresse schützen will.[140] Der Gesetzgeber hat deshalb neben den individuellen Geheimhaltungsbelangen des Anvertrauenden vor allem die Stärkung des allgemeinen Vertrauens in die Angehörigen sozialwertiger Berufe im Blick, damit diese ihre im öffentlichen Interesse liegenden Aufgaben auch wirksam erfüllen können.[141] Das Interesse der Öffentlichkeit an der Funktionstüchtigkeit bestimmter Berufe und dem dazugehörigen Schutz des Vertrauensverhältnisses gilt nämlich ebenfalls der im Allgemeininteresse stehenden prozessualen Wahrheitsfindung als ebenbürtig oder überwiegt diese sogar. So tragen beispielsweise Ärzte zur Gesundheitsfürsorge bei und Rechtsanwälte zur Rechtspflege. Und auch die Geistlichen leisten auf ihre Weise einen wichtigen Beitrag für die Allgemeinheit. Sie bieten allen Bevölkerungsschichten und Altersgruppen spirituelle Betreuung an, helfen bei der Beantwortung transzendenter Fragen und begleiten die Menschen im Rahmen ihrer Religion bei der Gestaltung lebenswendlicher Rituale. Vor einem weltanschaulich geprägten Hintergrund wollen sie Orientierung vermitteln und Lebenshilfe zur Beantwortung der Sinnfrage sowie zur Kontingenzbewältigung geben. Diese Aufgaben kann der Staat selbst nicht wahrnehmen. Da die Rechtsgemeinschaft sich religiöser Wahrheiten nicht mehr gewiss ist, kann der Staat auch nicht mehr „Heilsgemeinschaft" sein. Als weltanschaulich neutrale Einrichtung muss er sich letzten Antworten auf die Frage nach Ursprung und

---

[139] Rengier, Die Zeugnisverweigerungsrechte im geltenden und künftigen Strafverfahrensrecht, S. 14; Rupp, Gutachten zum 46. DJT 1966, S. 199; Kühne, Zeugniverweigerungsrecht im Strafverfahren, JuS 1973, S. 689; Peters, Seelsorge und Strafvollzug, JR 1975, S. 402; Götz-Leible, Die Beschlagnahmeverbote, S. 126, Anm. 202

[140] BVerfGE 38, 312 (323); Löwe/Rosenberg - Dahs, § 53, Rdnr. 1; Karlsruher Kommentar - Senge, § 53, Rdnr. 1; KMR - Paulus, § 53, Rdnr. 3; Schlüchter, Das Strafverfahren, Rdnr. 489.1; Kaufmann, Anmerkung zu OLG Nürnberg Beschl. v. 17.8.1956, NJW 1958, S. 272

[141] BT-Drucksache 12/850, S. 5

Ziel der menschlichen Existenz verweigern, darf nicht den Sinn menschlichen Lebens bestimmen oder das überzeitliche Heil und das innerweltliche Glück seiner Bürger verantworten wollen. Je mehr sich aber der Staat hier zurücknimmt, desto mehr ist er auch darauf angewiesen, „dass seine Bürger die Fähigkeit und Bereitschaft zu Anstand, Sitte und Moralität entwickeln und verwirklichen".[142] Aus den religiösen Kräften und Institutionen fließt dem Staat das zu, „was er im Sinne eines sozialethischen Fundaments und einer wirklichen ‚Bedingung der Möglichkeit' von freiheitlicher Verfassung zu seiner Abstützung und Legitimation braucht."[143] Die Stellen, die seitens des Staates blank gelassen werden müssen, können durch die Religionsgemeinschaften und ihre Geistlichen bearbeitet werden. Trotz Versagens in Einzelfällen haben die Geistlichen der beiden großen Konfessionen innerhalb des Gemeinschaftslebens eine Art Vorbildfunktion. Sie sind „gewissermaßen der ‚Urtypus' des integeren und altruistischen Aufgabenträgers".[144] Dem christlichen Ideal folgend, bemühen sich die Geistlichen in ihren Seelsorgegesprächen, Trost und Rat zu spenden. Sie üben tätige Nächstenliebe nach biblischem Vorbild aus und bieten dabei oftmals eine der staatlichen Hilfe vorausgehende Interventionsmöglichkeit.[145] Auch dort, wo andere Institutionen bereits versagt haben oder nicht mehr hinreichen, sind die Geistlichen manchmal letzte Hilfsmöglichkeit, indem sie geistliche und materielle Hilfe auch ohne Krankenschein oder pekuniären Beratervertrag gewähren. Damit übernehmen die Seelsorger der christlichen Kirchen einen Teilaspekt der allgemeinen Wohlfahrtspflege und tragen durch die Sorge um ihre Gemeinde zum Aufbau und zur Erhaltung der weltlichen Gemeinde bei. Auch helfen die Geistlichen bei der Selbstreflexion und Gewissensbildung der Gläubigen. Dabei kommt der Vergebung von Schuld jenseits der irdischen Instanzen eine wichtige soziale Funktion zu.[146] Der christliche Glaube sieht die Schuld des Menschen als eine anthropologische Konstante an, die der Vergebungsbereitschaft und dem Erbarmen Gottes gegenübersteht. Das versöhnende Element ist daher auch handlungsbestimmend bei der Ausübung der Seelsorge. Die Geistlichen sind es, die durch liturgische Handlungen leiblich-zeichenhaft die biblische Zusage der geglaubten unverbrüchlichen Liebe Gottes vermitteln.[147] Das Bußgeschehen im Speziellen und die Seelsorge im Allgemeinen

---

[142] Kirchhof, Die Kirchen und Religionsgemeinschaften als Körperschaften des öffentlichen Rechts, HdbStKirchR, Bd. I, S. 651f.

[143] Hollerbach, Grundlagen des Staatskirchenrechts, HStR VI, § 138, Rdnr. 80

[144] Götz-Leible, Die Beschlagnahmeverbote, S. 127

[145] Baier, Strafprozessuale Zeugnisverweigerungsrechte außerhalb der Strafprozeßordnung, S. 75

[146] Weigand, Gutachten zum 62. Deutschen Juristentag, 1, B II. 1.

[147] Sattler, Art. Bußsakrament, LThK, 851f.

zielen daher nicht zuletzt auf die „Besserung des Menschen" und übernehmen so therapeutische Funktionen; gerade auch, wenn sie von Menschen in größter Gewissensnot beansprucht werden, und nicht selten bei strafrechtlich relevanten Konflikten. Darüber hinaus leisten die Geistlichen im Rahmen der Verkündigung und Unterweisung wichtige Beiträge für eine pluralistische gesellschaftliche Diskussion, wie zum Beispiel bei aktuellen ethischen Fragestellungen. Die Geistlichen können durch ihre Tätigkeit somit zur „Hebung der allgemeinen Moral" beitragen.[148] Das Bemühen um die Verwirklichung der christlichen Wertvorstellungen steht nicht zuletzt auch deshalb im Allgemeininteresse, weil es teilweise deckungsgleich mit den Interessen der Verfassung ist, wie sich unter anderem am Schutz des Lebens, der Förderung von Ehe und Familie oder dem Bemühen um friedvolles Miteinander zeigt. Diesem Allgemeininteresse hat der Gesetzgeber dadurch Rechnung getragen, dass er eben nicht nur im Hinblick auf das Beichtgeheimnis von der Zeugnispflicht befreit, sondern die Vorschriften erweitert hat auf das, was die Geistlichen im Rahmen der Seelsorge anvertraut bekommen. Dabei geht es nicht direkt um die Bedeutung der Kirchen für die Gesellschaft, sondern um das Handeln ihrer Geistlichen. Dort, wo ihnen ein geschützter Raum gewährt wird, bleibt neben dem Vertrauen des einzelnen in den Berufsträger auch das Vertrauen der Allgemeinheit in diesen und in seine Tätigkeit gewahrt.[149]

b) Normzwecke des § 139 Abs. 2 StGB

In direktem Zusammenhang mit § 138 StGB, der die Nichtanzeige bestimmter geplanter Taten unter Strafe stellt, steht § 139 StGB, der als Teil dieser Vorschrift zu lesen ist. Wer es trotz Kenntnis einer der in § 138 StGB aufgeführten Taten unterlässt, Anzeige zu erstatten, macht sich strafbar, unabhängig davon, ob diese Tat auch ausgeführt wurde.[150] Mit dieser Regelung soll einerseits Verhältnismäßigkeitserwägungen im Rahmen von Gefahrenabwendungspflicht und objektiver Gefahrenlage Rechnung getragen werden, andererseits sollen die spezifischen Zwangslagen Berücksichtigung finden, welche durch den Konflikt zwischen konkurrierenden Solidaritätspflichten typischerweise entstehen können.[151] Insofern kann hier auf die bereits erörterten Normzwecke verwiesen werden. Vor allem die innere Konfliktlage

---

[148] Rengier, Die Zeugnisverweigerungsrechte im geltenden und künftigen Strafverfahrensrecht, S. 22, Hauser, Der Zeugenbeweis im Strafprozess, S. 205

[149] Harenne, Das Zeugnisverweigerungsrecht der Berufshelfer, S. 17; Götz-Leible, Die Beschlagnahmeverbote, S. 127

[150] Tröndle-Fischer, § 139, Rdnr. 3

[151] a.a.O., § 139, Rdnr. 2

des Geistlichen ist auch hier wieder dafür entscheidend, dass der Staat auf das persönliche Wissen der Geistlichen beim Abwehrkampf gegen Straftaten vollständig verzichtet. Nicht ganz unbedeutend ist auch der Effekt, dass die anvertrauten Informationen ein zusätzliches Wissen darstellen, das ohne Schutz der kirchlicherseits zugesicherten Verschwiegenheit möglicherweise niemals offenbar würde. Ein potentieller Straftäter tritt dadurch wieder in eine Gesprächssituation über die *peccata futurum* ein, wodurch zumindest die Möglichkeit der Verhinderung einer geplanten Tat größer wird.[152] Im Gegensatz zu Angehörigen und anderen Berufsträgern hat der Gesetzgeber diese Norm für die Geistlichen in keiner Weise beschränkt.[153] Allerdings handelt es sich bei § 139 StGB auch nicht um einen Tatbestandsausschluss, sondern nach h.M. lediglich nur um einen Rechtfertigungsgrund.[154] Zudem sind, anders als bei den nachfolgenden strafprozessualen Zeugnisverweigerungsrechten, die Gehilfen in diese weitreichende Ausnahmeregelung bewusst nicht einbezogen.[155]

2. Normzwecke der Zeugnisverweigerungsrechte kirchlicher Mitarbeiter

a) Normzwecke der §§ 53 Abs. 1, 53a Abs. 1 StPO

Da sich die Praxis des modernen Berufsalltags im Laufe der Zeit gewandelt und die Bedeutung von Hilfspersonen zugenommen hat, wurde seitens der Gesetzgebung reagiert und eine Regelung getroffen, die auch den Helfern der sogenannten Hauptberufsträger eine Möglichkeit zur Zeugnisverweigerung einräumt. Gemäß § 53 Abs. 1, § 53 a Abs. 1 StPO können die Gehilfen der Geistlichen ebenfalls das Zeugnis verweigern, sofern die Geistlichen dem zustimmen. Mit diesem Zeugnisverweigerungsrecht für die Berufshelfer soll verhindert werden, dass die Zeugnisverweigerungsrechte der Geistlichen um-

---

[152] Detert, Das Dritte Strafrechtsänderungsgesetz, S. 50

[153] § 139 Abs. 3 und 4 StGB

[154] Systematischer Kommentar - Rudolphi, § 139, Rdnr. 3; Leipziger Kommentar - Hanack, § 139, Rdnr. 13; Maurach/Schroeder/Maiwald, BT/2, 98/25; a.A.: Schönke/Schröder - Cramer/Sternberg-Lieben, § 139, Rdnr. 2; StPO Alternativkommentar - Ostendorf, § 139, Rdnr. 13

[155] Leipziger Kommentar - Hanack, § 139, Rdnr. 7 und 9; für diese Ansicht spricht auch die Entstehungsgeschichte des § 139 Abs. 2, denn als das 3. Strafrechtsänderungsgesetz v. 4. 8. 1953 (BGBl. I, S. 735) § 53a einführte, der auch den Mitarbeitern der Geistlichen ein Zeugnisverweigerungsrecht gewährt, wurden auch die §§ 138, 139 StGB geändert, ohne dass die Mitarbeiter Berücksichtigung fanden; ebenso: Stolleis, Rechtsfragen der Telefonseelsorge, ZevKR 1972, S. 297

gangen werden.[156] Müsste nämlich statt des Hauptberufsträgers die für ihn tätige Hilfsperson, die möglicherweise relevantes Wissen erfahren hat, aussagen, wäre das Zeugnisverweigerungsrecht des Hauptberufsträgers wertlos. Ohne die Ausnahme der Zeugenpflicht für Hilfspersonen würde sich ein Hilfesuchender dem Hauptberufsträger daher nur noch bedingt offenbaren oder sogar ganz auf ein helfendes Gespräch verzichten. In Rechtsprechung und Literatur besteht Einigkeit darüber, dass sich das Zeugnisverweigerungsrecht der Berufshelfer gem. § 53a StPO somit vom Zeugnisverweigerungsrecht der Hauptberufsträger des § 53 Abs. 1 Nr. 1-4 StPO ableitet. Die Schutzzwecke des § 53 strahlen daher auch entsprechend auf § 53a StPO aus.[157] Würde eine Umgehung der Zeugnisverweigerungsrechte durch die Aussagepflicht der Gehilfen möglich sein, so bestünde erneut die Gefahr der Verletzung von Grundrechten, die durch § 53 StPO gerade verhindert werden soll. Sowohl die Religionsausübung als auch die Berufsfreiheit würden ohne eine Ausnahmeregelung für jene, die die Geistlichen bei ihren Handlungen unterstützen, verletzt werden, denn der Geistliche ist oftmals auf die Unterstützung eines Gehilfen zur Erfüllung seines Berufes und seiner seelsorgerlichen Praxis angewiesen. Gerade in der modernen pastoralen Seelsorge liegt nicht mehr alles in einer Hand, sondern sind kooperative Strukturen und helfende Mitarbeiter – die nicht immer über ein eigenständiges Zeugnisverweigerungsrecht verfügen – die Regel. Ohne die Möglichkeit, die Aussage der Berufshelfer zu verhindern, käme der Hauptberufsträger erneut in eine Pflichtenkollision zwischen Vertrauensschutz und Aussagezwang. Nur wenn auch die Gehilfen die Aussage verweigern dürfen, bleibt dem Hauptberufsträger die Pflichtenkollision, die durch § 53 StPO verhindert werden soll, erspart.[158]

Eine Verschwiegenheitspflicht resultiert darüber hinaus auch unmittelbar aus dem Verhältnis des Gehilfen zum Hauptberufsträger, da der Gehilfe oftmals gegenüber seinem Hauptberufsträger direkte Verpflichtungen zur Verschwiegenheit eingegangen ist oder aufgrund seines Berufes selbst einer solchen Verschwiegenheitspflicht unterliegt. Diese Zusagen, die für das berufliche Miteinander entscheidend sind, würde er durch eine Aussage gefährden. So ist beispielsweise gem. can. 983 § 2 CIC/1983 ein bei der Beichte hinzu-

---

[156] Löwe/Rosenberg - Dahs, § 53a Rdnr. 1; Karlsruher Kommentar - Senge, § 53a, Rdnr. 1; Kleinknecht/Meyer-Goßner, § 53a, Rdnr. 1; Heidelberger Kommentar - Lemke, § 53a, Rdnr. 1; Schmidt, Eb., StPO Lehrkommentar II, § 53a, Erl. 1

[157] Baier, Strafprozessuale Zeugnisverweigerungsrechte außerhalb der StPO, S. 60; Harenne, Die Zeugnisverweigerungsrechte der Berufshelfer, S. 5; Rengier, Die Zeugnisverweigerungsrechte im geltenden und künftigen Strafverfahrensrecht, S. 36

[158] Harenne, Das Zeugnisverweigerungsrecht der Berufshelfer, S. 27f.; Schmitt, Die Berücksichtigung der Zeugnisverweigerungsrechte, S. 118

gezogener Dolmetscher zur Verschwiegenheit verpflichtet.[159] Dieser Konflikt findet in der gesetzlichen Regelung aber nur bedingt Berücksichtigung, da die Ausübung des Zeugnisverweigerungsrechts gem. § 53a Abs. 1 S. 2 StPO immer abhängig von der Entscheidung des Hauptberufsträgers ist.
Wie bei § 53 Abs. 1 StPO kommt darüber hinaus dem Vertrauensverhältnis zwischen Hauptberufsträger und Anvertrauendem entscheidendes Gewicht zu.[160] Denn auch die Zeugnisverweigerungsrechte der Gehilfen dienen wie die berufsbezogenen Zeugnisverweigerungsrechte dem Schutz der Privatsphäre des einzelnen. Dabei ist allerdings zu bedenken, dass das Vertrauen des Hilfesuchenden auf die Diskretion des Hauptberufsträgers allein auf dessen besonderer beruflicher Stellung beruht, die bei einer Hilfsperson nicht immer im gleichen Maße vorliegen wird. So ist beispielsweise die Vertrauenswürdigkeit der Pfarrhaushälterin nicht mit der des Pfarrers vergleichbar. Jedoch muss nicht zwingend ein Vertrauensverhältnis zwischen dem Ratsuchenden und dem Gehilfen vorliegen.[161] Voraussetzung ist nur, dass zwischen dem zeugnisverweigerungsberechtigten Hauptberufsträger und dem Hilfesuchenden ein Vertrauensverhältnis besteht.[162] Der Anvertrauende verlässt sich schließlich darauf, dass der Hauptberufsträger nur vertrauenswürdige Berufshelfer einsetzt.[163] Der Berufshelfer kann sein berufsbezogenes Zeugnisverweigerungsrecht nur über das Zeugnisverweigerungsrecht des Hauptberufsträgers aus § 53 Abs. 1 S. 1 Nr. 1 - 4 StPO erlangen, indem er in das Vertrauensverhältnis zwischen Hauptberufsträger und Anvertrauendem einbezogen wird.
Während das Zeugnisverweigerungsrecht der Hauptberufsträger aufgrund ihrer Zugehörigkeit zu den in § 53 Abs. 1 S. 1 Nr. 1 bis 4 StPO genannten Berufsgruppen unmittelbar auch dem Allgemeininteresse dient, trifft dies auf die Berufshelfer nicht direkt zu. Im Regelfall gehören die Berufshelfer selbst nämlich nicht den in § 53 Abs. 1 Nr. 1 bis 4 StPO genannten Berufsgruppen an. Die Tätigkeit der Berufshelfer in diesem Bereich dient gerade nicht unbedingt dazu, das Gemeinwohl zu fördern, so dass das Zeugnisverweigerungsrecht des § 53a StPO auch nicht unmittelbar das Allgemeininteresse schützen kann. Dennoch kann das Vertrauen, das die Allgemeinheit in die Tätigkeit der gemäß § 53 Abs. 1 S. 1 Nr. 1 - 4 zeugnisberechtigten Hauptberufsträger setzt, nur dann gewahrt werden, wenn gewährleistet ist, dass

159 Münsterischer Kommentar - Lüdicke, can. 983, Rdnr. 4
160 BT-Drucksache Nr. I/3713, S. 47; Peters, Gutachten zum 46. DJT 1966, S. 123
161 a.A.: LG Essen StraFo 1996, 92
162 Krekeler/Schonrad, Der Berufshelfer im Sinne des § 53a StPO, wistra 1998, S. 138; Rengier, Die Zeugnisverweigerungsrechte im geltenden und künftigen Strafverfahrensrecht, S. 36; Harrene, Die Zeugniverweigerungsrechte der Berufshelfer, S. 15
163 Krekeler/Schonard, Der Berufshelfer im Sinne des § 53a StPO, wistra 1998, S. 138

die Hauptberufsträger ihre Aufgaben auch effektiv und sachgerecht erfüllen können, ohne dass der Anvertrauende mit der Offenbarung vertraulicher Informationen rechnen muss.[164] Wie bereits beschrieben, gewährleistet dies in bestimmten Situationen nur die zusätzliche Hilfe sachverständiger Dritter. Das Zeugnisverweigerungsrecht gemäß §§ 53 Abs. 1, 53a Abs. 1 ermöglicht es, dass sich der Hauptberufsträger dieser Unterstützung bedienen kann. Somit dient das Zeugnisverweigerungsrecht der Berufshelfer zumindest mittelbar auch dem Schutz des Allgemeininteresses. Dies gilt im Übrigen ebenso für den *nemo-tenetur*-Grundsatz. Auch er strahlt nur mittelbar auf das Verhältnis zwischen dem Beschuldigten und dem Zeugnisverweigerungsberechtigten aus.[165] Denn dieser Grundsatz gilt unmittelbar nur für das Verhältnis zwischen dem Beschuldigten und dem Staat.[166]

b) Normzwecke des § 54 StPO

Angehörige des öffentlichen Dienstes müssen wie andere Arbeitnehmer auch der allgemeinen Zeugenpflicht Folge leisten. Soweit sie jedoch einer Amtsverschwiegenheit unterliegen, soll ein Gemeininteresse an der Geheimhaltung ihrer Kenntnisse bestehen und hinter möglichen Strafverfolgungsinteressen zurückstehen.[167] Deshalb ermöglicht § 54 StPO Richtern, Beamten und anderen Personen des öffentlichen Dienstes, als Zeugen über die ihnen bei ihrer amtlichen Tätigkeit bekanntgewordenen Angelegenheiten Verschwiegenheit zu bewahren. Soweit ihre Amtsverschwiegenheit reicht, entfällt somit die Aussagepflicht und Aussagebefugnis.[168] Der Schutz des Dienst- und Amtsgeheimnisses bildet so den Kern des § 54 StPO.[169] Erst mit der Erteilung der Aussagegenehmigung gemäß § 54 Abs. 1, 2. Hs. besteht die allgemeine Zeugenpflicht. Die Amtsverschwiegenheit ergibt sich für Beamte aus § 61 Abs. 1 Satz 1 BBG und § 39 Abs. 1 BRRG. Für Angehörige des öffentlichen Dienstes ist die Verschwiegenheitspflicht durch Gesetz und Tarifvertrag festgelegt und wird durch § 54 StPO auf die Ebene des Verfahrensrechts gezogen. Diese Geheimhaltungsinteressen des Staates und der Verwaltung sind die primären Schutzzwecke des § 54 StPO und werden zusammenfassend als

---

164 Harenne, Die Zeugnisverweigerungsrechte der Berufshelfer, S. 31

165 BGH StraFo 2000, 160 (161); BGH StraFo 2000, 227 (228)

166 Rengier, Die Zeugnisverweigerungsrechte im geltenden und künftigen Strafverfahrensrecht, S. 23, 11, 12

167 Karlsruher Kommentar - Senge, § 54, Rdnr. 1; KMR - Neubeck, § 54, Rdnr. 1

168 Kleinknecht/Meyer-Goßner, § 54, Rdnr. 2; Löwe/Rosenberg - Dahs, § 54, Rdnr. 1; BGH MDR 1952, 659; OLG Hamburg NStZ 1994, 98

169 Löwe/Rosenberg - Dahs, § 54, Rdnr. 1; Karlsruher Kommentar - Senge, § 54; Rdnr. 3; Kleinknecht/Meyer-Goßner, § 54, Rdnr. 1

Schutz des öffentlichen Geheimhaltungsinteresses bezeichnet.[170] Zum einen gehört der „Selbstschutz" des Staates zu seinen gewichtigsten Aufgaben, da seine innere und äußere Sicherheit tragende Säule des Gemeinschaftslebens ist.[171] Der Schutz eines privaten Geheimhaltungsinteresses wird hingegen überwiegend abgelehnt.[172] Zum anderen kann der Staat eine Vielzahl von Aufgaben nur dann erledigen, wenn ihm der Bürger Privatgeheimnisse anvertrauen kann, wie dies beispielsweise in der Sozialverwaltung und der staatlichen Wohlfahrtspflege mit der Ehe-, Familien-, Erziehungs-, Jugend- und Suchtberatung der Fall ist. Allerdings wird in diesem Schutz der Privatgeheimnisse lediglich eine mittelbare Schutzfunktion gesehen, da das staatliche Strafverfolgungsinteresse vorgeht.[173] Auch wird nur vereinzelt der Schutzzweck des § 54 StPO darin gesehen, den einzelnen Amtsträger vor einem Konflikt zwischen dienstlicher Verschwiegenheit und prozessualer Aussage zu bewahren.[174] Verschwiegenheitspflichten existieren aber auch für Beschäftigte außerhalb des öffentlichen Dienstes, gleichwohl nimmt das Strafverfahren darauf keine Rücksicht. Ohnehin entscheidet der Dienstvorgesetzte, ob der Zeuge aussagen muss, so dass der Konflikt allein bei ihm liegt und daher auch kein Schutzzweck darin erblickt werden kann.[175] Ob und wieweit § 54 StPO überhaupt auf kirchliche Mitarbeiter Anwendung finden kann, wird später zu prüfen sein.[176]

3. Normzwecke der zivilrechtlichen Zeugnisverweigerungsrechte

Der § 383 Abs. 1 ZPO gewährt unter den Nummern 4 und 6 gewissen Personen aufgrund ihrer besonderen Vertrauensstellung, die sie gegenüber Dritten einnehmen, die Möglichkeit der Zeugnisverweigerung. Anders als bei den Zeugnisverweigerungsrechten, die aufgrund der persönlichen Beziehung des

---

[170] Kleinknecht/Meyer-Goßner, § 54, Rdnr. 1; KMR - Paulus, § 54, Rdnr. 3, 4; Hiebl, Anmerkung zu BGH, StraFo 1999, S. 88

[171] Götz-Leible, Die Beschlagnahmeverbote, S. 134

[172] BGH NJW 1952, 151 (151f.); Löwe/Rosenberg - Dahs, § 54, Rdnr. 3; Kleinknecht/Meyer-Goßner, § 54, Rdnr. 1; KMR - Paulus, § 54, Rdnr. 4; Karlsruher Kommentar - Senge, § 54, Rdnr. 3; Baier, Strafprozessuale Zeugnisverweigerungsrechte außerhalb der Strafprozessordnung, S. 62; Spendel, Beweisverbote im Strafprozess, NJW 1966, S. 1106; kritisch dagegen: Rengier, Die Zeugnisverweigerungsrechte im geltenden und künftigen Strafverfahrensrecht, S. 48; Düwel, Das Amtsgeheimnis, S. 108

[173] BVerfGE 67, 100 (139); kritisch dazu: Heinsen, Die Zeugnisverweigerungsrechte der Mitarbeiter, S. 64

[174] Hauser, Zeugenbeweis im Strafprozess, S. 90; Rengier, Die Zeugnisverweigerungsrechte im geltenden und künftigen Strafverfahrensrecht, S. 53

[175] Heinsen, Die Zeugnisverweigerungsrechte von Mitarbeitern, S. 66f.

[176] Siehe Teil C., II.

Zeugen zu einer Prozesspartei gewährt werden,[177] stellen die berufsbedingten Zeugnisverweigerungsrechte des § 383 Abs. 1 Nr. 4 und 6 ZPO darauf ab, ob eine Aussage in einen Konflikt mit dem durch die Berufspflichten des Zeugen bedingten Vertrauenstatbestand geraten könnte.[178] Sie dienen so dem Schutz der Zeugen und wollen Rücksicht auf ihre besondere berufliche Stellung nehmen, damit die Zeugen nicht offenbaren müssen, was ihnen zuvor anvertraut wurde.[179] Zugleich schützen sie auch die Partei, da die Verweigerungsmöglichkeit verhindert, dass der Prozessgegner sich das von der Gegenseite im Glauben an die Geheimhaltung einem Zeugen Anvertraute vermittels einer erzwungenen Aussage zunutze machen kann. Insgesamt ähneln die zivilprozessualen Zeugnisverweigerungsrechte vom Normzweck her den strafrechtlichen Zeugnisverweigerungsrechten, so dass § 383 Abs. 1 Nr. 4 ZPO eine mit § 53 Abs. 1 Nr. 1 StPO vergleichbare Norm ist und ebenso § 383 Abs. 1 Nr. 6 ZPO als eine Parallelvorschrift zu § 53a StPO angesehen werden kann. Jedoch wird bei den zivilprozessualen Sonderrechten weniger auf das Amt des Zeugen als solches als vielmehr vor allem auf seine Vertrauensstellung Rücksicht genommen.[180] Außerdem enthält § 383 Abs. 1 Nr. 4 ZPO auch keine Aufzählung bestimmter Berufe, sondern ist allgemeiner gefasst und deshalb eher interpretationsfähig.[181] Dieser weite Umfang von Zeugnisverweigerungsrechten ist nicht unproblematisch.[182] Denn bei § 383 Abs. 1 Nr. 6 ZPO soll es bereits genügen, wenn sich die Verschwiegenheitspflicht aus der Natur der Sache ergibt. Eine nach staatlichen Gesetzen vorliegende Verschwiegenheitspflicht ist dazu nicht erforderlich. Wo die Grenzen für eine Anwendung dieser Norm durch kirchliche Mitarbeiter liegen, ist daher später genauer zu erörtern.[183]
Im Unterschied zu § 53 Abs. 2 StPO ist aber gemäß § 385 Abs. 2 ZPO eine Zeugnisverweigerung für die Berufsträger des § 383 Nr. 4 und 6 ZPO dann nicht mehr vorgesehen, wenn sie von ihrer Schweigepflicht entbunden wurden. Im Zivilprozess wäre es demnach bei einer Entbindung von der Schweigepflicht nicht mehr den Geistlichen überlassen, ob sie die Aussage verweigern dürften. Der Schutz des Beichtgeheimnisses und der Amtsverschwiegenheit, der ja nicht allein um der Anvertrauenden willen besteht,

---

[177] § 383 Abs. 1 Nr. 1 bis 3 ZPO
[178] Zöller - Greger, § 383, 1a
[179] Musielak - Huber, § 383, Rdnr. 1
[180] Baumbach/Lauterbach/Albers/Hartmann, § 383, Rdnr. 5; Stein/Jonas - Berger, § 383 III, Rdnr. 37
[181] Kaiser, Zeugnisverweigerungsrecht der Diplompsychologen, NJW 1971, S. 491
[182] Groth/Bubnoff, Vertraulichkeit bei der Mediation, NJW 2001, S. 340; Münchener Kommentar - Damrau, § 383, Rdnr. 31
[183] Siehe Teil C., I., 2.

wäre demnach gefährdet. Jedoch ist anerkannt, dass diese Bestimmungen nicht auf die Geistlichen durchgreifen. Denn bereits Art. 9 des Reichskonkordats legt fest, dass Geistliche vor Gericht und anderen Behörden über Tatsachen, die ihnen bei Ausübung der Seelsorge anvertraut worden sind, stets die Aussage verweigern können. Von einer Verpflichtung zur Aussage im Falle einer Entbindung von der Schweigepflicht ist hier nichts erwähnt. Dadurch wird zum Ausdruck gebracht, dass die Verschwiegenheit des Seelsorgers immer Vorrang hat vor dem berechtigten Interesse der Prozessparteien, im Verfahren den wahren Sachverhalt zu ermitteln. Die herrschende Meinung folgt dem und wendet § 385 Abs. 2 ZPO dementsprechend nicht an.[184]

Weiterhin löst auch § 376 eine Konfliktsituation zwischen objektiver Wahrheitsfindung und Geheimnisschutz zugunsten der Verschwiegenheit. Während bei den übrigen Zeugnisverweigerungsrechten der Schutz der Persönlichkeit von großer Bedeutung ist, soll hier das öffentliche Interesse an der Geheimhaltung der dem Gemeinwohl dienenden Geheimnisse entscheidend sein.[185] Da diese Vorschrift dem § 54 StPO nachgebildet wurde, kann hier auf die obigen Ausführungen zu dieser strafprozessualen Norm verwiesen werden.

[184] LG Nürnberg-Fürth FamRZ 64, 514; LG Fulda SJZ 50, 826; Weier, Der ständige Diakon, S. 160; statt vieler: Baumbach/Lauterbach/Albers/Hartmann, § 383, Anm. 3

[185] Zöller - Greger, § 376, Rdnr. 1

B. Die Zeugnisverweigerungsrechte der Geistlichen im Spannungsfeld zwischen normativen Voraussetzungen und kirchlichem Selbstbestimmungsrecht

I. Gesetzliche Anforderungen der Zeugnisverweigerungsrechte

Angesichts der staatlichen Zurücknahme zugunsten der Verschwiegenheitspflicht der Geistlichen ist eine präzise Klärung geboten, wie die zur Zeugnisverweigerung berechtigenden Normen im Hinblick auf ihre praktische Anwendung auszulegen sind. Damit der Kreis der zeugnisverweigerungsberechtigten Berufsträger nicht zu sehr ausgeweitet wird, ist er um der Notwendigkeit einer funktionstüchtigen Rechtspflege willen auf das unbedingt erforderliche Maß zu begrenzen.[1] Die historische Entwicklung und die Normzwecke bilden dabei zentrale Orientierungspunkte. Darüber hinaus aber sind aus den Gesetzen weitere konkrete Voraussetzungen zu entwickeln.

1. Vertrauensverhältnis aufgrund zugesicherter Verschwiegenheit

Allen Normen, die den Geistlichen ein solches Privileg gewähren, ist die Voraussetzung einer Verschwiegenheitszusage, aufgrund derer ein besonderes Vertrauensverhältnis entsteht, immanent.[2] Wenn die Geistlichen eine Pflicht zur Verschwiegenheit besitzen, können die Anvertrauenden „typischerweise“[3] erwarten, dass die geheimen Informationen nicht offenbart werden. Ohne eine solche Zusage der Verschwiegenheit könnte das für die Zeugnisverweigerungsrechte konstitutive Vertrauensverhältnis nur bedingt entstehen. Zwar werden Verstöße gegen die Schweigepflicht bei Geistlichen nicht mehr

[1] BVerfGE 33, 367 (382f.); 44, 353 (378); BVerfG NStZ 1988, S. 418; BVerfG NJW 1996, 1587

[2] Schmidt, Eb., StPO Lehrkommentar II, § 53, Rdnr. 5

[3] So forderte das Bundesverfassungsgericht in einer Entscheidung zur Ausweitung der Zeugnisverweigerungsrechte auf Sozialpädagogen, dass ein Berufsbild vorliegen müsse, das typischerweise mit der Erwartung der Klienten verbunden ist, der Berufsträger werde die ihm anvertrauten Tatsachen gegenüber jedermann verschweigen (BVerfGE 33, 367 (381).

wie bei anderen Berufsgruppen staatlich sanktioniert,[4] aber auch die Geistlichen müssen eine Gewähr dafür bieten, dass sie Vertrauliches nicht entgegen ihren Amtsobliegenheiten kundgeben. In welcher Form eine Religionsgemeinschaft einen solchen Schutz gewährt, ob aufgrund eines Kirchengesetzes, ob als arbeitsvertragliche Verpflichtung oder aufgrund anderer Zusagen, ist dabei unerheblich.[5] Entscheidend ist, dass die Mitglieder der Religionsgemeinschaft oder sonstige Anvertrauende beim Geistlichen objektiv und grundsätzlich von einer größeren Verschwiegenheit als bei den übrigen Mitgliedern der Religionsgemeinschaft ausgehen können. Denn die Verschwiegenheitspflicht bildet für den Anvertrauenden eine gewisse Gewähr dafür, dass beim Berufsträger eine größere Verlässlichkeit zur Wahrung des Geheimen besteht als bei anderen Personen. Fehlt es hingegen an solch einer Verschwiegenheitspflicht, besteht für den Anvertrauenden kein Grund, auf eine größere Geheimhaltung des Berufsträgers zu hoffen als bei anderen Personen, denen er etwas anvertraut. Existiert keine Geheimhaltungszusage, auf die sich ein Anvertrauender objektiv verlassen könnte, so fehlt es gerade an jenem Vertrauensverhältnis, das der Gesetzgeber schützen will. Denn was eine Religionsgemeinschaft nicht schützen will, das braucht auch der Staat nicht unter seinen Schutz zu stellen.

2. Die seelsorgerische Tätigkeit der Geistlichen

Ein solches besonderes Vertrauensverhältnis ist auf das Engste verknüpft mit dem seelsorgerischen Handeln der Geistlichen. Deshalb fordert der Gesetzgeber, dass die Geistlichen die vertraulichen Informationen im Rahmen ihrer „Seelsorge" erfahren haben. Was jedoch Seelsorge im Sinne des Gesetzes ist, lässt sich nicht einfach beantworten.[6] Die Kommentarliteratur nimmt dazu keine Stellung und falls doch, so verliert sie sich im Allgemeinen, wenn sie Seelsorge als „Beistand in grundlegend moralischen und ethischen Fragen"[7] bezeichnet. Solche Definitionen sind in der Praxis kaum handhabbar.

[4] Der § 203 StPO stellt die Verletzung von Berufsgeheimnissen bei Geistlichen nicht mehr unter Strafe. Dies war bei einigen älteren Regelungen noch der Fall (Siehe Teil A., I., 4. und 5.) Immer noch unter Strafe steht der Beichtsiegelbruch beispielsweise in der Schweiz (Art. 321 StGB).

[5] KMR - Paulus, § 53, Rdnr. 7; Dallinger, Das Dritte Strafrechtsänderungsgesetz, JZ 1953, S. 436; Lenckner, Aussagepflicht, Schweigepflicht und Zeugnisverweigerungsrecht, NJW 1965, S. 322; Stein/Jonas - Berger, § 383 ZPO, Rdnr. 37 verzichtet auf die Verschwiegenheitspflicht, fordert aber, dass Gläubige auf die Geheimhaltung vertrauen können müssen.

[6] So auch Leipziger Kommentar - Hanack, § 139, Rdnr. 7, der in diesem Begriff Schwierigkeiten sieht, die auf die rechtliche Interpretation zurückstrahlen.

[7] Tröndle/Fischer, § 139, Rdnr. 4

Um sich dem Begriff Seelsorge zu nähern, bietet sich daher zunächst der Blick in die theologische Fachliteratur an. Seelsorge ist dort nicht mehr nur auf das individuelle Seelenheil im Sinne eines platonisch-dualistischen Leib-Seele-Verständnisses beschränkt. Sie ist vielmehr ein Sammelbegriff für die gesamte kirchliche Praxis geworden.[8] Der persönlich gelebte Glaube und die Wahrnehmung der eigenen Lebensgeschichte als Glaubensgeschichte mit ihren Brüchen und Grenzerfahrungen wird in die Seelsorge einbezogen. Die Seelsorgerinnen und Seelsorger setzen in der Einzelbegleitung von Menschen und in der Anregung von Gruppen zum Aufbau der Gemeinde dieses Verständnis um. Sie entfalten bei der Ausübung zunehmend eine Professionalisierung durch theologische und humanwissenschaftliche Kenntnisse, aber auch durch Methoden der Kommunikationswissenschaften.[9] Es hängt letztlich vom jeweiligen Kontext ab, ob der geglaubte Heilswille Gottes dabei explizit zur Sprache kommt und sakramental gefeiert wird, wie beispielsweise in der Beichte und der Krankensalbung, oder ob er zunächst nur in der Grundhaltung des Seelsorgers selbst präsent ist. Seelsorge reduziert sich daher keinesfalls auf Krisen- und Konfliktsituationen, wie Notfall- oder Telefonseelsorge, oder allein auf die berufsmäßigen Seelsorger, sondern kann sich in alltäglichen und oft unscheinbaren Formen der verbalen oder nonverbalen Kommunikation ebenso ereignen wie in der geistlichen Begleitung als einer Intensivform der „Weggemeinschaft".[10] Ein solch weites Verständnis von Seelsorge deckt sich zum Teil mit Forderungen an andere zeugnisverweigerungsberechtigte Berufsträger, ausschließlich fremdbezogene, gleichsam rein ideelle Einzelfallhilfe zu leisten und dabei typischerweise als individueller Ratgeber und Hilfeleistender in Erscheinung zu treten.[11]
Seelsorge aber ist zugleich immer auch eine Form der Religionsausübung im Sinne des Art. 4 Abs. 2 GG. Generell ist die Religionsausübung dabei nicht beschränkt auf traditionelle Manifestationen der Glaubensinhalte[12] oder diejenige Betätigung des Glaubens, die sich bei den heutigen Kulturvölkern auf dem Boden gewisser übereinstimmender sittlicher Grundordnungen im Laufe der geschichtlichen Entwicklung herausgebildet hat.[13] Das Bundesverfassungsgericht ist bei der Bestimmung der Religionsfreiheit vielmehr weit über

[8] Müller, Art. Seelsorge, LThK, S. 386
[9] Schieffer, Art. Seelsorge, LThK, S. 390
[10] Müller, Art. Seelsorge, LThK, Sp. 384
[11] BVerfGE 38, 312 (323); Rengier, Die Zeugnisverweigerungsrechte im geltenden und künftigen Strafverfahrensrecht, S. 17, 28; Baier, Strafprozessuale Zeugnisverweigerungsrechte außerhalb der Strafprozeßordnung, S. 84
[12] So aber: Maunz/Dürig - Herzog, Art. 4, Rdnr. 101; Azzolla/Alternativkommentar - Preuß, Art. 4, Abs. 1 u.2, Rdnr. 25f.
[13] BVerfGE 41, 29 (50); anders noch BVerfGE 12, 1 (4)

traditionelle Kultushandlungen hinaus gegangen. Es ist dem in den Kirchen, Religions- und Weltanschauungsgemeinschaften lebendigen, darüber hinausdrängenden Selbstverständnis gefolgt und hat ihm ausdrücklich eine wichtige Bedeutung für die Bestimmung des Schutzbereichs zuerkannt.[14] Literatur und Rechtsprechung anerkennen dementsprechend übereinstimmend, dass auch die Zeugnisverweigerungsrechte der Geistlichen weiter reichen sollen als die kirchenrechtliche Verschwiegenheitspflicht mit dem Beichtgeheimnis als Kern. Sie erstrecken sich nicht auf den Teil der Seelsorge, bei dem den Geistlichen etwas innerhalb einer Beichte mitgeteilt wird – sofern es eine solche in seiner Konfession überhaupt gibt –, sondern auf alles, was bei der Ausübung der Seelsorge wahrgenommen wird.[15] Allerdings soll es für die Religionsausübung auch nicht genügen, dass jemand sein Handeln als glaubensgeleitet und -verpflichtet nur behauptet. Die Behauptung muss plausibel sein.[16] Gerade im Hinblick auf die Zeugnisverweigerungsrechte ist dies von Bedeutung, denn andernfalls liefen die bereits erörterten Normzwecke leer.

Die seelsorgerische Tätigkeit eines Geistlichen lässt sich im Ergebnis demnach zusammenfassen als eine dem religiösen Selbstverständnis einer Religionsgemeinschaft folgende Glaubensausübung, die sich auf kommunikative Weise helfend einem Dritten zuwendet.

3. Kenntniserlangung in der *Eigenschaft* als Seelsorger

Im Gegensatz zum Zeugnisverweigerungsrecht der Angehörigen ist das Zeugnisverweigerungsrecht für Berufsträger aber immer nur ein „beschränktes“. Die Betroffenen dürfen gemäß § 53 StPO nämlich nicht über alles schweigen, sondern ausschließlich nur über das, was ihnen im Rahmen ihrer Seelsorge anvertraut worden ist. Ein solches „Anvertrauen“, wie es auch § 139 Abs. 2 StGB und § 383 Abs. 1 Nr. 4 ZPO kennen, soll nur dann vorliegen, wenn die Informationen zusammen mit dem ausdrücklichen Wunsch oder stillschweigendem Verlangen nach Geheimhaltung mitgeteilt wurden.[17] Ob die Mitteilungen schriftlich oder mündlich erfolgen, ist dabei ebenso unerheblich wie

---

[14] BVerfGE 24, 236 (247f.)

[15] RG JW 1928, 2142; Schmidt, Eb., StPO Lehrkommentar II, § 53, Rdnr. 2; Löwe/Rosenberg - Dahs, § 53, Rdnr. 24; Karlsruher Kommentar - Senge, § 53 Rdnr. 12; Dallinger, Das Dritte Strafrechtsänderungsgesetz, JZ 1953, S. 436

[16] BVerfGE 83, 341 (353)

[17] RGSt 13, 60; 66, 274; LG Köln NJW 1959, 1599; Löwe/Rosenberg - Dahs, § 53, Rdnr. 17

die Frage, ob der Betroffene oder ein Dritter die Tatsachen anvertraut hat.[18] Es soll bereits genügen, wenn die berufliche Beziehung, in die der Geistliche zum Geheimnisträger getreten ist, Anlass für den Empfang vertraulichen Inhalts geworden ist.[19]
Die Dritte Strafrechtsänderungsnovelle von 1953 führte jedoch zu einer Veränderung des § 53 StPO. Einem Vorschlag des Bundesrats folgend wurden die Worte „bei Ausübung des Berufs" dahingehend geändert, dass die Geistlichen nunmehr über das, „was ihnen in ihrer Eigenschaft als Seelsorger anvertraut oder bekannt geworden ist", das Zeugnis verweigern dürfen.[20] Mit der Neufassung hat der Gesetzgeber die Norm eingeengt und zugleich gelockert. Nunmehr sollte es einerseits genügen, wenn dem Geistlichen etwas „bekannt" geworden ist.[21] Es sollte demnach nicht mehr wie in der alten Fassung entscheidend sein, ob ihm etwas förmlich „anvertraut" wurde oder jemand in der Erwartung der Geheimhaltung dem Geistlichen etwas mitteilte.[22] Anders als bei § 139 StGB und § 383 ZPO, bei denen diese Änderung nicht vorgenommen wurde, genügt es nunmehr, dass der Geistliche durch eigene Erfahrung Kenntnis von einem Vorgang erhält.[23] Der andere muss von dieser Kenntnisnahme nicht einmal wissen,[24] so dass auch eine mehr subjektive, vom Empfänger her verstandene Auslegung der Norm möglich ist.[25] Andererseits wurde aber durch die Gesetzesänderung auch klargestellt, dass sich das Zeugnisverweigerungsrecht nicht mehr auf solche Tatsachen erstrecken soll, von denen der Geistliche nur bei Gelegenheit der Ausübung der Seelsorge oder rein zufällig erfährt.[26] Es kommt stattdessen darauf an, dass

---

[18] RG JW 1912, 943; Kleinknecht/Meyer-Goßner, § 53, Rdnr. 9; Schmidt, Eb., StPO Lehrkommentar II, § 53, Rdnr. 7; Tröndle/Fischer, § 203, Rdnr. 2; Schönke/Schröder - Lenckner § 203, Rdnr. 13; Löwe/Rosenberg - Dahs, § 53, Rdnr. 16

[19] BGH NJW 1990, 3283

[20] BT-Drucksache Nr. 3713, S. 63f.; Bericht des Rechtsausschusses, BT-Drucksache, Nr. 4250, S. 31

[21] Entwurf eines Dritten Strafrechtsänderungsgesetzes, BT-Drucksache, S. 3713, Begründung S. 47

[22] Dallinger, Das Dritte Strafrechtsänderungsgesetz, JZ 1953, S. 436; Schmidt, Eb., StPO Lehrkommentar II, § 53 Rdnr. 6; Costa, Die gerichtsverfassungsrechtlichen und verfahrensrechtlichen Vorschriften, S. 578

[23] Die § 383 Abs. 1 Nr. 4 ZPO und § 139 StPO sollen sich aber ebenfalls nicht allein auf Tatsachen, die „anvertraut" wurden beschränken, sondern über diesen Wortlaut hinaus - wie bei der strafprozessualen Parallelvorschrift - auch solche Informationen umfassen, die bekannt geworden sind; Stein/Jonas - Berger, § 383 Rdnr. 37, Fn. 50; Münchner Kommentar - Damrau, § 383, Rdnr. 23; Musielak - Huber, § 383, Rdnr. 4; Leipziger Kommentar - Hanack, § 139, Rdnr. 10

[24] Dallinger, Das Dritte Strafrechtsänderungsgesetz, JZ 1953, S. 436

[25] Baumann, Et respice finem, JuS 1991, S. 467

[26] BT-Drucksache Nr. 3713, S. 63

er die Informationen „in seiner Eigenschaft als Seelsorger“ erhalten hat.[27] Der Gesetzgeber unterscheidet somit zwischen einem normalen und einem privilegierten Bereich der Tätigkeit des Geistlichen.[28] Als bloße Privatperson handelnd oder ohne seelsorgerischen Bezug zu seinem Amt kann sich der Geistliche nicht mehr darauf berufen, in seiner beruflichen Eigenschaft gehandelt zu haben. Ein Geistlicher handelt demnach nur dann in seiner Eigenschaft als Seelsorger, wenn ein innerer, sachbezogener Zusammenhang zwischen Seelsorgeausübung und der Kenntniserlangung besteht.[29] So lassen sich im Rahmen einer negativen Abgrenzung zahlreiche Handlungen denken, in denen der Geistliche nicht in seiner Eigenschaft als Seelsorger agiert oder er prekäre Kenntnisse nur zufällig erfährt. Hierzu zählt beispielsweise die rein verwaltungsmäßige Vertretung der Kirchengemeinde ebenso wie ein zufälliges Augenzeugesein bei einem Verkehrsunfall oder die beiläufige Begegnung selbst innerhalb eines Dienstgebäudes. Auch dort, wo ein Geistlicher nicht professionell eigenverantwortlich, sondern nur in fremder Funktion auftritt, zum Beispiel als bloßer Verbindungsmann bei einem Verbrechen, kann er sich nicht auf ein Zeugnisverweigerungsrecht berufen, solange er nicht ausdrücklich um seiner religiösen Funktion willen beansprucht wird. Weniger sinnvoll ist der Ausschluss rein karitativer, fürsorgerischer oder erzieherischer Tätigkeit, die vielfach von Rechtsprechung und Literatur als Beispiel aufgeführt wird, bei der die Berufung auf Zeugnisverweigerungsrechte unzulässig sein soll.[30] Denn ein wesentlicher Teil der speziellen seelsorgerischen Tätigkeit findet gerade in diesen Bereichen statt.[31] Im Ergebnis entfallen aber zumindest die Zeugnisverweigerungsrechte dort, wo von einem Geistlichen keine individuelle Hilfe eingefordert wird, sondern er lediglich aufgrund einer neutralen Position als bloßes Mittel ohne eigenen Handlungsspielraum benutzt wird oder er nur zufällig Kenntnisse erlangt, die in keinem Zusammenhang mit seiner Berufsausübung stehen.

Die genaue Bestimmung, ob ein Geistlicher in seiner Eigenschaft als Seelsorger gehandelt hat, kann allerdings im Einzelfall schwierig sein, da die Grenzen fließend sind. Die Entscheidung darüber richtet sich zunächst im-

---

[27] Dallinger, Das Dritte Strafrechtsänderungsgesetz, JZ 1953, S. 436; BGH NJW 1990, 3283

[28] Stein, Grenzen des seelsorgerlichen Aussageverweigerungsrechts, ZevKR 1974, S. 141

[29] LG Bochum Beschluss vom 24. April 1973 (= ZevKR 1974, S. 180)

[30] Löwe/Rosenberg - Dahs, § 53, Rdnr. 25; Karlsruher Kommentar - Senge, § 53, Rdnr. 12; Heidelberger Kommentar - Lemke, § 53, Rdnr. 9; Kleinknecht/Meyer-Goßner, § 53, Rdnr. 12; KMR - Paulus, § 53, Rdnr. 8; BGHSt 37, 138 (139f.); Dallinger, Das Dritte Strafrechtsänderungsgesetz, JZ 1953, S. 436; Hiebl, Anmerkung zu BGH StraFO 1999, S. 87; kritisch: Leipziger Kommentar - Hanack § 139 Rdnr. 11; Baumann, Et respice finem, Jus 1991, S. 467; Peters, Strafprozess, S. 350

[31] Leipziger Kommentar - Hanack, § 139, Rdnr. 11

mer nach der objektiven Sach- und Rechtslage.[32] Das Gericht kann hierzu zumindest im Strafprozess gemäß § 56 StPO zur Wahrheitsfindung die Glaubhaftmachung der näheren Umstände, unter denen der Geistliche etwas erfahren hat, verlangen. Um aber zu verhindern, dass die geheimen Informationen mittelbar bekannt werden, ist anerkannt, dass ein Gericht im Zweifelsfall der Gewissensentscheidung des Geistlichen folgen und auf dessen Zuverlässigkeit und Gewissenhaftigkeit vertrauen darf.[33] Diese großzügige Auslegungspraxis basiert letztlich auf einem Vertrauensvorschuss, den Staat und Gesellschaft den Geistlichen gewähren. Weil die Möglichkeiten der Zeugnisverweigerung in erheblichem Maße entgegenstehende Rechtsgüter tangieren, wird zwar von allen dazu berechtigten Berufsträgern gefordert, dass sie eine gewisse Gewähr dafür bieten, von der ihnen eingeräumten Aussageverweigerungsbefugnis keinen unangemessenen Gebrauch zu machen und sie nur dann in Anspruch zu nehmen, wenn es die Wahrung des Berufsgeheimnisses unbedingt erfordert und höherwertige Interessen des Gemeinwohls nicht entgegenstehen.[34] Jedoch wurden Einschränkungen nicht normiert. Besonders deutlich zeigt sich dies an der Privilegierung gemäß § 139 Abs. 2 StGB.[35] Der Gesetzgeber ging davon aus, dass es eine „selbstverständliche Pflicht" der Geistlichen sei, „auf andere Weise alles ihnen Mögliche zu tun, um eine ihnen in Ausübung der Seelsorge anvertraute geplante Straftat zu verhindern".[36] Eine Pflicht aber, Täter von einer Tat abzuhalten und bestimmte, zumindest schwere Delikte anzuzeigen, ist für Geistliche anders als für Angehörige, Verteidiger und Ärzte gerade nicht gesetzlich festgeschrieben worden.[37] Ob hier zumindest die Kontrolle durch eine öffentlich-rechtliche Standesvertretung und Berufs- oder Ehrengerichtsbarkeit, wie für die anderen zeugnisverweigerungsberechtigten Berufsträger gefordert,[38] die weitgehenden Regelungen für Geistliche legitimieren könnte, ist zweifelhaft. Auf diese

---

[32] Kleinknecht/Meyer-Goßner, § 53, Rdnr. 12; Löwe/Rosenberg - Dahs, § 53, Rdnr. 23

[33] RGSt 54, 39 (40); BGHSt 37, 138 (141); BGH NJW 1990, 3283; Kleinknecht/Meyer-Goßner, § 53, Rdnr. 10; Dallinger, Das Dritte Strafrechtsänderungsgesetz, JZ 1953, S. 432 u.436; a.A.: Leipziger Kommentar - Hanack § 139, Rdnr. 11, der dies für einen dogmatisch nicht vertretbaren Kunstgriff hält. Er will das Zeugnisverweigerungsrecht nur zubilligen, wenn die Tätigkeit im Zusammenhang mit einer „direkten zwischenmenschlichen ‚seelsorgerischen' Zuwendung" verbunden ist.

[34] BVerfGE 33, 367 (381ff.); Würtenberger, Anmerkung zu BVerfG, JZ 1973, S. 785; kritisch dazu: Schilling, Strafprozessuales Zeugnisverweigerungsrecht, JZ 1976, S. 619f.

[35] Dessen Rechtsnatur vielfach nur als ein Rechtfertigungsgrund angesehen wird, so auch Leipziger Kommentar - Hanack, § 139, Rdnr. 13 m.w.Nw.

[36] Begründung zum 3. Strafrechtsänderungsgesetz (BT-Drucksache 1/1307, S. 46); Schönke/Schröder - Cramer, § 139, Rdnr. 3

[37] § 139 Abs. 3 S. 1 Nr. 1-3 StGB

[38] Abgeordneter Kopf in Verhandlungen des Ersten Deutschen Bundestages, 269. Sitzung vom 10. Juni 1953, S. 13267; BVerfGE 33, 367 (386); Seelemann, Der Begriff des

Weise könnte zwar verhindert werden, dass in unangemessener Weise von der Aussageverweigerungsbefugnis Gebrauch gemacht würde,[39] aber der Gesetzgeber selbst hat auch solchen Berufsgruppen ein Zeugnisverweigerungsrecht gewährt, die kein Standesrecht mit Ehrengerichtsbarkeit besitzen; so z.B. Hebammen, Verteidigern (die nicht Anwälte sind), Abgeordneten und Journalisten.[40] Für die Geistlichen der beiden großen christlichen Konfessionen lässt sich im Hinblick auf eine standesrechtliche Kontrollfunktion zwar möglicherweise noch das kirchliche Disziplinarrecht anführen,[41] es ist aber fraglich, ob ein Zugewinn an Zuverlässigkeit zu erreichen ist, wenn allein auf die innere Sanktionsfähigkeit der Kirchen und Religionsgemeinschaften vertraut wird.

4. Der normative Begriff „Geistliche"

Angesichts der bisher beschränkten normativen Voraussetzungen kommt der Auslegung des vom Gesetzgeber verwendeten, aber nicht definierten Begriffs „Geistliche" zentrale Bedeutung zu. Genauere Gesetzgebungsäußerungen zu diesem Begriff sucht man aber vergebens. Ein grammatikalischer Zugang zeigt lediglich die religiöse Konnotation und Weite dieses Begriffs auf. Als Übersetzungswort für das lateinische Wort „religio"[42] vereinte es ursprünglich die Bedeutung „geistig", „den Geist betreffend", „immateriell" mit der Bedeutung „geistlich", „die Religion betreffend".[43] Im Mittelhochdeutschen findet sich dann der Hinweis auf „geistliche liute", mit denen im modernen Sprachgebrauch jemand gemeint ist, der in der christlichen Kirche Aufgaben im gottesdienstlichen Bereich und in der Seelsorge wahrnimmt.[44]

Auch die Rechtsliteratur bleibt bei der Suche nach einer Definition des Begriffs „Geistliche" ähnlich diffus. „Geistliche" seien jene, die „in den öffentlich-rechtlich anerkannten Religionsgemeinschaften Träger geistlicher Ämter" seien und „die zu gottesdienstlichen Verrichtungen bestellt werden",[45] sowie die, „die in einer Religionsgemeinschaft die Funktionen der Seelsorge

Geistlichen, ZevKR 2004, S. 642 fordert dies unter Heranziehung von BVerfGE 33, 367 (386) auch für Geistliche

39 BVerfGE 33, 367 (384); Schilling, Strafprozessuales Zeugnisverweigerungsrecht, JZ 1976, S. 619f.; Würtenberger, Anmerkungen zu BVerfG, JZ 1973, S. 785f.

40 Heinsen, Die Zeugnisverweigerungsrechte von Mitarbeitern, S. 47

41 Campenhausen, Zeugnisverweigerungsrecht von Prädikanten, S. 276f.

42 Pfeifer, Etymologisches Wörterbuch des Deutschen, Begriff „Geistlicher", S. 526

43 Grimm, Deutsches Wörterbuch, Begriff „Geistliche", Sp. 2781

44 Duden Wörterbuch der deutschen Sprache, Begriff „Geistliche", S. 1265

45 Tröndel/Fischer, § 139, Rdnr. 4; Systematischer Kommentar - Rudolphi, § 139, Rdnr. 4; Leipziger Kommentar - Hanack § 139, Rdnr. 4

als Amt verrichten",[46] oder schlicht die „Religionsdiener".[47] Eine Definition dieses Schlüsselbegriffs erweist sich als schwierig, im Hinblick auf die Reichweite der Zeugnisverweigerungsrechte aber als notwendig. Das Bundesverfassungsgericht fordert für die zeugnisverweigerungsberechtigten Berufe allgemein zwar ein einheitliches, klar umrissenes Berufsbild, damit diese Rechte nicht beliebig ausgedehnt oder missbraucht werden,[48] das Berufsprofil eines Geistlichen aber ist in vielen Ausprägungen denkbar, zumal dann, wenn es nicht allein auf die katholische und evangelische Kirche beschränkt wird. Fraglich ist aber, was unter einem „Berufsbild" überhaupt zu verstehen ist. Der Begriff lässt nämlich offen, ob eher die traditionellen Aufgaben eines Berufes gemeint sind oder die Befähigung zu bestimmten Berufen, die nicht unbedingt typisch sein müssen.[49]

Unabhängig davon ist den anderen nach § 53 Abs. 1 StPO zeugnisverweigerungsberechtigten Berufen zumindest gemeinsam, dass sie aufgrund einer Ausbildung und fachlichen Qualifikation die notwendige Kompetenz für ihren Beruf erworben haben.[50] Daher könnte auch für Geistliche eine entsprechende Ausbildung und fachliche Qualifikation gefordert werden, die dann zur Klärung des Begriffs „Geistliche" mit beitragen.[51] Der genaue Blick auf die Normen zeigt aber, dass der Gesetzgeber in § 53a und später in § 53 Nr. 3b StPO erstmals einen „institutionellen" Ansatz gewählt hat, so dass von den dort genannten Berufsträgern gerade keine bestimmte berufliche Qualifikation vorausgesetzt wird. Allerdings liegt eine gewisse Qualifikation bei den in den dort genannten Institutionen Tätigen dennoch vor, weil Sachkunde dort in der Regel eine Einstellungsvoraussetzung ist und diese darüber hinaus auch aufgrund der „öffentlichen Anerkennung" der Einrichtungen gewährleistet wird.[52] Inwieweit diese Forderungen auch für Geistliche gelten können, bleibt fraglich. Denn ohnehin bringt ein Vergleich mit anderen in § 53 StPO genannten Berufsträgern prinzipiell nur begrenzten Nutzen, da „der Katalog der zeugnisverweigerungsberechtigten Berufsträger nicht organisch aus einem bestimmten Grundgedanken entwickelt, sondern aus prozesssystemfremden Erwägungen entstanden und dann nach und nach

[46] Stein/Jonas - Berger, § 383, Rdnr. 36

[47] Schmidt, Eb., StPO Lehrkommentar II, § 53, Rdnr. 9

[48] BVerfGE 33, 367 (379); auch BT-Drucksache 12/870, S. 7; für die Definition des Begriffs der Geistlichen im Anschluss an diese Entscheidung auch gefordert von: Seelemann, Der Begriff des Geistlichen, ZevKR 2004, S. 642

[49] Heinsen, Die Zeugnisverweigerungsrechte der Mitarbeiter, S. 50

[50] Rengier, Die Zeugnisverweigerungsrechte, S. 16

[51] So Seelemann, Der Begriff des Geistlichen, ZevKR 2004, S. 642 unter Heranziehung von BVerfGE 33, 367 (379, 384)

[52] Heinsen, Die Zeugnisverweigerungsrechte der Mitarbeiter, S.43

ohne klare Zielrichtung ergänzt worden ist."[53] Hinzu kommt, dass eine solche Forderung immer auch die Ämterhoheit der Kirchen in bedenklicher Weise tangiert, da die Ausübung der Zeugnisverweigerungsrechte dadurch beschränkt würde auf jene Geistlichen, die eine bestimmte Art der Qualifizierung erfahren haben - unabhängig davon, welche Anforderungen eine Religonsgemeinschaft tatsächlich an ihre Geistlichen stellt.
Von den Geistlichen könnte aber immerhin gefordert werden, dass sie wie andere zeugnisverweigerungsberechtigte Berufsinhaber eine unabhängige und eigenverantwortliche Stellung einnehmen müssen.[54] Da aber auch Ärzte, Rechtsanwälte, Wirtschaftprüfer oder Steuerberater oftmals in einem abhängigen Angestelltenverhältnis stehen und auf Weisung und Auftrag eines Dritten handeln, kann damit auch nicht *mehr* gemeint sein als ein beträchtlicher Ermessensspielraum, der einem Berufsinhaber zustehen muss, um in eigener Verantwortung und auf sich gestellt die notwendigen Schritte einleiten und durchführen zu können.[55]
Über solche systematischen Versuche hinausgehend hat sich die Rechtsprechung mit dem Begriff „Geistlicher" im Speziellen gar nicht beschäftigt.[56] Intensiver hat sie sich lediglich mit diesem Begriff im Rahmen des Wehrpflichtgesetzes auseinandergesetzt. Die Gerichte hatten zu klären, ob die Antragsteller aufgrund der in § 11 WPflG[57] normierten Privilegierung für Geistliche vom Wehrdienst zu befreien waren. Ob dieses Privileg generell zulässig ist, kann für die hiesige Frage dahingestellt bleiben.[58] Von Interesse ist, wie die Gesetzgebung sich bisher um eine detaillierte Klärung des Begriffs

---

53 Weigand, Gutachten für den 62. Deutschen Juristentag, C. 18

54 Seelemann, Der Begriff des Geistlichen, ZevKR 2004, S. 642; bezüglich anderer Berufe: BVerfGE 33, 367 (381); Blau, Schweigepflicht und Schweigerecht, NJW 1973, S. 2237; Groth/Bubnoff, Vertraulichkeit bei der Mediation, NJW 2001, S. 340

55 Rengier, Die Zeugnisverweigerungsrechte, S. 16f.; Heinsen, Die Zeugnisverweigerungsrechte der Mitarbeiter, S. 44

56 Ausnahme lediglich LG Hagen, Beschluss vom 27.12.1974 (= ZevKR 1976, S. 423)

57 Gemäß § 11 Abs. 1 WPfG sind ordinierte Geistliche evangelischen Bekenntnisses (Abs. 1 Nr. 1) und Geistliche römisch-katholischen Bekenntnisses (Abs. 1 Nr. 2), die die Diakonatsweihe empfangen haben, vom Wehrdienst befreit. Ebenso vom Wehrdienst befreit sind hauptamtlich tätige Geistliche anderer Bekenntnisse, deren Amt dem eines ordinierten Geistlichen evangelischen oder eines Geistlichen römisch-katholischen Bekenntnisses, der die Diakonatsweihe empfangen hat, entspricht (Abs. 1 Nr. 3). Eine inhaltsgleiche Regelung zum WPfG findet sich in § 10 Abs. 1 Nrn. 1-3 Zivildienstgesetz.

58 Kopp, Geistlichenprivileg, NVwZ 1982, S. 178-180; Campenhausen, Aktuelle Probleme des Geistlichenprivilegs, DVBl. 1980, S. 578-581; Dopjans, Wehrdienstbefreiung der Geistlichen, DVBl. 1976, S. 893-894; Obermayer, Zur Verfassungsmäßigkeit des Geistlichenprivilegs, DÖV 1976, S. 80-84; zum Ganzen: Assenmacher, Günter: Die Wehrpflichtbefreiuung der Geistlichen. Nach dem katholischen Kirchenrecht und dem Staatskirchenrecht der Bundesrepublik Deutschland, Berlin 1987

„Geistliche“ bemüht hat. Früher orientierten sich die Obergerichte in Zweifelsfällen der Wehrpflichtbefreiuung ausschließlich an den Geistlichen der katholischen und evangelischen Kirche. Zur Bestimmung des Geistlichenbegriffs war entscheidend, ob die Person ein Amt innehatte, das einem Dienstamt der beiden großen christlichen Bekenntnisse vergleichbar war. Geistliche sollten demnach nur jene sein, die „als Hirte ihre Herde hüten und ohne die das kultische Leben praktisch zum Erliegen kommen würde.“[59] Demgegenüber könne nicht von einem Geistlichen gesprochen werden, wenn es sich um eine Massenbewegung von Geistlichen handele, in der es keinen Laienstand gäbe, der Aufstieg in Dienstämter je nach geistlicher Bewährung zwanglos sei und die seelsorgerische Betreuung in ständiger Gegenseitigkeit der Gläubigen innerhalb der Versammlung geschehe.[60] Von dieser Ansicht hat sich die Rechtssprechung später jedoch gelöst.[61] Aus dem Grundsatz der Religionsparität folge, dass „schon aus verfassungsrechtlichen Gründen nicht das ‚Leitbild‘ oder ‚Berufsbild‘ eines Geistlichen der beiden großen christlichen Bekenntnisse aus deren kirchlicher Ordnung und theologischen Auffassung entwickelt und für die Geistlichen anderer Bekenntnisse als Maßstab angelegt werden darf.“[62] Vielmehr käme es darauf an, „dass es innerhalb der Religionsgemeinschaft abgegrenzte Aufgabenbereiche gibt, die bestimmten Mitgliedern zugewiesen werden und über die allen Angehörigen des Bekenntnisses obliegenden Pflichten nicht unwesentlich hinausgehen.“[63] Es müsse sich um einen Aufgabenbereich handeln, der dem eine Religionsgemeinschaft als solche kennzeichnenden Erscheinungsbild zugeordnet werden könne. Ein solcher Aufgabenbereich sei geistlich, „wenn er der Führung und Betreuung der Angehörigen der Religionsgemeinschaft durch religiöse Unterweisung, durch Vornahme religiöser Handlungen oder in ähnlicher Weise dient, oder zur Leistung und Überwachung der so verstandenen Seelsorge innerhalb eines größeren oder des gesamten räumlichen Bereichs der Reli-

---

[59] BVerwG NJW 1970, S. 1285f.

[60] BVerwG, Urteil vom 23. Mai 1958 - VII C 218/57 (= KirchE 4, S. 312); BVerwG, Urteil vom 20. Juli 1962 - VII C 33/61 (= KirchE 6, S. 116); BVerwG, Urteil vom 25. März 1966 - VII C 21/63 (= KirchE 8, S. 58)

[61] BVerwG NJW 1970, 1285

[62] BVerwG NJW 1970, 1285f.

[63] BVerwG, Urteil vom 20. März 1987 - 8 C 37.85 (=KirchE 25, S. 66); BVerwGE 34, 291 (298); Haas, Die Reichweite des Geistlichenprivilegs, KuR 1998, S. 177, weist darauf hin, dass für Mormonen, Pfingstgemeinden und in der Neuapostolischen Kirche keine Probleme mit solchen Definitionen aufkommen, da dort eine stark gegliederte Amtshierarchie besteht; hingegen können bei hierarchielos organisierten Gemeinden wie z.B. der „Gesellschaft der Freunde“ (Quäker) und selbst aufgrund des allgemeinen Priestertums in der evangelischen Kirche Schwierigkeiten mit dieser Rechtssprechung entstehen.

gionsgemeinschaft gehöre."[64] Auch diese Formulierungen bleiben jedoch im Grundsätzlichen und Allgemeinen stecken, und das, obwohl der Gesetzgeber hier sogar eine Spezifizierung auf solche Geistliche vorgenommen hat, die ordiniert sind oder zumindest die Diakonatsweihe empfangen haben. Ungeachtet dessen, dass der Sinn und Zweck dieser Ausnahmeregelung ohnehin ein ganz anderer ist als bei den Normen, die den Geistlichen ein Zeugnisverweigerungsrecht gewähren, lässt sich aus ihnen keine Definition ableiten, mittels derer konkret bestimmt werden kann, wer in einer Religionsgemeinschaft unter den Begriff „Geistlicher" zu subsumieren wäre.

Dass alle diese Bemühungen zur Definition des Begriffs „Geistliche" letztlich nicht präziser ausfallen, hat seinen Grund: Die Konkretisierung des Begriffs fällt in den Kernbereich der Religionsausübung. Diesen aber können die Religionsgemeinschaften gem. Art. 4 GG und Art. 140 GG i.V.m. Art. 137 Abs. 3 S. 1 WRV selbst regeln. Die Garantie der freien Ämterverleihung ist ein Unterfall des in Art. 140 GG i.V.m Art. 137 Abs. 3 S. 1 WRV verbürgten Selbstbestimmungsrechts der Kirchen. Unter diese Garantie fällt das kirchliche Amt mit allen seinen staatskirchenrechtlich relevanten Regelungsbereichen.[65] Die Kirchen können daher ihrem eigenem Selbstverständnis folgend, im Hinblick auf ihre Ämter bestimmte Regelungen aufstellen, die auch im Außenverhältnis gelten, ohne dass die staatliche Gerichtsbarkeit diese Entscheidung im einzelnen auf Begründung oder Zweckmäßigkeit hin überprüfen dürfte.[66] Den Schutz des Art. 140 GG i.V.m. Art. 137 Abs. 2 WRV genießen dabei alle Religionsgesellschaften unabhängig davon, ob sie privatrechtlich oder öffentlich-rechtlich organisiert sind.[67] Das staatliche Recht kann daher insoweit die interne Ämterregelung der Religionsgemeinschaft nicht beeinflussen. Die Beantwortung der Frage, wer als „Geistlicher" unter die Normen der Zeugnisverweigerung fällt, muss deshalb im Ergebnis wechselseitig erfolgen: Die Religionsgemeinschaften geben an, wer aus ihrer Perspektive im Rahmen ihrer Lehren und Gebräuche die Funktion des „Geistlichen" im Sinne der staatlichen Gesetze innehaben kann, und die staatlichen Gerichte prüfen in enger Auslegung, ob diese Funktions-

---

[64] BVerwGE 34, 291 (298); andererseits BVerwGE 7, 66 (76) und BVerfGE 24, 236 (247)

[65] Zur Ämterhoheit der Kirchen gehört es, dass sie autonom die Kriterien definieren, die für die Qualifikation derjenigen, denen sie ihr Amt übertragen wollen, gelten. Außerdem besitzen sie die Freiheit, ihre Amtsträger in eigener Verantwortung auszubilden; Anschütz, Die Verfassung des Deutschen Reichs vom 11. August 1919, S. 363; Pirson, Das kircheneigene Dienstrecht der Geistlichen und Kirchenbeamten, HdbStKirchR, Bd. II, S. 845ff.; Jurina, Die Religionsgemeinschaften mit privatrechtlichem Rechtsstatus, HdbStKirchR, Bd. I, S. 704

[66] BVerfGE 70, 137 (164f.)

[67] statt vieler: Campenhausen, Staatskirchenrecht, S. 106

träger den gesetzlichen Anforderungen auch tatsächlich genügen und unter die entsprechenden Normen subsumiert werden können. Die Ausübung der Zeugnisverweigerungsrechte steht daher immer im Spannungsfeld zwischen religiöser Selbstbestimmung und staatlicher Rechtsdurchsetzung. Die Bezeichnung „Geistliche“ zielt nämlich eher auf einen funktionalen Begriff und weniger auf einen staatlich geprägten institutionellen im Sinne bestimmter vorgeschriebener Qualifikationsvoraussetzungen.[68] Daher nähert sich auch jene Definition, die unter den Geistlichen alle Religionsdiener ansieht, „denen unter Heraushebung aus der Gemeinde das Amt des religiösen Vollzugs und der seelischen Betreuung nach der in der Gemeinschaft herrschenden Ordnung anvertraut ist“[69], noch am ehesten dem gefundenen Resultat an. So werden die Vorgaben des Gesetzgebers geachtet und zugleich das Selbstbestimmungsrecht der Religionsgemeinschaften gewahrt.

[68] Link, Staatskirchenrechtliche Probleme der nicht-akademisch vorgebildeten Geistlichen, ZevKR 1972, S. 277
[69] Peters, Strafprozess, S. 350

II. Die Zeugnisverweigerungsrechte der Geistlichen

Die dargelegten normativen Voraussetzungen geben inhaltlich lediglich soviel vor, wie zur Bestimmung des säkularen Rahmenbegriffs „Geistliche“ notwendig ist. Die Konkretisierung des Begriffs und die Bestimmung, wer aus dem Kreis der Mitglieder einer Religionsgemeinschaft hierunter subsumiert werden kann, obliegt, wie dargestellt, aufgrund der Religionsfreiheit und des Selbstbestimmungsrechts der jeweiligen Religionsgemeinschaft. Unter Heranziehung von Religionsrecht, Lehre und Praxis gilt es nun zu präzisieren, wer aus der Perspektive der beiden großen christlichen Konfessionen überhaupt die zuvor entwickelten Voraussetzungen der Zeugnisverweigerungsrechte erfüllt und sich konkret auf die Privilegien eines „Geistlichen“ berufen darf.

1. Die „Geistlichen“ der katholischen Kirche

a) Der Begriff „Geistliche“ als Synonym für katholische Kleriker

Wer in der katholischen Kirche zu jenen Funktionsträgern zu zählen ist, die unter den Begriff „Geistliche“ subsumiert werden können, scheint zunächst eine einfach zu beantwortende Frage zu sein. Bereits seit dem 15. Jahrhundert wird der Begriff „Geistlicher“ mit dem sogenannten Klerus der katholischen Kirche identifiziert.[70] Und auch heute noch wird im deutschen Sprachgebrauch die Bezeichnung „Kleriker“ gewöhnlich synonym mit dem Begriff „Geistliche“ gebraucht.[71] In Abgrenzung zu den sogenannten Laien bildeten „Weltgeistliche“ und „Ordensgeistliche“ als Kleriker einen jeweils eigenen Stand, was sich auch im gegenwärtigen *Codex Iuris Canonici* noch spiegelt: „Kraft göttlicher Weisung gibt es in der Kirche unter den Gläubigen geistliche Amtsträger, die im Recht auch Kleriker genannt werden; die übrigen dagegen heißen auch Laien.“[72]
Durch Handauflegung und Gebet vollzieht sich nach katholischer Lehre in der Weihe die Mitteilung des Heiligen Geistes. Seit den ersten Jahrhunderten werden so ausschließlich Männer zum Bischof, Presbyter oder Diakon bevollmächtigt, um sukzessive die Nachfolge der Apostel Jesu anzutreten. Die Diakone übernahmen ursprünglich karitative Dienste, die Bischöfe und Presbyter Aufgaben in Verkündigung und Liturgie sowie die Leitung der

---

[70] Grimm, Begriff „Geistlich“, Deutsches Wörterbuch, Sp. 2782; May, Art. Geistlich, LThK, 3. Aufl., Sp. 618

[71] Kaiser, Die rechtliche Grundstellung, HbdkathKR, S. 182; Aymans, Die Träger kirchlicher Dienste, HbdkathKR, S. 191.; Assenmacher, Die Wehrpflichtbefreiung, S. 32

[72] Can. 207 § 1 CIC/1983

Gemeinden. Die Jahrhunderte hindurch entwickelte sich zunehmend eine Hierarchisierung der Ämter, angefangen mit der Tonsur als Zeichen der Standeszugehörigkeit des einfachen Klerus über die niederen Weihen des Ostiariats, Lektorats, Akolythats, Exorzistats und Subdiakonats bis hin zu den bereits genannten Ämtern.[73] Diese Strukturierung der Kirche blieb über ein Jahrtausend lang nahezu unverändert bestehen, bis die Theologie des Zweiten Vatikanischen Konzils (1962-65) den Subdiakonat und die niederen Weihen als Weihestufen sowie die Tonsur als Rechtsakt der Aufnahme in den Klerus abschaffte und dem Weihesakrament nunmehr wieder nur die aus der frühen Kirche bekannten drei Stufen zurechnete.[74] Alle drei Stufen zusammen bilden nunmehr die Hierarchie der katholischen Kirche und ihre Glieder sind in verschiedenem Umfang befähigt, Träger geistlicher Vollmacht zu sein.[75] Sie sind es daher auch, die seit alters her als die genuinen Inhaber der Zeugnisverweigerungsrechte angesehen werden.[76]

b) Die Gleichrangigkeit aller Getauften aufgrund des gemeinsamen Priestertums

Das Zweite Vatikanische Konzil brachte durch die Rückbesinnung auf die kirchlichen Ursprünge aber nicht nur eine neue Weihetheologie hervor, sondern bewertete auch die Bedeutung der Laien in der Kirche grundsätzlich neu.[77] Seit Verabschiedung der Dokumente dieses Konzils haben sich in der katholischen Theologie und der kirchlichen Praxis bedeutende Veränderungen ergeben. Die konziliare Ekklesiologie lehrt, dass die Kirche als Volk Gottes nicht bloß dort wirkt, wo sie sichtbar ist, sondern sich überall verorten lässt, wo der Geist Jesu Christi wirkt. Sie sei als ganze Subjekt des ihr von Christus anvertrauten Heilsdienstes. Nach katholischem Glauben ist der diese Kirche einende Heilige Geist in Christus und von ihm her als Liebe Gottes in allen Getauften und Glaubenden der gleiche. Er forme die Kirche

---

[73] Fairre, Art. Kleriker, LThK, Sp. 131f.

[74] Can. 1009 § 1 CIC/1983

[75] Nicht zu dieser Hierarchie zählen die Angehörigen des Ordenswesens. Zwar werden die Mitglieder der Institute des gottgeweihten Lebens, der Orden, Kongregationen (can. 607 § 2 CIC/1983) und Säkularinstitute (can. 710 CIC/1983) durch eine Weihehandlung, die sogenannte Profess, in die Gemeinschaft eingegliedert. Sie bleiben aber trotz Profess Mitglieder des Laienstandes, es sei denn, ihnen wird zusätzlich die Priesterweihe gespendet. Den Mitgliedern des Ordenswesen, die Laien sind, kommen daher die Zeugnisverweigerungsrechte nach der Maßgabe zu, wie auch andere Laien im kirchlichen Dienst an ihnen teilhaben. Für Ordenskleriker gelten die Regelungen der Weltkleriker.

[76] Siehe Teil A., I.

[77] Zum problematischen Begriff „Laie": Congar, Yves: Der Laie: Entwurf einer Theologie des Laientums. Stuttgart 1964

zu einer Gemeinschaft, in der alle grundsätzlich in gleicher „Würde" und auf gleicher „Stufe" vor Gott und untereinander stehen und alle gemeinsam an der königlichen, prophetischen und priesterlichen Sendung Jesu Christi teilhaben.[78] Diese geistgewirkte Gleichrangigkeit aller soll das Fundament jeder kirchlichen Lebensordnung und Struktur bilden und eine rein hierarchisch jurisdiktionelle Ordnung ergänzen.[79] Das Konzil wandte sich damit auch ab von einer auf kirchliche Amtsträger beschränkten und geprägten „Versorgungspastoral", da nicht nur den Klerikern durch die sakramentale Weihe eine besondere Geistbegabung zuteil wird, sondern auch die Laien im Sakrament der Taufe und der Firmung den Heiligen Geist empfangen haben, so dass sie die Pflicht und das Recht haben, am Aufbau der Kirche als Leib Christi mitzuarbeiten.[80] So fassten die Konzilsväter zusammen: „das gemeinsame Priestertum der Gläubigen aber und das Priestertum des Dienstes, das heißt das hierarchische Priestertum, unterscheiden sich zwar dem Wesen und nicht bloß dem Grad nach. Dennoch sind sie einander zugeordnet: das eine wie das andere nämlich nimmt je auf besondere Weise am Priestertum Christi teil."[81]

Wenn die traditionelle Trennung zwischen Klerus und Laien im herkömmlichen Sinne aufgebrochen ist, so könnte dies möglicherweise auch Rückwirkungen auf die Bestimmung des vom Gesetzgeber verwendeten Begriffs „Geistliche" im Rahmen des kirchlichen Selbstbestimmungsrechts haben. Aufgrund der Lehre vom gemeinsamen Priestertum nämlich wurde so die Entstehung einer Vielfalt kirchlicher Ämter und Dienste begünstigt, die heute ganz selbstverständlich von haupt-, neben- und ehrenamtlich tätigen Frauen und Männern, Verheirateten und Unverheirateten mit und ohne akademische Bildung ausgeübt werden, ohne dass dies theologisch wie organisatorisch geplant und von Beginn an reflektiert wurde.[82] Mit der Betonung des gemeinsamen Priestertums eröffnet sich nämlich zugleich auch ein sehr weiter Raum seelsorglichen Handelns, der sich nicht auf die Spendung der Sakramente durch die geweihten Amtsträger begrenzen lässt; vielmehr kommt den Vollzügen des gemeinsamen Priestertums eine so große Eigenständigkeit zu, dass auch die laikalen Dienste die „Bezeichnung Seelsorger rechtfertigen".[83] Wenn den Laien nunmehr aber Aufgaben übertragen werden, die früher

---

[78] Lumen Gentium, Artt. 9-13, 32; Sacrosanctum Concilium, Artt. 14; Kehl, Die Kirche, S. 106; can. 204 § 1 CIC/1983; can. 208 CIC/1983

[79] Kehl, Die Kirche, S. 106

[80] Apostolicam Actuositatem, Art. 3; Lumen Gentium, Art. 7 u. 12; Kaiser, Die rechtliche Grundstellung, S. 183

[81] Lumen Gentium, Art. 10 Abs. 2

[82] Schmid, Art. Dienst und Ämter, LThK, Sp. 96

[83] Schieffer, Art. Seelsorge, LThK, Sp. 390

den Klerikern vorbehalten waren, erscheint die Einschätzung einiger Autoren folgerichtig, auch ihnen die Zeugnisverweigerungsrechte der Geistlichen zu gewähren.[84]

c) Die sakramentale Weihe zum besonderen Priestertum des Dienstes

Eine solche Gleichsetzung verkennt jedoch die Bedeutung des besonderen Priestertums in der katholischen Kirche. Auch wenn aufgrund von Taufe und Firmung nach katholischer Lehre alle Christen gleichermaßen dazu berufen sind, aktiv am gemeinsamen Werk zum Aufbau des Leibes Christi mitzuwirken, so bedeutet dies nicht zugleich, dass alle Kirchenglieder prinzipiell zu denselben Aufgaben berufen wären. Zwar ist die Kirche nach katholischem Glauben als Ganze Trägerin der apostolischen Sendung und hat all jenen, die vom Heiligen Geist erfüllt sind, die missionarische Verkündigung der Frohen Botschaft, die Feier der Sakramente und die Praxis der Nachfolge Jesu übergeben, aber es hat auch von den ersten Gemeinden an Dienste in der Kirche gegeben, denen die Sorge für die apostolische Identität der ganzen Kirche als besonderer Auftrag anvertraut wurde.[85] Das Konzil hat deshalb nicht nur die „charismatischen", sondern auch die „hierarchischen Gaben" des Geistes herausgestellt, also jene Ämter, die durch sakramentale Weihe verliehen werden und auf besondere Weise der Einheit des Volkes Gottes durch Lehre, Heiligung und Leitung dienen sollen.[86] Es gehört zur spezifischen katholischen Überlieferung, dass diese Ämter durch eine sakramentale Weihe, die über Taufe und Firmung hinausgeht, verliehen werden und die Kleriker von den Laien trennen. Der dogmatische Grund hierfür liegt in dem Selbstverständnis der katholischen Kirche als Sakrament: als Zeichen und Werkzeug für die Vereinigung des Menschen mit Gott und untereinander, als untrennbare Verbindung von unsichtbarer, gnadenhafter, geistgewirkter Wirklichkeit einerseits und äußerlich sichtbarer, gemeinschaftlicher, institutioneller Struktur andererseits.[87] Die Kirche will ihrer Lehre gemäß als Ganze das Heilswirken Gottes in Jesus Christus auf sakramentale Weise vergegenwärtigen. Hierzu nutzt sie die Ebene der für die Vergegenwärtigung dieses Heils konstitutiven Strukturen. Das Amt, das auf verbindliche Weise darstellen soll, dass die Kirche auf Christus bezogen sei, hat daher nach katholischem Verständnis auf besondere Weise teil an ihrer eigenen Sakramentalität. Es würde in einer eigenen, die Kirche strukturierenden Weise im

[84] Ling, Zum Geistlichenprivileg im Strafrecht, S. 331f.; Leipziger Kommentar - Hanack, § 139, Rdnr. 8; Kleinknecht/Meyer-Goßner, § 53, Rdnr. 12
[85] Kehl, Die Kirche, 130f.
[86] Lumen Gentium, Art. 32 sowie u.a. Artt. 4, 7, 12, 18, 20, 32
[87] Lumen Gentium, Artt. 1 und 8

Sakrament der Weihe verliehen und stehe den einzelnen Charismen und der Gemeinde als Ganzer verbindlich gegenüber und sei so zum vollmächtigen Dienst an ihrer Einheit berufen.[88] Dass es nicht nur ein Charisma unter anderen sei, liege in seiner geistgeschenkten Befähigung, *in persona Christi capitis* zu handeln,[89] also auf sakramental-zeichenhafte Weise das Wirken des Hauptes Christi in seiner Kirche und für sie darzustellen.[90] Es sei das sakramental hervorgehobene Zeichen für das, was inhaltlich allen Gläubigen gemeinsam zukomme, nämlich die Vergegenwärtigung des Heilsdienstes Christi in der Welt. Aufgabe des besonderen Priestertums in der Kirche sei es, dieser allgemeinen Sendung zu dienen, sie auch strukturell wirksam zu ermöglichen und lebendig zu halten.[91] Eine Repräsentation Christi als Haupt der Kirche könne dabei nach dem Glauben der Christen nur in der Form des Dienstes und der Hingabe geschehen. Denn die Kirche sei unaufgebbar an die Vorgabe Jesu Christi gebunden, sie lebe allein von seinen Gaben und sei mit seinem Amt betraut, den Menschen das Evangelium zu verkünden (Prophetenamt Jesu), sie zur Einheit zu führen (Hirtenamt Jesu) und ihnen Heil zu vermitteln (Priesteramt Jesu). So formuliert schließlich auch der Codex Iuris Canonici in can. 1008, dass die Amtsträger dazu geweiht und bestimmt sind, „entsprechend ihrer jeweiligen Weihestufe die Dienste des Lehrens, des Heiligens und des Leitens in der Person Christi des Hauptes zu leisten und dadurch das Volk Gottes zu weiden."[92]
Im Prophetenamt Jesu vollziehen die Geweihten die Verkündigung der Botschaft des Evangeliums, so wie es nach dem Tod Jesu Aufgabe der Kirche geworden sei. Das Hirtenamt Jesu hat die Gottesverehrung und Heiligung des Menschen zum Gegenstand.[93] Es versteht sich als Fortführung des heilwirkenden Handelns Jesu am Menschen und findet seinen Ausdruck im liturgischen Tun. Die sakramentale Weihe verleiht darüber hinaus auch die Leitungsgewalt.[94] Sie bevollmächtigt dazu, das priesterliche Volk heranzu-

[88] Kehl, Die Kirche, S. 111, 113
[89] Presbyterorum Ordinis, Art. 2; Lumen Gentium, Art. 10
[90] Kehl, Die Kirche, S. 111, 112
[91] Lumen Gentium, Artt. 10-12, 20f., 31-36; Kehl, Die Kirche, S. 114f.
[92] Diese drei Amtsaufgaben werden durch die Bischofsweihe empfangen und sind ihrer Natur nach nur in der hierarchischen Gemeinschaft mit dem Haupt und den Gliedern des Bischofskollegiums auszuüben (can. 375 § 2 CIC/1983).
[93] can. 834 § 1 CIC/1983
[94] Die Bischofsweihe schenkt eine unverlierbare Hinordnung auf die hoheitliche Leitungsgewalt (cann. 135 § 1 i.V.m. 157, 212 § 1, 332 § 1, 333 § 1, 336-339, 375 § 1, 379, 391, 445, 455, 466, 515 § 2, 749-750, 752-753, 756, 835 CIC/1983), die Priester- und Diakonenweihe richtet vor allem auf die einfache Leitungsgewalt aus (cann. 274 § 1, 519, 528-529, 564, 757, 764, 835 §§ 2-3, 1008 CIC/1983).

bilden und zu leiten.[95] Beim Bischof bezieht sich dies vor allem auch auf die Setzung jurisdiktioneller Akte, beim Pfarrer hingegen stärker auf faktisches Leiten und rechtsgeschäftliche Vertretung[96] und umfasst darüber hinaus vor allem Förderung, Inspiration, Begleitung und Anregung der Gläubigen.[97] Nach katholischer Lehre empfangen die Bischöfe hierzu die Fülle des Weihesakramentes,[98] während die übrigen Kleriker im Vollzug ihrer Vollmacht auf den Bischof hingeordnet und von ihm abhängig sind.[99]
Aufgrund des vom besonderen Priestertum des Dienstes ableitbaren Berufsprofils erscheint es sinnvoll, nur die geweihten Amtsträger unter den Begriff „Geistliche" im Sinne der staatlichen Gesetze zu subsumieren und nur ihnen das Zeugnisverweigerungsrecht zu gewähren. Sie sind die Zentralgestalten in den Gemeinden. Ihre organisatorischen, administrativen und rechtlichen Leitungskompetenzen befähigen sie dazu, nach außen und innen hin den katholischen Glauben zu repräsentieren, so dass in ihrem Dienst die Schutzzwecke der Zeugnisverweigerungsrechte kulminieren; denn sie sind im Leben der Pfarrgemeinde und der Kirche seit alters her mit jenen Seelsorgeaufgaben betraut, die in das für die Zeugnisverweigerungsrechte grundlegende Vertrauensverhältnis münden, welches der Gesetzgeber unter besonderen Schutz stellt. Nur sie sind berechtigt, das Beichtsakrament zu spenden und unterliegen daher dem Beichtgeheimnis, dessen Verletzung zu einer von selbst eintretenden Exkommunikation führt.[100] Für sie kann deshalb jener Gewissenskonflikt, den die Zeugnisverweigerungsrechte gerade verhindern wollen, jederzeit akut werden. Ihre ganzheitliche Berufsauffassung führt darüber hinaus dazu, potentiell auch außerhalb des Beichtsakramentes in ihrer Eigenschaft als Seelsorger Vertrauliches zu erfahren, das ihrer priesterlichen Schweigepflicht unterliegt.[101] Ohne die Zeugnisverweigerungsrechte könnten die Geweihten die Aufgaben des besonderen Priestertums nicht mehr ausreichend erfüllen, so dass für sie ein erheblicher Eingriff in die Sphäre der Religionsausübung und ihrer Berufsausübung vorläge.
Folgt man daher der klassischen Interpretation des Begriffs „Geistlicher" und gewährt nur dem Klerus ein Zeugnisverweigerungsrecht, so bewegt man sich im Strom einer langen Historie, aus dem auch der staatliche Gesetzgeber schöpfte, als er sich dieses Begriffes bediente. Der Klerus war Ursprung und

---

[95] Lumen Gentium, Art. 10
[96] can. 532 CIC/1983
[97] Pree, Das kirchenrechtliche Kernprofil des hierarchischen Amtes, S. 69
[98] Lumen Gentium, Art. 21 Abs. 2
[99] Lumen Gentium, Artt. 28 Abs. 1, 29 Abs. 1; Christus Dominus, Art. 15 Abs. 1
[100] Can. 982 § 1 CIC/1983
[101] Würzburg (DiözBl. 109 (1963), S. 133); Rottenburg (PfBl. 1963, S. 270; Osnabrück (PfBl. 1964, S. 106f.); Mainz (KABl. Mainz 1963, S. 69)

Causa der zur Verweigerung des Zeugnisses berechtigenden Normen und er ist immer noch ihr redlicher Adressat. Neben dieser langen Tradition, die eine solche Interpretation für sich beanspruchen darf, bietet sie den großen Vorteil einer begrifflich genau umrissenen Fraktion. Denn die entscheidende Trennlinie wird durch den Empfang der sakramentalen Weihe markiert. Sie unterscheidet die Kleriker von allen anderen Funktionsträgern in der katholischen Kirche, sie hebt jene, die sie empfangen, über alle übrigen hinaus und an sie sind Funktionen und Vollmachten gebunden, die anderen in der Kirche nicht ohne weiteres zustehen. Dass Priester, Bischöfe und Diakone seit alters her auch die „Archetypen" eines Seelsorgers darstellen, ist selbstredend. Ihre Pflichten und Rechte sind nicht nur partikularrechtlich, sondern sogar universalkirchlich geregelt, so dass ihre Tätigkeit traditionell, transparent und juridisch fixiert ist. Deshalb sind sie aus der Perspektive der katholischen Kirche als „Geistliche" im Sinne des Gesetzes anzusehen. Mit der Subsumtion dieser Ämter unter das Gesetz sind die vom staatlichen Recht geforderten Voraussetzungen verwirklicht und zugleich die Lehre der katholischen Kirche im Hinblick auf das kirchliche Selbstbestimmungsrecht ausreichend berücksichtigt.

d) Laien im priesterlichen Aufgabenbereich

Diese klare begriffliche Einteilung stößt jedoch bei genauem Hinsehen an Grenzen. Die Abgrenzung zwischen Klerus und Laien wird brüchig, sobald speziell das Amt des Diakons einer präziseren Ansicht unterzogen wird. Formal und nach positivem Recht ist der Diakon durch den Empfang seiner Weihe eindeutig Kleriker.[102] Nach Weisung des Rechts spendet auch er die Taufe,[103] verwahrt die Eucharistie und teilt sie aus,[104] assistiert der Eheschließung im Namen der Kirche und segnet sie, überbringt den Kranken die Wegzehrung (Krankenkommunion), liest vor den Gläubigen die Heilige Schrift, lehrt und ermahnt das Volk,[105] steht dem Gottesdienst und dem Gebet der Gläubigen vor, spendet die Sakramentalien und leitet den Beerdigungsritus.[106] Nach den Rechtsvorschriften über die Befugnisse und Zuständigkeiten der Kleriker ist der Diakon aufgrund seiner Weihe auch zur Leitungsgewalt disponiert. Jedoch gilt dies ausschließlich nur für die Wahrnehmung begrenzter und abhängiger Leitungsfunktionen. Diese aber begründen gerade nicht die eigenberechtigte Stellung eines Hirten im vollen Sinne.

---

[102] Can. 266 § 1 CIC/1983, can. 1009 § 1 CIC/1983
[103] Can. 861 § 1 CIC/1983
[104] Can. 910 § 1 CIC/1983; can. 943 CIC/1983
[105] Can. 764 CIC/1983; can. 767 § 1 CIC/1983
[106] Lumen Gentium, Art. 29

Allein die Bischofs- und Priesterweihe vermittelt eine personale Prägung, die zur Übernahme des Amtes eines *pastor*, des einigenden Hirtendienstes, ermächtigt.[107] Nach katholischer Lehre erhalten nämlich Bischöfe und Priester durch die Weihe ein unauslöschliches Merkmal (*character indelebilis*), so dass die persönliche Prägung des Geweihten auch dann noch Bestand hat, wenn ihm das konkrete Amt genommen wird.[108] Über die Diakonatsweihe hat das Lehramt dergleichen jedoch nicht ausgesagt.[109] Auch ist der Diakon nicht berechtigt, die Sakramente in gleicher Weise zu feiern, wie dies bei zum Priester geweihten Amtsträgern der Fall ist. Weder kann er das Bußsakrament noch die Krankensalbung spenden und keinesfalls kommt es ihm zu, Vorsteher der Eucharistie zu sein, so dass er seine amtlichen Funktionen nicht in Person des Hauptes Christi ausübt. Nicht einmal die Sakramentalität der Diakonatsweihe ist unangefochtene Lehre.[110] Darüber hinaus nimmt das Kirchengesetz Diakone von Verboten, die es für Priester aufstellt, aus. Im Gegensatz zu den Priestern dürfen sie öffentliche Ämter annehmen, die eine Teilhabe an der Ausübung weltlicher Gewalt mit sich bringen,[111] können weltliches Vermögen verwalten,[112] Gewerbe oder Handel ausüben[113] sowie in politischen Parteien wirken und an der Leitung von Gewerkschaften aktiv teilnehmen.[114] Soweit im kirchlichen Partikularrecht nicht anders vorgesehen, müssen die Diakone auch keine klerikale Kleidung tragen.[115] Es ist nicht sinnvoll, Laien über ihren „Weltcharakter" zu definieren[116], wenn aber darauf Bezug genommen wird, so muss für die Diakone konstatiert werden, dass sie weit mehr als ein Priester oder Bischof im Allgemeinen mitten in der Welt leben; was nicht zuletzt auch an ihrer Möglichkeit zur Eheschließung und zur Ausübung eines Zivilberufes deutlich wird. Angesichts der großen Unterschiede und nur begrenzten gemeinsamen Aufgaben von Dia-

---

107 Münsterischer Kommentar - Socha, can. 129, Rdnr. 6; a.A. wohl: Erdö, Der ständige Diakon, S. 79f.

108 Dieser Terminus verweist auf die katholische Lehre, wonach bestimmte Sakramente einen untilgbaren Charakter verleihen, der zeichenhaft eine unauslöschliche Verbindung mit Christus bewirkt, die den Empfänger zum christlichen Leben verpflichtet, ihn zum Empfang der Gnade Gottes bereitet und ihn Christus ähnlich macht. Aufgrund der Unwiderruflichkeit dieser Zusage Gottes können Taufe, Firmung und Weihe nicht wiederholt werden.

109 Hirnsperger, Die Ordination, HbdkathKR, 2. Aufl., S. 868

110 Münsterischer Kommentar - Lüdicke, can. 1008, Rdnr. 2

111 Can. 285 § 4 CIC/1983

112 Can. 285 § 4 CIC/1983; can. 288 CIC/1983

113 Can. 286 CIC/1983; can. 288 CIC/1983

114 Can. 287 § 2 CIC/1983; can. 288 CIC/1983

115 Can. 284 CIC/1983; Weier, Der Ständige Diakon im Recht der lateinischen Kirche, S. 93f.

116 Amann, Laien als Träger von Leitungsgewalt, S. 108

konen und Presbytern drängt sich die Frage auf, was den Diakon von den übrigen Mitarbeitern im pastoralen Dienst unterscheidet.[117] Denn bei Mangel an geistlichen Amtsträgern können bei all den Tätigkeiten, die qua Recht dem Diakon zustehen, auch Laien, zumindest ersatzweise, eingesetzt werden. Auch sie dürfen mit besonderer Beauftragung z.B. liturgische Riten vollziehen, die Taufe spenden,[118] die heilige Kommunion austeilen,[119] in der Kirche predigen,[120] der Ehe assistieren,[121] das Allerheiligste aussetzen[122] und einige der Sakramentalien spenden.[123] Die Diakonatsweihe verleiht daher aus sich allein oder kraft allgemeinen Rechts keine Vollmachten, die nicht auch unter Umständen den Laien zukommen.[124] Zwar weisen römische Schreiben immer wieder nachdrücklich darauf hin, dass Verwechslungen der Laien mit dem Klerus nach außen nicht entstehen dürfen und die Wahrnehmung klerikaler Aufgaben durch Laien absolut auf Ausnahmesituationen zu beschränken seien;[125] angesichts der personellen Situation des deutschen Klerus aber sind einige dieser Dienste in den Gemeinden seit vielen Jahren zur Regel geworden. Waren es Anfang der 90er Jahre noch rund 300 junge Männer, die

---

117 Zu den gemeinsamen Aufgaben von Priestern und Diakonen gehören die Pflege des Bandes der Brüderlichkeit und des Gebetes untereinander (can. 275 § 1 CIC/1983), die Anerkennung und Förderung der Sendung der Laien in Kirche und Welt (can. 275 § 2 CIC/1983), die besondere Weise der Verpflichtung zum Streben nach Heiligkeit (c. 276 § 1 CIC/1983) sowie die meisten Mittel dazu (can. 276 § 2 CIC/1983), die Fortsetzung der theologischen Studien auch nach Empfang der Weihe (can. 279 § 1 CIC/1983), die Empfehlung der Pflege des Gemeinschaftslebens (can. 280 CIC/1983), die Förderung der Bewahrung von Frieden und Eintracht (can. 287 § 1 CIC/1983), die einfache Lebensführung (can. 282 CIC/1983) und die Vermeidung der für ihren Stand nicht geziemenden oder ihm fremden Dinge (can. 285 § 1-2 CIC/1983) sowie das Recht, sich klerikalen Vereinigungen anzuschließen. Hierzu auch: Erdö, Der ständige Diakon, S. 80

118 Can. 861 § 2 CIC/1983

119 Cann. 230 § 3, 785 § 1, 910 § 2, 930 § 2 CIC/1983

120 Cann. 759, 766 CIC/1983; Die Homilie (die Predigt in der Eucharistiefeier) soll allerdings den Klerikern vorbehalten bleiben und can. 767 § 1 CIC/1983 diesbezüglich keine Anwendung mehr auf Laien finden. So auch jüngst: Verlautbarungen des Apostolischen Stuhls, Instruktion zu einigen Fragen über die Mitarbeit der Laien am Dienst der Priester, S. 32

121 Can. 1112 § 1 CIC/1983

122 Can. 943 CIC/1983

123 Can. 1168 CIC/1983

124 Münsterischer Kommentar - Lüdicke, can. 1008 CIC/1983, Rdnr. 3; a. A.: Erdö, Der ständige Diakon, S. 77

125 U.a.: Verlautbarungen des Apostolischen Stuhls, Instruktion Redemptionis Sacramentum, S. 60ff.; Verlautbarungen des Apostolischen Stuhls, Instruktion zu einigen Fragen über die Mitarbeit der Laien am Dienst der Priester, S. 19f., 21f., 24f., 26f., 31ff., kritisch dazu: Hünermann, Die römische Instruktion über die Mitarbeit der Laien, S. 22

zu Neupriestern geweiht wurden, so hat sich die Zahl gegenwärtig nahezu halbiert.[126] Einzelne Priester müssen mittlerweile die Leitung mehrerer Gemeinden gleichzeitig übernehmen, und in einer Reihe von Gemeinden fehlen Priester vor Ort bereits gänzlich. In absehbarer Zeit werden in den deutschen Bistümern nicht ausreichend Priester zur Verfügung stehen, denn die zunehmende Überalterung der im aktiven Dienst tätigen Priester verschärft die Lage entsprechend. Während die Zahl der Kleriker kontinuierlich sinkt, wächst hingegen die Zahl der laikalen Seelsorger permanent an. Für fast alle deutschen Bistümer lässt sich sagen, dass inzwischen ein Drittel der Seelsorge von hauptberuflichen Laien ausgeübt wird, in manchen Bistümern sind es sogar nahezu schon die Hälfte.[127]
Es ist somit durchaus fraglich, warum den Diakonen aufgrund ihrer Zugehörigkeit zum Klerus die Zeugnisverweigerungsrechte zustehen, während Laien davon ausgeschlossen sein sollen. Denn auch das kirchliche Recht betont, dass sich das Apostolat der Laien und der Dienst der geistlichen Amtsträger gegenseitig ergänzen und alles genuin christliche Tun stets in Beziehung zum dreifachen Amt Christi zu sehen ist, an dem jeder Christ in je eigener Weise Anteil hat.[128] So sind alle Gläubigen zur Mitarbeit mit dem Bischof und den Priestern bei der Ausübung des Dienstes am Wort berufen,[129] um so am Prophetenamt Jesu teilzuhaben.[130] Denn gerade im Bereich des Lehrens hat die Mitwirkung von Laien im besonderen Dienst der Kirche eine weit verbreitete Tradition, zu der beispielsweise Katechese,[131] Religionsunterricht[132] oder wissenschaftliche Theologie in Forschung und Lehre[133] zu zählen sind. Auch am Heiligungsdienst haben alle Gläubigen eigenen Anteil, indem sie den speziellen Dienst des Lektors und Akolythen[134] ausüben oder auf ihre Weise tätig an den liturgischen Feiern, besonders an der Feier der Eucharistie, mitwirken und so das Priesteramt Jesu verdeutlichen.[135] Ob die Laien aber auch das Hirtenamt und die damit verbundene Leitungsgewalt

---

[126] Sekretariat der Deutschen Bischofskonferenz, Kirchliches Handbuch, S. 85
[127] Sekretariat der Deutschen Bischofskonferenz, Kirchliches Handbuch, S. 87
[128] Can. 275 CIC/1983
[129] Can. 759 CIC/1983; Aymans, Lehramt, HdbkathKR, S. 666
[130] Can. 211 CIC/1983
[131] Cann. 776, 785 CIC/1983
[132] Cann. 804 § 2, 805 CIC/1983
[133] Cann. 804 § 2, 805 CIC/1983; Lumen Gentium, Art. 35 Abs. 4
[134] Akolythen sind Laien (in der Regel jedoch Priesteramtskandidaten), die zur Mithilfe in der Eucharistiefeier (Bereitung des Altares und hilfsweise Kommunionspendung - auch an Kranke) beauftragt werden. Davon ist der Dienst der Kommunionhelfer und -helferinnen zu unterscheiden, der nicht auf die Priesteramtskandidaten beschränkt ist.
[135] Cann. 230 § 3, 835 § 4, 899 § 2 CIC/1983

innehaben, ist umstritten.[136] Da Laien nie ordiniert sind, können sie gemäß can. 274 § 1 CIC/1983 dem Grundsatz nach keine Leitungsgewalt innehaben.[137] Andererseits aber sieht das kirchliche Gesetzbuch doch zumindest ein Mitwirken *(cooperari)* von Laien an der Ausübung der Leitungsvollmacht vor.[138] Nach herrschender Meinung in der Doktrin haben Geweihte immer die Voraussetzungen, um Leitungsgewalt auszuüben, während bei Laien für das jeweilige Einsatzfeld darüber entschieden werden muss, ob sie selbst Träger von jurisdiktionellen Einzelbefugnissen sein können.[139] So ermöglicht can. 1421 § 2 CIC/1983 Laien, in einem Kollegialgericht als Richter tätig zu sein, wodurch Laien zu Trägern von Leitungsgewalt in Form der *potestas iudicialis* werden.[140] Die Münchner Schule[141] und die Praxis hingegen schließen eine Inhaberschaft von Leitungsgewalt für Laien aus.[142] Aber es ermöglichen zumindest verschiedene Mitwirkungsmöglichkeit den Laien, in vielfältiger Weise Einfluss auf die Leitungsgewalt zu nehmen. Vom zeugnishaften Leben bis hin zur Mitentscheidung in Einzelfällen können sie auf alle Äußerungen der Leitungsgewalt einwirken.[143] Es gilt aber auch für die Laien grundsätzlich, dass sich die an sie verliehene Gewalt wie bei geweihten Amtsträgern immer nur aus der sakramental vermittelten bzw. grundgelegten Hirtenvollmacht des Papstes oder des Diözesanbischofs ableitet.[144]
Laien können demnach Aufgaben übernehmen, die traditionell dem Aufgabenbereich der Kleriker zugewiesen waren. Dies zeigt sich nicht erst auf der funktionalen Ebene der Seelsorge, sondern bereits die kirchenrechtliche Dimension macht deutlich, dass der Codex Iuris Canonici nicht über ein schlüssiges und abgeschlossenes Konzept vom Ordo des Diakons und der Kirchengewalt verfügt. Die Abgrenzung zwischen Klerikern und Laien ist daher keineswegs so scharf gezogen, wie der Begriff „Kleriker" es zunächst nahelegte. Eindeutige Unterschiede lassen sich zwar im Hinblick auf die geweihten Priester finden, die das besondere Priestertum des Dienstes verwirklichen, das Amt des Diakons jedoch zeigt, dass die Grenzen zu den laikalen Diensten

---

136 Zur Diskussion um die Bedeutung von can. 129 § 2: Laukemper-Isermann, Beatrix, Zur Mitarbeit von Laien in der bischöflichen Verwaltung. Rechtliche Möglichkeiten der Anwendung des can. 129 § 2 CIC, Essen 1996 (Münsterischer Kommentar zum CIC, Beiheft 16)

137 Münsterischer Kommentar - Socha, can. 129, Rdnr. 10

138 Can. 129 § 2; Münsterischer Kommentar - Socha, can. 129, Rdnr. 7

139 Münsterischer Kommentar - Socha, can. 129, Rdnr. 9

140 a.a.O., Rdnr. 13

141 Müller, Die Münchner Schule, AfkathKR 1997, S. 85-118

142 Aymans, Laien als kirchliche Richter, AfkathKR 1975, S. 3-20

143 Münsterischer Kommentar - Socha, can. 129, Rdnr. 7, 8 (z.B. cann. 213 § 13, 275 § 2, 394 § 2, 529 § 2 CIC/1983)

144 Münsterischer Kommentar - Socha, can. 129, Rdnr. 14

unscharf sind. Dogmatisch und kirchenrechtlich darf das je eigene Charisma der Kleriker und Laien zwar nicht auf ein Niveau eingeebnet werden, aber im Hinblick auf den „säkularen" Geistlichenbegriff sind diese Unterschiede gering. Die Abgrenzung der Kleriker von anderen kirchlichen Funktionsträgern reduziert sich beim Diakon aus der Perspektive der Seelsorgeempfänger vor allem auf die empfangene heilige Weihe, da er keine Tätigkeiten ausführt, die nicht auch von Laien übernommen werden könnten. Die Weihe alleine jedoch und der darin gründende Wesensunterschied zum Laien steht in keiner direkten Relation zu den erörterten gesetzlichen Vorgaben der Zeugnisverweigerungsrechte. Deshalb erscheint der Begriff „Kleriker" als Synonym für den Begriff „Geistlicher", wie ihn die staatlichen Gesetze verwenden, nur noch bedingt sinnvoll.
Die Bedeutung des gemeinsamen Priestertums und die Übernahme klerikaler Dienste durch Laien dürfen allerdings nicht zu dem Schluss verleiten, alle Gläubigen seien nunmehr „Geistliche" im Sinne der staatlichen Gesetze. Vielmehr können nur solche Funktionsträger für die Zeugnisverweigerungsrechte in Betracht kommen, die sowohl den von Gesetz und Rechtsprechung entwickelten Voraussetzungen genügen als auch der Lehre und Praxis der katholischen Kirche im Rahmen ihres kirchlichen Selbstbestimmungsrechts entsprechen. Demnach ist es aber nicht ausreichend, wenn Laien einzelne Aufgaben erfüllen, die ansonsten Kleriker vornehmen. Eine Gleichsetzung von Klerus und Laien im Hinblick auf den Begriff „Geistliche" kann nur überzeugend begründet werden, wenn sich die Tätigkeit von Laien in einem umfassenden Sinne als eine der von Klerikern ähnliche darstellt.[145] Davon kann jedoch nur dann ausgegangen werden, wenn die Laien komplementär zur Weihe und Sendung der Kleriker aufgrund einer eigenen, spezifisch kirchlichen Sendung umfassend am dreifachen Amt Christi mitwirken.

e) Zeugnisverweigerungsrechte für kirchenamtlich beauftragte Laien

Diese Voraussetzungen aber treffen nur auf wenige kirchliche Mitarbeiter zu. Zahlreiche Laien nehmen zwar partiell am klerikalen Kernprofil teil, indem sie einzelne Aspekte des dreifachen Amtes Christi verwirklichen; teilweise erhalten sie für ihre Aufgabe sogar eine spezielle kirchliche Sendung.[146] Aber ein Tätigkeitsprofil, das im Hinblick auf den staatlichen Begriff „Geistliche"

[145] Leipziger Kommentar - Hanack, § 139 Rdnr. 8, spricht - dieser Ansicht vergleichbar - davon, dass der „Priester, Pfarrer oder Rabbiner für den Begriff des ‚Geistlichen' allenfalls eine Art Leitbild darstellt".

[146] Besondere kirchenamtliche Sendungen bestehen in verschiedenen Formen wie beispielsweise Beauftragung, Zulassung, Einsetzung, Bestätigung, „Nihil obstat", „Missio canonica".

mit dem der Kleriker vergleichbar ist, üben - trotz eigenen Charismas und beachtlicher Unterschiede - nur die sogenannten Pastoralreferenten und Gemeindereferenten aus.
Die Pastoralreferenten gehören seit nunmehr 25 Jahren zu den bedeutendsten Mitarbeitern im pastoralen Dienst. Ihre spezifische Aufgabe besteht darin, „mit den Gliedern der Gemeinden nach Wegen zu suchen, wie das Evangelium jeweils in Familie, Kirche und Gesellschaft gemäß den persönlichen und beruflichen Situationen gelebt und bezeugt werden kann."[147] Sie übernehmen dazu, neben der Mitgestaltung der Liturgie, eigenverantwortlich einzelne pastorale Sachgebiete im Bereich der Jugendarbeit, Verbandsarbeit, Erwachsenenbildung und den Religionsunterricht, erfüllen Aufgaben in kategorialen Seelsorgebereichen wie Krankenhaus, Gefängnis und karitativen Einrichtungen oder sind als Fachreferenten zur theologischen, pädagogischen und methodischen Ausbildung und Begleitung von ehrenamtlichen Diensten tätig.[148] Ihre Ausbildung ist mit der von Priesteramtskandidaten durchaus vergleichbar. Über die Ausbildung der Priester hat der Staat mit der Kirche Verträge abgeschlossen, die die Priesterausbildung regeln,[149] so dass beispielsweise nach Art. 14 Ziff. 1 Reichskonkordat und Art. 10 Abs. 1 Preußisches Konkordat Kleriker nur dann ein geistliches Amt bekleiden oder eine Lehrtätigkeit ausüben können, wenn sie ein für das Studium an einer deutschen Hochschule anerkanntes Reifezeugnis besitzen und ein mindestens dreijähriges philosophisch-theologisches Studium an einer staatlich anerkannten Hochschule absolviert haben.[150] Die Pastoralreferenten absolvieren das gleiche Hochschulstudium und schließen wie die Priesteramtskandidaten ebenfalls mit dem Diplom in katholischer Theologie ab. Die eigentliche Seelsorgeausbildung beginnt in den sich an das Studium anschließenden zwei bis drei „Pastoraljahren", in denen die in den seelsorglichen Praxisfeldern gemachten ersten Erfahrungen vertieft und in der Praxisbegleitung reflektiert

---

147 Sekretariat der Deutschen Bischofskonferenz, Rahmenstatut für Pastoralreferenten, S. 33

148 a.a.O., S. 34f.; Ders., Der pastorale Dienst in der Pfarrgemeinde, S. 14

149 Art. 18 RK; Art. 13 § 1 BayK; Art. 9 Abs. 1 PreußK; Art. VII Abs. 1 BadK; Art. 26 BayKV; Art. 19 PfälzKV; Art. 8 Abs. 1 PreußKV; Art. V Abs. 1 BadKV; Art. 8 Abs. 1 Nieders. KV; Art. 11 i.V.m. Art. 10 Schlesw.-Holst. KV; Art. 10 i.V.m. Art. 9 Abs. 1 LippKV; Art. 11 i.V.m. Art. 10 HessKV; Art. 12 i.V.m. Art. 11 Abs. 1 Rheinl.-Pfälz. KV

150 Dies folgt aus der von den Kirchen vertraglich zugesicherten Ausbildung ihrer Geistlichen an einer staatlichen Hochschuleinrichtung. Die Wurzeln hierzu liegen in der Zeit der Staatskirchenhoheit, in der das kirchliche Amt noch als öffentliches Amt verstanden wurde. Ebers, Staat und Kirche im neuen Deutschland, S. 77

werden.[151] Während dieser Zeit tragen die Absolventen die Bezeichnung Pastoralassistent, bevor sie dann in der Regel hauptberuflich ihre Arbeit als Pastoralreferent aufnehmen. Die Gemeindereferenten unterscheiden sich von den Pastoralreferenten vor allem in der Ausbildung. Das Studium der Gemeindereferenten erfolgt an Fachhochschulen oder an Fachschulen und Seminaren für Gemeindepastoral.[152] Ansonsten ähnelt ihre Tätigkeit dem Aufgabenbereich der Pastoralreferenten.[153]

Ihre Aufgaben sollen die Pastoralreferenten und Gemeindereferenten zwar entweder in Zuordnung zum ständigen Pfarrer oder Dekan auf Pfarrverbands- oder Dekanatsebene verantwortlich wahrnehmen und sich um die konzeptionelle Erarbeitung und fachliche Begleitung vor allem pfarrübergreifendender Seelsorgeaufgaben kümmern,[154] tatsächlich jedoch arbeiten sie mittlerweile überwiegend direkt in den einzelnen Gemeinden und dies teilweise sogar ohne einen Kleriker vor Ort.[155] Vor allem an den im Hinblick auf die Zeugnisverweigerungsrechte bedeutsamen Seelsorgeaufgaben in der Pfarrei können sie ausdrücklich mitwirken. So kann gemäß can. 517 § 2 „eine andere Person, die nicht die Priesterweihe empfangen hat, oder eine Gemeinschaft von Personen an der Wahrnehmung der Seelsorgeaufgaben einer Pfarrei“ beteiligt werden. Eine solche Teilhabe beinhaltet nicht nur einzelne Seelsorgefunktionen, sondern zielt auf die Verwirklichung der drei umfassenden Bereiche der Hirtensorge und meint grundsätzlich das gesamte Spektrum der drei *munera*.[156]

Die Ähnlichkeiten mit dem Tätigkeitsprofil der Kleriker führt dazu, dass die Zeugnisverweigerungsrechte auch für diese pastorale Berufsgruppe ähnliche Relevanz besitzen. Ihre seelsorgerische Arbeit bedingt es, dass sich Menschen ihnen anvertrauen. Sie tun dies in ähnlicher Weise, wie sie es auch gegenüber einem Priester tun würden, denn nicht selten ist der Pastoralreferent der einzige „kirchenamtliche“ Ansprechpartner in der Gemeinde vor Ort und übernimmt dort einem Pfarrer vergleichbare Funktionen.[157] Wo

---

[151] Sekretariat der Deutschen Bischofskonferenz, Rahmenordnung für die Priesterausbildung, S. 6

[152] Ders., Rahmenstatut für Pastoralreferenten, S. 17f.

[153] Die Gemeindereferenten sollen verantwortlich die konzeptionelle und fachliche Arbeit in Teilbereichen der Gemeindeseelsorge wahrnehmen; Sekretariat der Deutschen Bischofskonferenz, Der pastorale Dienst in der Pfarrgemeinde, S. 14

[154] Ders., Rahmenstatut für Pastoralreferenten, Nr. 1 und Nr. 2

[155] Diese Überschneidungen mit dem Tätigkeitsfeld der Priester in der Pfarrei führen sogar soweit, dass es den Pastoralreferenten oft schwer fällt, eine eigene Identität für ihren Beruf zu entfalten. Olbrich/Stammberger, Und sie bewegen sie doch, S. 19

[156] Hallermann, Strukturen kooperativer Seelsorge, S. 40 m.w.Nw.

[157] Dies gilt vor allem für jene, die gem. can. 517 § 2 CIC/1983 in die Seelsorge miteinbezogen werden.

Vertraulichkeit nicht mehr gewährleistet wird, da ist auch die Ausübung ihres Berufs gefährdet. Angesichts der Bedeutung, die Pastoralreferenten für die Seelsorge in den Gemeinden haben, wäre die Religionsausübung der Gläubigen in Gefahr, wenn sie sich nicht mehr vertrauensvoll an die Pastoralreferenten wenden könnten. Auch die Pastoralreferenten selbst könnten ihr religiöses Charisma, das sie zu dieser Tätigkeit befähigt, nicht mehr ausüben und wären somit in ihrer Glaubensausübung und Berufsfreiheit beschränkt. Wie die geweihten Priester, so unterliegen auch die Pastoralreferenten aufgrund entsprechender Klauseln in ihren Arbeitsverträgen einer Schweigepflicht.[158] Diese Pflicht zur Verschwiegenheit kann die Pastoralreferenten in Konfliktsituationen führen, die denen der Priester ähnlich sind, wenn das Anvertraute preisgegeben werden soll. Dabei kommt es aus gesetzgeberischer Sicht, wie beschrieben, nicht darauf an, ob die vertraulichen Informationen nur im Rahmen des Beichtsakramentes - das die Pastoralreferenten ja nicht spenden dürfen - anvertraut oder in einer anderen Weise im Rahmen der Seelsorge bekannt wurden. Auch eine disziplinarrechtliche Überwachung gibt es, die den Bedürfnissen der säkularen Rechtspraxis sehr entgegenkommen dürfte. Denn der kirchliche Dienstgeber verlangt ähnlich dem staatlichen Arbeitgeber des öffentlichen Dienstes ein Gelöbnis gewissenhafter Diensterfüllung und die Wahrung der staatlichen Rechtsordnung.[159]
Die so beauftragten Laien üben ihre Tätigkeit keinesfalls immer nur in außerordentlicher Weise im Sinne einer Ersatzbefugnis aus, sondern bei entsprechend bischöflicher Sendung mit vollem Recht gemäß den kirchengesetzlichen Bestimmungen. Jenen pastoralen Mitarbeitern, die in den klassischen Funktionen der Kleriker tätig sind, kann daher ein erhebliches Interesse unterstellt werden, den gleichen staatlichen Schutz wie die geweihten Amtsträger zu erfahren. Dieses Interesse dürften sie mit jenen teilen, denen sich Seelsorge zuwendet. Aufgrund der Ähnlichkeiten der täglichen Berufspraxis von Klerikern und speziell beauftragen Laien – den Pastoral- und Gemeindereferenten – sowie den ebenfalls vorliegenden gesetzlichen Voraussetzungen ist es zweckmäßig, unter den Begriff „Geistliche" solche kirchlichen Funktionsträger wie die Pastoralreferenten und Gemeindereferenten zu subsumieren und ihnen die Zeugnisverweigerungsrechte zu gewähren.
In Übereinstimmung mit den von Gesetz und Rechtsprechung geforderten Voraussetzungen lässt sich der Kreis der zeugnisverweigerungsberechtigten Seelsorger für die katholische Kirche daher sinnvoll erweitern und zugleich einschränken. Dass er über den Klerus hinausreicht, muss als vom Gesetz-

158 § 9 BAT bzw. 5 AVR
159 So heißt es in § 5 KAVO: „Ich gelobe, meine Dienstobliegenheiten gewissenhaft zu erfüllen und die kirchlichen Vorschriften zu beachten und zu wahren."

geber akzeptiert betrachtet werden, denn auf eine Reduktion wie im Wehrpflichtgesetz allein auf die *ordinierten* Amtsträger hat er verzichtet. Der Gesetzesbegriff „Geistliche" kann daher mit dem katholischen Klerus nach wie vor gleichgesetzt werden, zugleich aber ist eine Erweiterung um jene Laien, die aufgrund einer kirchenamtlichen Beauftragung die drei Ämter Christi einem Kleriker vergleichbar ausüben, ebenfalls möglich und sinnvoll.[160]

2. Die „Geistlichen" der protestantischen Kirche

Die Frage, wer in der protestantischen Kirche als Geistlicher anzusehen ist und daher ein Zeugnisverweigerungsrecht gemäß den gesetzlichen Möglichkeiten wahrnehmen kann, muss auch für diese Konfession ihrem Selbstverständnis folgend entschieden werden. Da sich die evangelischen Kirchen aus dem Katholizismus heraus entwickelt haben, liegen Parallelen nahe. Bereits die Darstellung der historischen Genese der Zeugnisverweigerungsrechte hat aber gezeigt, dass die Bußpraxis in den beiden großen Kirchen Unterschiede aufweist. Das unterschiedliche theologische Verständnis war es auch, das zu einem voneinander verschiedenen Amtsverständnis führte, was sich daher auf die Bestimmung des Geistlichenbegriffs in den staatlichen Normen auswirken muss.

Vom Bußsakrament her eröffnet sich somit auch ein möglicher Zugang zum Ämterverständnis im Protestantismus, da es nicht zuletzt die katholische Auffassung von der kirchlichen Sündenvergebung war, die mitentscheidend für die Abkehr Luthers von der Papstkirche wurde. Sein biblischer Befund ergab, dass es dem katholischen Oberhaupt nicht zustehe, über Menschen zu richten und alle Christen durch Taufe und Glauben Anteil an Christi königlichen und hohepriesterlichen Ämtern hätten. Für Luther folgte daraus, dem Papst und dem Amt die jurisdiktionelle Macht zu entziehen und an den aus seiner Sicht rechtmäßigen Ort zurückzuführen: zum allgemeinen Priestertum und zur Kirche in der Bedeutung der *communio sanctorum.*[161] Allen Christen sollte die bis dahin dem Papst vorbehaltene Schlüsselgewalt, nach neutestamentlichem Beispiel zu lösen und zu binden, zustehen. Hier zeigt sich, dass das allgemeine Priestertum im Protestantismus eine weitaus ältere Tradition besitzt als in der katholischen Kirche, ja sogar ein Wesenselement der damals entstehenden Kirchen war. Anders als in der Folgezeit des Zweiten Vatikanischen Konzils versuchten die evangelischen Kirchen von

[160] Im Ergebnis ähnlich: Leipziger Kommentar - Hanack, § 139 Rdnr. 8, Ling, Zum Geistlichenprivileg im Strafrecht, S. 331f.; Kleinknecht/Meyer-Goßner, § 53, Rdnr. 12

[161] Darum soll „ein jeder, der sich als Christ fühlt, gewiss sein und über sich Bescheid wissen, dass wir alle Priester in gleich hohem Maße sind, d.h. in bezug auf das Wort und jedes Sakrament die gleiche Vollmacht (potestas) haben", WA 6, 566, 26-28

Anbeginn an, radikal diese biblische Lehre zu verwirklichen. Hierarchische Unterschiede zwischen Priestern und Laien bestanden für Luther nicht mehr. Die Vorstellung einer Priesterweihe als Sakrament sah Luther als Erfindung der katholischen Kirche an, einzig die Taufe war für ihn die rechte Priesterweihe, so dass die katholische Lehre einer besonderen priesterlichen Weihe und einem damit verbundenen *character indelebilis* für ihn ohne göttliche Genehmigung in der Heiligen Schrift war.[162] Die Folge dieses Verständnisses war eine Übertragung der Jurisdiktionsgewalt und der Sakramentsverwaltung an das allgemeine Priestertum. Dass alle Vollmachten grundsätzlich bei der Kirche lägen, nicht beim Papst und beim Amt, war eine Auffassung, die während der ganzen Reformationszeit beibehalten wurde. Während in der katholischen Kirche das Sakrament der Priesterweihe das gemeinsame vom besonderen Priestertum scheidet, betont der Protestantismus, dass das Priesteramt der ganzen Gemeinde zukommt. Bei allen rechtlichen Fragen ist der Vorrang der Gemeinde entscheidend. Deshalb kann bei der Bestimmung des Geistlichenbegriffs und der daran geknüpften Zeugnisverweigerungsrechte nicht wie in der katholischen Kirche auf das päpstliche Lehramt in Verbindung mit Konzilien und den Ortsbischöfen sowie dem universellen, für die ganze Kirche geltenden Kirchenrecht in Gestalt des CIC zurückgegriffen werden, sondern ist auf das Verständnis der jeweiligen Gemeinde zu rekurrieren. Da „Amt und Gemeinde eins sind", gilt jedem Christen als Glied der Gemeinde der Auftrag der Verkündigung des Evangeliums.[163] Angesichts dieser Grundlagen stellt sich aber die Frage, wem innerhalb der Gemeinde nun ein Zeugnisverweigerungsrecht als Geistlichem zukommen kann.

a) Entwicklung und Bedeutung des Amtes im Protestantismus

Für Luther zeichnete sich das Amt nicht durch die Macht gegenüber anderen Christen, sondern durch dienende Tätigkeit aus. Vor allem im Dienst am Wort *(ministerium verbi)*, im Predigen des Evangeliums (ministerium evangelii) und durch die Verwahrung der Sakramente verwirklichte sich für ihn das Amt.[164] Zur entscheidenden Voraussetzung für ein solches Amt wurden Wahl und Berufung des einzelnen Christen. Die Berufung durch den Heiligen Geist musste aber von einem Zeichen begleitet sein, denn einer nur inneren Berufung stand Luther skeptisch gegenüber. Die Berufung kam eher indirekt durch die Gemeinde und die Obrigkeit zustande.[165] Auch er

[162] WA 6, 561, 19-21

[163] Ratschow, Art. Amt, TRE, S. 612

[164] WA 6, 566, 32f.

[165] „Doch es ist nicht zulässig, dass jeder einzelne von dieser *potestas* ohne Einwilligung der Gemeinschaft oder die Berufung durch einen Vorgesetzten Gebrauch macht. Denn

trennte zwischen geistlichem und weltlichem Amt und unterschied zwischen „Predigern und Leyen"[166], womit er die für das Luthertum charakteristische Regimentenlehre streifte.
Obwohl alle Christen das Recht und die Pflicht besäßen, das Wort Gottes zu verkündigen, sollte es in den Gemeinden doch um der Ordnung willen auch einzelne geben, die aufgrund ihrer Berufung herausragten. Die protestantische Theologie greift zur Legitimation dieser Ordnungsgedanken auf Paulus zurück, der Gott als einen Gott nicht der Unterordnung, sondern des Friedens beschreibt.[167] Der Wille der Gemeinde ist in der Anerkennung eines besonderen Trägers des Wortes zusammengefasst. Zum entscheidenden Kennzeichen dieser Wortverkündigung wird, dass sie öffentlich geschieht. Denn das Evangelium gilt nicht den Christen allein, sondern richtet sich im paulinischen Sinne an alle Welt. Das Geschehen der Kirche ist *publice.*[168]
Da die Verkündigung des Wortes sowie die kirchlichen Vollzüge immer auch unter dem Vorbehalt der menschlichen Unzulänglichkeit stehen, verschiedenartig aufgefasst und tradiert werden können, muss es Menschen geben, die berufen werden, in der Gemeinde über die Wahrung der richtigen Weitergabe von Taufe und Abendmahl sowie der reinen Erfassung der Botschaft gegenüber allen missdeutenden und irrenden Meinungen zu wachen.[169] Diese Amtsvorstellungen fanden schließlich auch Aufnahme in die offiziellen Bekenntnisdokumente der lutherischen Kirche.[170]
Im Sozianismus, Spiritualismus und Pietismus finden sich demgegenüber eher amtskritische Tendenzen, die unter Berufung auf biblische Grundlagen vor allem das allgemeine Priestertum und die bei Paulus erwähnten Charismen herausstellen, ohne auf bestimmte Dienstaufträge für einzelne zu verzichten.[171] Melanchton griff hingegen die Ideen Luthers auf und wandte sich gegen die Verneinung eines geordneten Amtes durch die radikalen Gruppen und deren Auffassung eines unmittelbaren Gottesverhältnisses ohne Vermittlung des äußeren Wortes und der Sakramente. In ähnlicher Weise galt auch für Zwingli, dass niemand ohne göttlichen Auftrag in der Gemeinde als Lehrer und Prädikant auftreten durfte. Die rechte Sendung war entweder innerer Art, und dann immer von Wundern begleitet, oder sie war von

---

was das gemeinsame Eigentum aller ist, darf keiner für sich allein mit Beschlag belegen, bevor er hierzu berufen ist."; WA 6, 566, 28-30

166 WA 6, 525, 24

167 I Kor 14,40

168 I Kor 11,26

169 Ratschow, Art. Amt, TRE, S. 613

170 Augsburger Bekenntnis 1530, Art. 7, 28, dessen Apologie 1531 und De potestate et primatu papae tractatus 1537

171 Kühn, Art. Kirchliche Ämter, EKL, S. 1218f.

äußerer Art, durch die Wahl einer Gemeinde bestätigt.[172] Calvin betonte demgegenüber die göttliche Stiftung des Amtes und hob stärker hervor, dass das Amt von Menschen bekleidet sein müsse, die dadurch Verantwortung und Autorität erhielten,[173] eine Autorität aber, so sahen es alle Reformatoren, die durch das Wort begrenzt ist. Anders als Luther, der das eine, *iure divino* gesetzte ordinationsgebundene Amt der öffentlichen Evangeliumsverkündigung in Wort und Sakrament lehrte, gehen calvinistische Bekenntnisse von einer Mehrzahl selbständiger Ämter aus, die bei unterschiedlicher Zielsetzung zugleich in örtlichen Konsistorien und Synoden zusammengeführt werden. Prediger, Älteste (Senioren, Presbyter) und Diakone gehören ebenso dazu wie die teilweise selbständigen Ämter der Doctoren, Propheten und Kuratoren. Die innere Einheit des Amtes und die Hinordnung all seiner Funktionen auf das *ministerium docendi evangelii et porrigendi sacramenta*[174] sollte dabei aber nicht verkannt werden. Die Praxis späterer Jahrhunderte hat in den reformiert geordneten Gemeinden jedoch nur die Ämter des Pfarrers, des Presbyters, des Diakons und des Lehrers bestehen lassen.[175]

b) „Geistliche“ und Ordination

Angesichts dieses heterogenen Ämterverständnisses im Protestantismus ist die Bestimmung derer, die „Geistliche“ im Sinne der staatliche Gesetze sein können, nicht einfach. Die historische Entwicklung führte dazu, dass auch heute noch einige nur im Pfarramt die Vollform des *ministerium verbi divini* sehen, aus der sich alle anderen Ämter erst durch Ausgliederung einzelner Funktionen in Teilaufgaben oder als dienende kirchliche Funktionen ableiten. Andere hingegen betonen, dass die kirchlichen Aufgaben sich nicht als Ausgliederungen des einen aus dem anderen ableiten lassen, sondern die vielen haupt- und nebenberuflichen Tätigkeiten sich als je eigene Aufträge in selbständiger Eigenart gegenüberstehen.[176] Der Begriff „Geistlicher“ kann daher auch kaum als ein sachgerechter Terminus angesehen werden, deutet

---

172 Zwingli, Von dem Predigtamt, in: Corpus reformatorum, S. 421ff.

173 Calvin, Institutio christianae religionis, in: Corpus reformatorum, IV 1,1

174 Confessio Augustana V (Bekenntnisschriften der evangelisch-lutherischen Kirche, S. 58)

175 Münter, Begriff und Wirklichkeit des geistlichen Amtes, S. 11ff.; Kühn, Kirchliche Ämter, EKL, S. 1218; Stein, Ordination, S. 97; Brunotte, Bekenntnis und Kirchenverfassung, S. 210ff.

176 Ratschow, Art. Amt, TRE, S. 618; Stein, Ordination, S. 97; Kühn, Art. Kirchliche Ämter, Ekl, S. 1222

er doch auf einen besonderen Stand hin, der dem Protestantismus fremd ist.[177]

Alle gemeinsam jedoch heben die öffentliche Wortverkündigung und Sakramentenverwaltung besonders hervor, zu der die Amtsträger durch eine Ordination bestellt werden; denn die Bestimmung einzelner Christen zum Amt der Verkündigung führt zu einer nicht jedem Christen übertragenen Verantwortung für das Ganze der Gemeinde. Hierin liegt das Besondere des zum Dienst an und in der Gemeinde Ordinierten. Alle Christen können einzelne Verrichtungen, wie Predigen, Taufen, Abendmahlausteilen, Trauen, Beerdigen und Gemeindeleiten vornehmen und tun es in entsprechenden Situationen auch. Aber nicht jedem Christen ist die Verantwortung für das Ganze der vor der Welt zu verantwortenden Gemeinde – das *publice docere*– übertragen.[178] Die öffentliche Wortverkündigung erlaubt die Predigt eben nicht nur im persönlichen Umfeld, wie es Auftrag eines jeden Christen ist, sondern mithin gerade auch vor der gesamten Gemeinde.[179] Ähnliches lässt sich auch im Hinblick auf die Verwaltung der Sakramente aussagen, worunter die Leitung der Feier des Abendmahls „nach der Einsetzung des Herrn in der zum Gottesdienst versammelten Gemeinde"[180] und die „Taufe auf den Namen des Dreieinigen Gottes"[181] verstanden wird. Die mit dem Predigeramt verbundenen Amtshandlungen umfassen aber auch Konfirmationen, Trauungen und Bestattungen, Aufnahmen und Wiederaufnahmen sowie den Auftrag zur Unterweisung in Gottesdienst, Religionsunterricht, Konfirmandenunterricht, Tauf- und Traugespräch.[182] Diese Seelsorgeaufgaben sind mit dem Recht und der Pflicht zur Wahrung des Beichtgeheimnisses und der seelsorgerischen Schweigepflicht verbunden.[183] Die Sündenvergebung und die Abwehr falscher Lehren sind Teil der Leitungsgewalt, die gerade in der Sammlung und Leitung der Gemeinde durch Wort und Sakrament besteht[184] und anders als in der katholischen Kirche nur geistlicher

[177] Die Arnoldshainer Konferenz lehnte diese Bezeichnung daher auch explizit in Nr. 3 des Votums „Überlegungen zur Ordination heute" ab.; Burgsmüller, Amt und Ordination im Verständnis evangelischer Kirchen und ökumenischer Gespräche, S. 42

[178] Confessio Augustana XIV (Bekenntnisschriften der evangelisch-lutherischen Kirche, S. 69); Ratschow, Art. Amt., TRE, S. 614

[179] Heckel, J., Kirche und Kirchenrecht nach der Zwei-Reiche-Lehre, Zeitschrift der Savigny-Stiftung für Rechtsgeschichte 1962, S. 263f.

[180] Art. 23 Abs. 1 Satz 1 der Kirchenordnung Rheinland (ABl. EKD 1995, S. 140f.)

[181] Art. 32 Abs. 1 der Kirchenordnung Rheinland (ABl. EKD 1979, S. 265ff.)

[182] Siegmund, Ordination, S. 110f. m.w.Nw.

[183] Arnoldshainer Konferenz, Stellungnahme zu Rechtsfragen der Ordination, I. 2., S. 46; Kirchenordnung der Evangelischen Kirche von Westfalen vom 1. Dezember 1953, Art. 184 Abs. 5 (ABl. EKD 1954, S. 119)

[184] Begründung zum Pfarrergesetz der VELKD, A. III. 1. Satz 4, Lutherische Generalsynode 1961, S. 492; Lebensordnung der VELKD, Abschnitt IX Nr. 2 Abs. 1 (ABl. EKD

Art ist.[185] Die Gemeinde anerkennt somit in der Ordination das besondere Charisma des Amtsträgers und spricht ihm die erforderliche *auctoritas* hierfür zu.[186]

Somit trägt gerade die Ordination ins Pfarramt wesentlich zur Unterscheidung von anderen Diensten bei. Bereits das Allgemeine Preußische Landrecht unterschied ebenfalls in ähnlicher Weise, als es festlegte, dass „die Befugnis zur Ausübung aller geistlichen Amtsverrichtungen [...] durch die Ordination verliehen" wird.[187] Und auch heute noch bringt die Ordination die verbindliche Erklärung zum Ausdruck, dass der Ordinierte aus kirchlicher Sicht von seiner Ordination an in den Grenzen des kirchlichen Rechts zur Wahrnehmung eines lebenslang erhofften Dienstes an Wort und Sakrament tauglich und befähigt ist.[188] Sie beinhaltet damit die Feststellung, dass die aus der Gemeinde ausgewählte Person zum einen für einen Dienst am Leben und für das Leben der Gemeinde oder Kirche geeignet ist, so wie dies zunächst grundsätzlich einen jeden Christen als Christen auszeichnet.[189] Zum anderen wird ausgesagt, dass der zu Ordinierende mit jenen theologisch und kirchenrechtlich begründeten Bekenntnissen der Kirche einverstanden ist, die die Identität der Gemeinde darstellen.[190] Für das Pfarramt bedeutet dies in allen Landeskirchen in der Regel, dass die Volltheologen die erste Prüfung, die *pro licentia concionandi*, abgelegt haben, der ein wissenschaftliches Hochschulstudium vorausgeht. Mit der zweiten Prüfung, der *pro licentia ministri*, zeigen die Vikare, die bis dahin die vorläufige Erlaubnis öffentlicher Verkündigung besitzen, dass sie die für den Dienst als Pfarrer erforderlichen praktisch-theologischen Kenntnisse und Fähigkeiten erlangt haben.[191] Die Ordination setzt sich so in der Selbstbezeichnung von einem Verständnis als „Priesterweihe" ab. Sie will aber auch mehr sein als die Begründung eines Pfarrerdienstverhältnisses als öffentlich-rechtlicher Dienst im Treueverhältnis und sie will etwas anderes sein als eine bloße „Einführung" in eine bestimmte kirchliche Aufgabe. Die von anderen kirchlichen Akten geistlichen und rechtlichen Inhaltes begleitete Ordination hat deshalb ihren eigenständigen Charakter als gottesdienstliche Handlung. Die Amtsträger

---

1955, S. 100ff.) und § 5 des Pfarrergesetz-Ergänzungsgesetzes Sachsen (ABl. EKD 1994, S. 63ff.)

185 Heckel, J., Initia iuris ecclesiastici Protestantium, S. 33; Hammer, Das kirchliche Amt als Grundfrage des Kirchenrechts, S. 110ff.

186 Ratschow, Art. Amt, TRE, S. 614

187 ALR II. Teil 11. Tit. § 63

188 Stein, Ordination, S. 73

189 Tiling, Zum Beurteilungsspielraum bei Entscheidungen über die Eignung für das Pfarramt, ZevKR 1992, S. 113ff.

190 Ratschow, Art. Amt, TRE, S. 615

191 Siegmund, Ordination, S. 25ff. m.w.Nw.

der Gemeinde sprechen zusammen mit Vertretern oder Vertreterinnen der Gesamtkirche den Ordinierten Sendung und Segen zu und verdeutlichen in der sichtbaren Kirche Christi, dass es sich um einen Auftrag von Generation zu Generation handelt, der den Dienst an Wort und Sakrament in die sich vor Ort versammelnde Gemeinde bringt. Die durch die Ordination bestimmten Christen erhalten von ihren Mitchristen durch ihr Gebet von Gott her eine Berufung, die für sie immer auch zu einem biographischen Akt wird.[192] Sie begründet einen lebenslangen Dienst, der regelmäßig als Ortspfarramt ausgeübt wird, das auch als das Grundamt der Kirche bezeichnet wird, da es die Leitung der Gemeinde als Hirtenamt mit sich bringt. Deshalb wird bei solchen Theologen, die das Pfarramt in der Gestalt eines Funktionspfarramtes, beispielsweise für den Religionsunterricht oder eine andere geistliche Sonderaufgabe bekleiden, vorausgesetzt, dass sie den in der Ordination begründeten Auftrag zum Dienst an Wort und Sakrament in einer Ortsgemeinde mitbetätigen.[193] Auf den ersten Blick scheint somit eindeutig zu sein, dass die in das Pfarramt Ordinierten die gesetzlichen Voraussetzungen zur Ausübung der Zeugnisverweigerungsrechte erfüllen und daher nur sie „Geistliche" im Sinne der staatlichen Normen sein können. Alle übrigen Aufgaben - unbeschadet einer theologischen Gleichwertigkeit - müssten dann eher als Mitarbeitertätigkeiten zu qualifizieren sein und könnten höchstens zum gesetzlichen Schutz für Gehilfen führen.
Einer solchen klaren Eingrenzung steht jedoch entgegen, dass sich an Wortverkündigung und Sakramentenverwaltung auch solche Christinnen und Christen beteiligen, die nicht das Vollamt eines Pfarrers ausüben. Ähnlich wie bei den Laien in der katholischen Kirche stellt sich auch für diese Funktionsträger die Frage, ob sie nicht doch ebenfalls ein Zeugnisverweigerungsrecht für „Geistliche" beanspruchen können. Denn auch wenn die Notwendigkeit gesehen wird, dem Amt Autorität zu verleihen, so betonen in Abgrenzung von der hierarchischen katholischen Kirche alle Reformatoren die Gleichrangigkeit der Ämter und die Verantwortung der Gemeinde für die Einrichtung und rechte Ausübung des Amtes. Das Zeugnisverweigerungsrecht könnte daher zumindest auch für jene Funktionsträger in Betracht kommen, die eine gewisse Äquivalenz zum Ortspfarramt, dem *pastor loci* als „dem Prototyp des kirchlichen Amtes"[194], aufweisen.[195]

[192] Stein, Ordination, S. 74
[193] a.a.O., S. 89
[194] Wenz, Art. Amt, LStKR, S. 75
[195] Ähnlich auch Leipziger Kommentar - Hanack, § 139, Rdnr. 8 im Hinblick auf § 139 StGB : „Vor allem aber ist es, namentlich wohl im evangelischen Bereich, durchaus möglich, dass kraft kirchlichen Rechts jemand, der nicht geweihter Priester, ordinierter Pfarrer oder berufener Rabbiner ist, Aufgaben der seelsorgerischen Wortverkündigung

c) Zeugnisverweigerungsrechte für Ordinierte, die nicht das Pfarramt innehaben

Seit der Reformation war zwar der akademisch ausgebildete Pfarrer, der diesen Beruf lebenslang und in einem öffentlich-rechtlichen Dienstverhältnis mit der jeweiligen Kirche ausübte, der Regelfall, jedoch haben sich aus unterschiedlichen Gründen in den vergangenen Jahrzehnten Abweichungen hiervon gebildet.[196] Dass aufgrund der verschiedenen Auffassungen vom Amt in der Gemeinde der Boden für solche Berufungen fruchtbar sein konnte, hat die dargelegte Genese und Historie der Amtsentwicklung deutlich werden lassen. Eine Gruppe bilden dabei jene hauptamtlichen Geistlichen, die überhaupt nicht über einen akademischen Hintergrund verfügen, sondern auf verschiedenen anderen kirchlichen Ausbildungswegen ins Pfarramt gelangt sind.[197] Da sie, abgesehen vom Ausbildungsweg, den Pfarrern mit universitärem Abschluss in allem Übrigen ähnlich sind, bestehen keine Schwierigkeiten, sie unter den säkularen Begriff „Geistliche" zu subsumieren. Eine weitere, aber nur kleine Gruppe bildet die Ordination zum Dienst an Wort und Sakrament im Ehrenamt für Mitglieder theologischer Fakultäten.[198] Auch wenn sie nicht wie ein Pfarrer über eine Anstellung im kirchlichen Dienst verfügen und teilweise nur das erste Examen abgelegt haben, können sie die Beauftragung zur öffentlichen Wortverkündigung und Sakramentsverwaltung erhalten. Voraussetzung hierzu ist jedoch, dass sie neben dem wissenschaftlichen Lehramt auch im Gottesdienst der Gemeinden mitarbeiten und so den kirchlichen Bezug ihres Hauptamtes verdeutlichen.[199] Der Umfang ihres „pfarrlichen" Amtes ist geringer, im Hinblick auf die Zeugnisverweigerungsrechte jedoch vergleichbar.
Einige Landeskirchen aber gehen so weit, die Ordination für einen ehrenamtlichen Dienst an Wort und Sakrament auch ohne Bezug zu einem Hauptbe-

---

wahrnimmt, und zwar bis hin zu spezifisch ‚priesterlichen' Funktionen (‚Nottaufe'). Bei diesen Gegebenheiten dürfte davon auszugehen sein, dass Pfarrer, Priester und Rabbiner für den Begriff des „Geistlichen" nur eine Art Leitbild darstellen. Nach dem Zweck des § 139 Abs. 2 müssen ihnen jedenfalls solche Personen gleichgestellt werden, die in Ausnahmesituationen in vergleichbarer Weise seelsorgerische Funktionen wahrzunehmen befugt sind."

196 Hierzu zählen historisch bedingte Notstände während des Kirchenkampfes, aber auch funktionale wie finanzielle und personelle Aspekte sowie die Entdeckung kooperativer Formen der Seelsorge. Überblick hierzu bei: Stein, Evangelische Laienpredigt. Ihre Geschichte, ihre Ordnung im Kirchenkampf und ihre gegenwärtige Bedeutung (Arbeiten zur Geschichte des Kirchenkampfes, Band 27), Göttingen 1972

197 Siegmund, Ordination, S. 53ff.

198 So z.B. die Richtlinien der VELKD zur Frage der Ordination von theologischen Hochschullehrern Abschnitt I, Abs. 2 und Abschnitt II, Nr. 2 (ABl. EKD 1965, 236f.)

199 Stein, Ordination, S. 100; Siegmund, Ordination, S. 62

ruf zu öffnen.[200] Dies setzt bei Volltheologen im Ehrenamt voraus, dass ihnen ein auf Dauer angelegter konkreter Auftrag erteilt wird, der „nach Art und Umfang sowie nach Ort und Personenkreis beschrieben“ ist und „die Verkündigung in Predigt und Sakramentsverwaltung einschließen“ muss.[201] Insbesondere der von den Bekenntnissynoden der evangelischen Kirche, der Altpreußischen Union, gefasste Entschluss, auch Nichttheologen zum Dienst an Wort und Sakrament zuzulassen, führte dazu, dass auch bewährte Gemeindeglieder ohne abgeschlossenes theologisches Studium nach besonderer Zurüstung zum Dienst der öffentlichen Wortverkündigung als Lektoren, Predigthelfer und Prädikanten berufen werden konnten.[202] So wurde in den 60er Jahren des letzten Jahrhunderts in der Pfälzischen Landeskirche das Lektorenamt eingerichtet, das es Gemeindemitgliedern zwar nicht erlaubte, freie, selbstverfasste Predigten zu halten, aber vom Landeskirchenamt ausgehändigte Lesepredigten vorzutragen.[203] Einige Jahre später folgte dann für bewährte Gemeindeglieder sogar die Möglichkeit, ehrenamtlich das Recht der freien öffentlichen Wortverkündigung und Sakramentenverwaltung auszuüben. Zwar war diese Tätigkeit nicht unumstritten,[204] mittlerweile jedoch ist das Amt des Prädikanten, des Ältestenpredigers oder Predigthelfers in zahlreichen Landeskirchen anerkannt.[205] Sie sind mit der Leitung von Gottesdiensten nach den geltenden Ordnungen ebenso betraut wie mit Predigt und – aufgrund besonderer Beauftragung – auch der Verwaltung der Sakramente, der Übernahme von Trauungen, Beerdigungen, Bibelstunden und seelsorgerischen Gesprächen.[206] Die jeweilige Gliedkirche bestimmt, wer in ihrem Bereich berechtigt ist, das Amt der Verkündigung auszuüben.[207] Eine

---

[200] a.a.O., S. 41ff.

[201] Voraussetzungen der Grundsätze der VELKD lit. d) (ABl. EKD 1985, 351f.) und Abschnitt III. 2. a) Nr. 2 der Empfehlungen der Arnoldshainer Konferenz (ABl. EKD 1987, S. 4ff.)

[202] Stein, Ordination, S. 102

[203] § 1 III KG über das Lektorenamt und Nr. 2 der Durchfühungsvorschriften des LKR zum Kirchengesetz über das Lektorenamt vom 2.6.1966 (ABl. EKD 1966, S. 125)

[204] Campenhausen, Zeugnisverweigerungsrecht von Prädikanten, S. 273 mit entspr. Nw.)

[205] Rheinland (ABl. EKD 1969, S. 164f.); Pfalz (ABl. EKD 1973, S. 242ff.); Braunschweig (ABl. EKD 1995, S. 50f.); Hessen-Nassau (ABl. EKD 1984, S. 57ff.); Westfalen (ABL. EKD 1992, S. 184); Kurhessen-Waldeck (ABl. EKD 1992, S. 193); Thüringen (ABl. EKD 1994, S. 511f.); Bayern (ABL. EKD 1986, S. 47f.); Nordwestdeutschland (ABl. EKD 1989, S. 21ff.)

[206] Empfehlungen der VELKD zum Prädikantendienst (ABl. EKD 1970, S. 223)

[207] Die Grundordnung der EKD qualifiziert in Art. 4 Abs. 1 den Dienst am Wort und Sakrament als landeskirchliche Materie (ABl. EKD 1984, S. 249); Brunotte, Die Grundordnung der Evangelischen Kirche in Deutschland, S. 140

ordnungsgemäß vollzogene Ordination wird dann aber in allen Gliedkirchen anerkannt.[208]
Im Grundsatz ist die Erteilung der Ordination somit auch dann möglich, wenn sie nicht in den kirchlichen Beruf des Pfarr- oder Pastorendienstes führen soll.[209] Das Tätigkeitsfeld dieser „Laien" weist somit zumindest im Hinblick auf die Voraussetzungen der Zeugnisverweigerungsrechte entscheidende Ähnlichkeiten mit der Tätigkeit eines Pfarrers auf. Ihre Arbeit ist klar dem religiösen Bereich zuzuordnen. Im Rahmen ihrer Tätigkeit besteht für sie außerdem die Möglichkeit, Kenntnis von vertraulichen Informationen zu erlangen, denn aufgrund ihrer liturgischen und seelsorgenden Arbeit wird ihnen als offiziellen Vertretern der Kirche jenes Vertrauen entgegengebracht, das der Gesetzgeber schützen wollte. Neben der Verpflichtung auf Schrift und Bekenntnis ist in einigen Landeskirchen deshalb auch für sie die ausdrückliche Verpflichtung zur Wahrung des Beichtgeheimnisses und zur seelsorgerlichen Schweigepflicht normiert.[210] Für sie kann es deshalb zu jenem Gewissenskonflikt kommen, um dessentwillen das Privileg der Zeugnisverweigerung gewährt wird. Selbst wenn ihre Ausbildung vom Umfang her weitaus geringer ist als die eines voll ausgebildeten Theologen, so erhalten doch auch die ehrenamtlichen Nichttheologen eine gewisse Qualifizierung. Die Bewerber müssen Kurse besuchen, eine Probezeit absolvieren und an einem Kolloquium teilnehmen,[211] um am Ende neben einer ausreichenden Allgemeinbildung über biblische Kenntnisse zu verfügen und Verständnis für theologische Fragen zu besitzen.[212] Selbst die für die Ausübung von Zeugnisverweigerungsrechten teilweise geforderte „Standesaufsicht" existiert in Form besonderer Gerichtsbarkeit und Verfahrensordnungen, zu nennen sind hier neben dem Amtszucht- (Disziplinar-) verfahren die davon streng abzugrenzende Versetzung im Interesse des Dienstes und schließlich das Lehrzuchtverfahren.[213] Auch wenn diese Funktionsträger kein Dienstverhältnis

---

208 In der Verfassung der VELKD (ABl. EKD 1979, 81ff.) und der EKU (ABl. EKD 1994, 405ff.) finden sich hierzu keine Regelungen.

209 Stein, Ordination, S. 100

210 § 48 Abs. 3 der Grundordnung Baden (ABl. EKD 1990, S. 411ff.); Art. 11a Abs. 1 Satz 3 des Pfarrergesetzes VELK i.d.F. Bayerns (ABl. EKD 1983, S. 358ff.); § 4 des Pfarrergesetz-Ergänzungsgesetzes (ABl. EKD 1994, S. 159ff.) und § 1 Nr. 4 lit. a) der Ausführungsordnung zur Einführungsordnung Württemberg (ABl. EKD 1971, S. 628ff.); Kirchenordnung der Evangelischen Kirche von Westfalen vom 1. Dezember 1953, Artikel 184, Abs. 5, S. 2 (ABl. EKD 1954, S. 119); Campenhausen, Amtsverschwiegenheit von Laienseelsorgern, S. 143

211 §§ 3-5 der Predigthelferverordnung Rheinland (ABl. EKD 1987, S. 147ff.) und § 2 Abs. 2-4 der Ältestenpredigerordnung Nordwestdeutschland (ABl. EKD 1989, 21ff.)

212 § 1 der Predigthelferverordnung Rheinland (ABl. EKD 1987, 147ff.)

213 Stein, Kirchenrecht, S. 116

als Pfarrer innehaben,[214] so reduziert sich der Unterschied zu den voll ausgebildeten Theologen auf die Ehrenamtlichkeit ihres Dienstes und den geringeren Umfang ihrer Ausbildung.[215] Entscheidend ist, dass ein konkreter Dienstauftrag vorliegt, der die Zuteilung und Übernahme von Aufgaben vorsieht, die mehr als gelegentliche öffentliche Wortverkündigung und Sakramentsverwaltung sind und in einer Dienstanweisung festgelegt werden. Da sich die Voraussetzungen für die Ordination ansonsten nicht von denen der Volltheologen und Seminaristen unterscheiden[216] und alle Ordinationen gleichrangig sind,[217] müssten sie im Hinblick auf die Zeugnisverweigerungsrechte wie „Geistliche“ im Sinne der staatlichen Gesetze behandelt werden.[218]

d) Zeugnisverweigerungsrechte für Nichtordinierte

Allerdings darf nicht übersehen werden, dass gerade ein entscheidendes Merkmal des Grundamtes bei den ehrenamtlichen Funktionsträgern nicht immer vorliegt: die Ordination. So kennen nur die evangelisch-reformierte Kirche (Synode ev.-ref. Kirchen in Bayern und Nordwestdeutschland), die Pfälzische Landeskirche und die Evangelische Kirche im Rheinland eine Ausnahme, denn sowohl die ehrenamtlichen Ältestenprediger in Nordwestdeutschland als auch die ehrenamtlich tätigen Prädikanten der Pfalz und die Predigthelfer im Rheinland werden ordiniert.[219] Alle übrigen Landeskirchen beschränken sich aber auf eine „Einführung“, „Beauftragung“, „Berufung“[220] oder Vorstellung mit Verpflichtung und Fürbitte vor der Gemeinde. Ähnliches gilt für andere hauptamtliche kirchliche Mitarbeiter, die mit dem öffentlichen Predigtamt betraut sind.[221] Auch die kirchliche Beauftragung künftiger Religionslehrer geschieht nur durch eine „Vokation“. Diakonissen und Diakone erhalten zu Beginn ihres Dienstes im Rahmen einer gottesdienst-

[214] So beispielsweise ausdrücklich § 8 des Pfarrergeseztes der EKU (ABl. EKD 1991, 237ff.)
[215] Siegmund, Ordination, S. 58
[216] § 3 des Ordinationsgesetzes Pfalz (ABl. EKD 1973, S. 242ff.) und Art. 67 Abs. 4 der Kirchenordnung Rheinland (ABl. EKD 1995, 140f.)
[217] Art. 34 Abs. 1 Nr. 3 Grundordnung EKD, ABl. 1984, S. 249; Campenhausen, Das Zeugnisverweigerungsrecht von Prädikanten, S. 274 m. entspr. Nw.
[218] Ebenso: Campenhausen, Zeugnisverweigerungsrecht von Prädikanten, S. 278
[219] Siegmund, Ordination, S. 58f. m.w.Nw.
[220] Ders., S. 57, Anm. 343
[221] So auch bei Mitarbeitern und Mitarbeiterinnen in Verkündigung, Seelsorge und Bildungsarbeit, Westfalen (ABl. EKD 1992, S. 184); Kirchengesetz über Beauftragung zum Dienst an Wort und Sakrament für Mitarbeiterinnen und Mitarbeiter in Verkündigung, Seelsorge, Diakonie und Bildungsarbeit, Rheinland (ABl. EKD 1995, S. 142)

lichen Handlung eine „Einsegnung", denn als ihr Amt wiederbelebt wurde, sollte ihre Tätigkeit bewusst von der Ordination der Pfarrer abgegrenzt werden. Eine Ordination ist weiterhin auch nicht für Gemeindepädagogen oder die Betrauung mit kirchenleitenden geistlichen Ämtern wie denen des Dekans, Superintendenten oder Generalsuperintendenten, zum katechetischen, kirchenmusikalischen oder Verwaltungsdienst vorgesehen, sondern lediglich eine gottesdienstliche Einführung.[222]

Ob aber diese Arten der Aufnahme in den kirchlichen Dienst im Hinblick auf die zeugnisverweigerungsberechtigten Geistlichen ohne weiteres alle gleichgesetzt werden dürfen, ist fraglich. Zwar hat die Ordination mit den anderen Amtshandlungen, die in den kirchlichen Dienst an Wort und Sakrament führen, durchaus Gemeinsames, denn alle Einführungshandlungen sind ausgerichtet auf die Indienstnahme des Kandidaten oder der Kandidatin durch die Gemeinde. Sie anerkennt das von Gott gegebene Charisma, vertraut auf seine Bewährung in dem ihm entsprechenden kirchlichen Amt. Aber dennoch ist die Ordinationshandlung von den anderen Arten der Aufnahme zu unterscheiden. Die Besonderheit der Ordination liegt darin, dass sie von ihrem geistlichen Sinn und Wesen her in den lebenslangen Dienst an der öffentlichen Verkündigung führt und Veränderungen in Ort, Form und Gestalt der Dienstausübungen von Beginn an zustimmt.[223] Die Ordination bedeutet gegenüber den anderen Einführungshandlungen daher zwar nicht weniger, aber anderes. Sie vermittelt kein geistliches Mehr gegenüber anderen Einführungshandlungen, aber einen eigenen, besonderen Auftrag.[224] Eine Gleichsetzung der Ordination mit anderen Einführungshandlungen ist somit nicht möglich. Dies ist offensichtlich bei jenen, die in einen Dienst gelangen werden, der sich deutlich vom Tätigkeitsbereich des Pfarrers abhebt. Wie aber verhält es sich mit jenen Beschäftigten, die ausdrücklich zum Dienst an Wort und Sakrament eingeführt werden?

So wichtig die Unterscheidung zwischen Ordination und bloßer Einführung auch ist, die Bestimmung der zeugnisverweigerungsberechtigten Geistlichen setzt letztendlich eine Wechselwirkung zwischen staatlicher Gesetzgebung und kirchlichem Selbstbestimmungsrecht voraus. Die theologischen und kirchenrechtlichen Unterschiede zwischen Ordinierten und den auf andere Weise in den kirchlichen Dienst Eingeführten müssen daher auf ihre Relevanz für den gesetzlichen Begriff „Geistliche" geprüft werden. Da eine Hierarchie zwischen Pfarrer und anderen Ämtern ausdrücklich abgelehnt wird,[225] kommt

---

[222] Stein, Ordination, S. 81
[223] a.a.O., S. 86
[224] a.a.O., S. 87
[225] Münter, Begriff und Wirklichkeit des geistlichen Amtes, S. 11ff.

es entscheidend darauf an, ob die fraglichen Funktionsträger im Schutzbereich der staatlichen Gesetze handeln und die dazu erforderlichen Voraussetzungen vorliegen. Das historisch gewordene Pfarramt aber stellt nur eine der möglichen Formen des Dienstes am Wort und Sakrament dar. Wie erläutert, kann es auch in anderen Rechtsformen und unter anderen Bedingungen ausgeübt werden, wenn es sich dabei nicht allein um die Wahrnehmung bloßer Abspaltungen gewisser Teilaufgaben vom Leitbild des Pfarrers handelt.[226] Soweit aber der gleiche Dienst auch außerhalb des ordinierten Pfarramtes geleistet wird, könnten diese Dienste sogar statt vermittels einer Einführungsfeier mit dem gleichen Zugang in Form eines Ordinationsgottesdienstes beginnen, wenn dies in den Kirchengesetzen vorgesehen wäre, da ein rechtstheologischer Grund dagegen nicht besteht.[227] Daher kann gefolgert werden, dass es nicht auf die liturgische Form am Beginn eines Dienstes ankommen darf, ob auch Nichtordinierte, die zur Wortverkündigung und Sakramentenverwaltung bestellt sind, als Geistliche im Sinne der säkularen Gesetzgebung anzusehen sind. Denn auch sie üben das Pfarramt im theologischen Sinne auf gleicher Stufe wie der Pfarrer aus, und ihr Dienst umfasst jene Aufgaben, die sie aus der Gemeinde herausheben und in den Schutzbereich der staatlichen Gesetze hineinbringen - vorausgesetzt, sie haben den jeweils erforderlichen Auftrag dazu erhalten. Es kann hingegen nicht darauf ankommen, ob die Berufung zum Predigtamt lebenslang bestehen soll oder nur temporär ist, ob sie in allen Gliedkirchen gilt oder nur lokal. Wichtig ist vielmehr, dass die regelmäßige Ausübung öffentlicher Verkündigung durch Nichtordinierte „in geordneter Weise wahrgenommen" wird,[228] so dass eine rechtliche Bindung an eine konkrete Landeskirche und Gemeinde besteht.[229] Denn dann ergeben sich für die Amtsträger vergleichbare Rechte und Pflichten, die den Anforderungen der staatlichen Gesetze entsprechen. Wer demnach entweder in Verkündigung, Seelsorge oder Bildungsarbeit hauptamtlich oder ehrenamtlich tätig ist und aufgrund einer Ordination oder einer anderen kirchlichen Einführungshandlung, Beauftragung, Einführung oder Einsegnung mit der öffentlichen Wortverkündigung und Sakramentenver-

---

[226] Ähnlich auch Leipziger Kommentar - Hanack, § 139, Rdnr. 8: „Hingegen dürfte die Abspaltung gewisser geistlicher Teilaufgaben vom traditionellen Amt – etwa des Pfarrers – für sich so lange noch nicht ausreichen, wie mit ihr nicht auch eine den Funktionen des Pfarrers vergleichbare Befugnis zur Wortverkündigung und zur Sakramentsverwaltung verbunden ist."

[227] Stein, Ordination, S. 108

[228] Abs. 2 Satz 3 der Einleitung zu den Empfehlungen der VELKD zum Prädikantendienst (ABl. EKD 1970, S. 222f.)

[229] Denn so besteht nicht die Gefahr eines *clerus vagens*; Mehlhausen, Die Ordination, Theologia Practica 20, S. 112

waltung in einer Gemeinde betraut ist, der ist „Geistlicher“ im Sinne der staatlichen Rechtsordnung.[230]

[230] So auch LG Hagen Beschluss vom 27. Dez. 1974 - 9 Qs 1/74 (III) (=ZevKR 1976, 423); Stein, Das strafprozessuale Schweigerecht von Seelsorgehelfern, ZevKR, 1976, S. 419; Seelemann, Der Begriff des Geistlichen, ZevKR 2004, S. 642ff., stellt jedoch auf das Vorliegen jener Kriterien ab, die das BVerfG für die Zeugnisverweigerungsrechte der Sozialpädagogen aufgestellt hat (BVerfGE 33, 367), dazu Teil B., I., 4.

III. Beschränkung der Zeugnisverweigerungsrechte

Der bisherige Gang der Untersuchung hat verdeutlicht, wie sehr das Geistlichenprivileg auf die beiden großen christlichen Konfessionen zugeschnitten ist. Ob damit aber der Kreis der Religionsgemeinschaften, die sich überhaupt auf solch eine Privilegierung berufen dürfen, bereits feststeht, ist zu prüfen. In den letzten Jahrzehnten nämlich hat sich die religionssoziologische Situation in Deutschland massiv verändert. Die relative religiöse Homogenität vergangener Jahrhunderte hat sich aufgelöst. Nach wie vor binden die beiden großen christlichen Kirchen zwar einen großen Anteil der Bevölkerung, dennoch sind manche Bereiche der Gesellschaft mittlerweile völlig „entkirchlicht". In einigen westdeutschen Großstädten machen die Angehörigen der großen christlichen Kirchen kaum noch die Hälfte der Bevölkerung aus, in ganzen Regionen sind Christen inzwischen in der Minderheit.[231] Die vormals sozialistische Prägung Ostdeutschlands hat dazu geführt, dass manche Gebiete nunmehr Diaspora sind. Dieser Säkularisierung des privaten und öffentlichen Lebens steht aber zugleich ein Anstieg spiritueller Angebote jenseits traditioneller Glaubensausübung gegenüber. In diese Lücken drängen atheistische, humanistische und agnostische, areligiöse, neuheidnische, synkretistische, spirituelle, esoterische, neureligöse oder sonstige Bewegungen und Psychokulte, deren Zahl nicht zuverlässig geschätzt werden kann.[232] Das Grundgesetz aber schützt nicht nur die traditionellen historisch gewachsenen Konfessionen.[233] Auch die zahlenmäßige Stärke und die soziale Relevanz der religiösen Vereinigung ist rechtlich nicht mehr entscheidend.[234] Gefordert wird, dass es sich tatsächlich nach geistigem Gehalt und äußerem Erscheinungsbild um eine Religionsgemeinschaft handeln müsse und ein glaubensgeleitetes und -verpflichtetes Handeln nicht nur behauptet, sondern auch plausibel ist.[235] Die Garantie der Religions- und Religionsgesellschaftsfreiheit in Artt. 4 und 140 GG i.V.m. Art. 137 WRV entspricht so einem Religionsbegriff, der vollständig relativiert als säkulare Sammel- und Rahmenbezeichnung für die Religionen und Religionsgemeinschaften aller Welt, aller Art und aller Ausübungsformen, einschließlich der Religionslosigkeit

---

[231] Bundeszentrale für politische Bildung, Datenreport 2002, S.170ff.

[232] Deutscher Bundestag, Zwischenbericht der Enquete-Kommission „Sog. Sekten und Psychogruppen" v. 27.06.1997 m.w.Nw., BT-Dr. 13/8170, u.a. S. 44ff.

[233] BVerfGE 12, 1 (4); krit. dazu: Müller-Volbehr, Grundrecht der Religionsfreiheit, S. 305

[234] BVerfGE 32, 98 (106)

[235] BVerfGE 38, 341 (353); 47, 327 (385); 50, 256 (262); BVerfG NJW 1993, 455

und Religionsgegnerschaft ohne jede inhaltliche Definition, Bewertung und Differenzierung seitens der Verfassung verstanden wird.[236]
Die religionssoziologische Pluralität und die Weite des Art. 4 Abs. 2 GG wirkt sich entsprechend auf den Personenkreis der zeugnisverweigerungsberechtigten Geistlichen und deren Mitarbeiter aus. Die Frage, welche Religionsgemeinschaften sich heute auf das Geistlichenprivileg berufen können, erweist sich daher als eine schwierige, aber notwendige. Da die Verweigerungsmöglichkeit einen erheblichen Verzicht des Staates auf die Durchsetzung seines Wahrheitsanspruches darstellt, könnte eine großzügige Lösung, wie sie Art. 4 GG zunächst nahe legen würde, gefährlich sein. Die überwiegende Meinung in der Kommentarliteratur will daher nur die Geistlichen der christlichen Kirchen und der sonstigen anerkannten öffentlich-rechtlichen Religionsgemeinschaften unter die zur Zeugnisverweigerung berechtigenden Normen subsumieren und andere Religionsgemeinschaften davon ausschließen.[237] Auf eine fundierte Begründung jedoch verzichten die Kommentatoren. Sie beschränken sich allgemein auf den Hinweis, dass es andernfalls an einem entscheidenden Merkmal für die Bestimmung des Begriffs „Geistliche" fehlen würde und die nur auf öffentlichen Gründen beruhende Vorzugsstellung ohne Grund auf andere Personen ausgedehnt würde.[238] Andernfalls bestünde nämlich keine hinreichende Gewähr für den verantwortungsvollen Umgang mit diesem Recht.[239]

1. Zeugnisverweigerungsrechte nur für Geistliche der christlichen Kirchen?

Eine Beschränkung der Zeugnisverweigerungsrechte allein auf die Geistlichen der christlichen Religionsgemeinschaften erscheint vor dem Hintergrund der historischen Genese dieses Privilegs zunächst auch sinnvoll. Aufgrund der engen Verknüpfung des Zeugnisverweigerungsrechtes mit der christli-

---

236 Heckel, Die religionsrechtliche Parität, HdbStKirchR, Bd. I, S. 606f.

237 Löwe/Rosenberg - Dahs, § 53, Rdnr. 23; Kleinknecht/Meyer-Goßner, § 53, Rdnr. 12; Karlsruher Kommentar - Senge, § 53, Rdnr. 11; KMR - Paulus, § 53, Rdnr. 7; Schmidt, Eb., StPO Lehrkommentar II, § 53, Erl. 9; Münchner Kommentar - Damrau, § 383, Rdnr. 22; a.A.: Leipziger Kommentar - Hanack, § 139; Rdnr. 6; Heidelberger Kommentar - Lemke, § 53 Rdnr. 9; Haas, Die Reichweite des Geistlichenprivilegs, S. 639; Eser, Schutz von Religion und Kirchen, HdbStKirchR, Bd. II, S. 1040; Stein/Jonas - Berger, § 383 III, Rdnr. 36.; Baumbach/Lauterbach/Albers/Hartmann, § 383, Rdnr. 5

238 Löwe/Rosenberg - Dahs, § 53, Rdnr. 20; Schmidt, Eb., StPO Lehrkommentar II, § 53 Rdnr. 9

239 Ling, Zum Geistlichenpriveleg im Strafrecht, S. 326; Leipziger Kommentar - Hanack, (10. Aufl.), § 139, Rdnr. 6

chen Beichtpraxis und der damit verbundenen Seelsorge liegt es nahe, diese prozessuale Sonderbehandlung nur auf Vertreter jener Institutionen zu beschränken, deren Tätigkeit sich vom christlichen Ursprung herleitet und die inhaltlich, begrifflich und praktisch auf das engste damit verwoben ist. Unabhängig von der facettenreichen Ausprägung der christlichen Religionsgemeinschaften finden sich nämlich bestimmte Grundmuster in allen christlichen Glaubensgemeinschaften wieder. So ist es allen christlichen Kirchen eigen, dass sie sich auf die Grundlagen des Alten und Neuen Testaments beziehen und die Lehre der Bibel zur Grundlage ihres Glaubens gemacht haben. Sie ähneln sich in ihrer Organisationsstruktur, da sie ihren Gemeindeaufbau am Beispiel der biblischen Apostel und der frühen Gemeinden orientieren. Schuld und Vergebung zählen zu den zentralen Bestandteilen der christlichen Lehre und sind oftmals Mittelpunkt des besonderen Vertrauensverhältnisses der Gläubigen mit den Seelsorgern. Die Seelsorger bemühen sich im Rahmen der tätigen Nächstenliebe nach dem Vorbild Jesu zu handeln. Die christlichen Kirchen fragen nach dem Woher und Wohin menschlicher Existenz und wollen ethische und sittliche Orientierung geben.
Trotz dieser und anderer Gemeinsamkeiten stellen die christlichen Religionsgemeinschaften aber keine homogene Gruppe dar. Denn keineswegs ist durch das Attribut „christlich" gewährleistet, dass die Religionsgemeinschaften, die unter dieser Bezeichnung firmieren, auch tatsächlich über jene Eigenschaften verfügen, die schützenswert erscheinen. Zwar ist die Bibel in der Regel Grundlage der christlichen Religionsgemeinschaften, jedoch kommt es aufgrund differierender Übersetzungs- und Auslegungsweisen zu unterschiedlichsten Lehren und Strukturen. Einige Religionsgemeinschaften, wie beispielsweise die katholische und evangelische Kirche, verfügen zwar über ein wissenschaftliches Korrektiv, das vor Willkür bewahrt, jedoch gilt das keinesfalls für alle christlichen Religionsgemeinschaften, so dass die Inhalte des Glaubens äußerst variantenreich sein können, bis hin zu einer völligen Loslösung von dem, was traditionellerweise seit Jahrhunderten zur christlichen Kultur in Europa zählt. Dies hat Auswirkungen sowohl auf die ethischen und moralischen Handlungsweisen als auch auf den Umgang mit Andersgläubigen, den Stellenwert von Gesellschaft, Familie und Frauen. Die Religionsgemeinschaften können völlig hierarchielos agieren und auf herausgehobene Personen, die als Seelsorger mit den Gläubigen ein besonderes Vertrauensverhältnis praktizieren, ganz verzichten oder sogar allen Mitgliedern die gleiche Bedeutung einräumen. Auch könnte es sich um eine christlich fundamentalistische Organisation handeln, die zu den vom Gesetzgeber beabsichtigten Schutzzwecken diametral ausgerichtete Ziele verfolgt und keinesfalls im Allgemeininteresse tätig ist. Die schwer überschaubare Anzahl

jener Religionsgemeinschaften, die sich des Attributes „christlich" bedienen, führt dazu, dass letztlich kaum einer der Schutzzwecke, um deretwillen die Ausnahme von der Zeugenpflicht besteht, garantiert werden kann, denn ein „markenrechtlicher" Schutz für diese Bezeichnung existiert nicht. Die weltanschauliche Neutralität des Staates aber lässt eine Kontrolle im Sinne einer inhaltlichen Bewertung der christlichen Religionsgemeinschaften als „gut", „wahr", „wertvoll" oder ähnlichem nicht zu,[240] so dass ein Missbrauch der Zeugnisverweigerungsrechte auch von ihnen nicht ausgeschlossen ist. Eine Reduzierung dieses Privilegs auf die Geistlichen der „christlichen Kirchen" stellt daher keine zweckmäßige Eingrenzung des zeugnisverweigerungsberechtigten Personenkreises dar.

2. Zeugnisverweigerungsrechte nur für Geistliche der öffentlich-rechtlich korporierten Religionsgemeinschaften?

Wenn, wie dargelegt, eine Beschränkung des Zeugnisverweigerungsrechts auf die Geistlichen der christlichen Kirchen kein wirksames Begrenzungskriterium darstellt, könnte es aber sinnvoll erscheinen, der Kommentarliteratur zumindest dahingehend zu folgen, nur den Geistlichen der öffentlich-rechtlich anerkannten Religionsgemeinschaften das Privileg zur Verweigerung des Zeugnisses zu gewähren. Unter dem Begriff der staatlich anerkannten Religionsgemeinschaft werden jene Religionsgemeinschaften verstanden, die gemäß Art. 140 GG i.V.m. Art. 137 Abs. 5 WRV den Status einer öffentlich-rechtlichen Körperschaft besitzen. Im Gegensatz zur kaum übersehbaren Zahl jener Religionsgemeinschaften, die sich als privatrechtliche Vereinigung organisiert haben,[241] besitzt in Deutschland zur Zeit nur eine begrenzte Anzahl von Religionsgemeinschaften den Status der öffentlich-rechtlichen Körperschaft.[242] Durch eine Beschränkung des Geistlichenprivilegs auf die korporierten Religionsgemeinschaften könnte verhindert werden, dass der Kreis der Berechtigten ausufert; zugleich jedoch ist er nicht auf die christlichen Kirchen reduziert, sondern ermöglicht auch anderen Religions-

---

240 Müller-Vollbehr, Das Grundrecht der Religionsfreiheit, S. 303 m.w.Nw.

241 Deutscher Bundestag, Zwischenbericht der Enquete-Kommission „Sog. Sekten und Psychogruppen" v. 27.06.1997 m.w.Nw., BT-Dr. 13/8170, u.a. S. 44ff., 78ff.

242 Kirchhof, Die Kirchen und Religionsgemeinschaften als Körperschaften des öffentlichen Rechts, HdbStKirchR, Bd. I., S. 678; Aktuelle Übersicht Stand Oktober 2004: http://www.uni-trier.de/ ievr/religionsgemeinschaften.htm

gemeinschaften und unter Umständen sogar Weltanschauungen[243] Berücksichtigung zu finden, wenn sie diesen Status besitzen.
Der öffentlich-rechtliche Status der Religionsgemeinschaften ist nicht mit dem Status jener öffentlich-rechtlichen Körperschaften zu vergleichen, die in den Staat organisch eingegliederte Verbände sind.[244] Aber er erfasst immerhin in einem eigenen staatskirchenrechtlichen Begriff[245] die Religionsgemeinschaften als verfassungserhebliche, in ihrem geistigen Bereich selbstbestimmte und unabhängige, zu geistiger Leistung berufene Lebensverbände.[246] Die korporierten Religionsgesellschaften beanspruchen als Grundrechtsberechtigte Distanz zum Staat, ohne ihrerseits in ihrem Wirken ganz vom Staat getrennt zu sein.[247] Der Anerkennung als Körperschaft des öffentlichen Rechts liegt die Überzeugung des Staates von der besonderen Wirksamkeit dieser Religionsgemeinschaften, von ihrer gewichtigen Stellung in der Gesellschaft und der sich daraus ergebenden Gewähr der Dauer zugrunde.[248] Auch sind mit dem Körperschaftsstatus zahlreiche Vergünstigungen verbunden, die den privatrechtlich organisierten Vereinigungen nicht zur Verfügung stehen. Solche Vergünstigungen bewirken erhöhte Einflussmöglichkeiten, aber zugleich auch erhöhte Gefahr, diesen Einfluss zum Nachteil der Mitglieder der Religionsgemeinschaft oder anderer Verfassungsgüter zu mißbrauchen. Deshalb wird der Körperschaftsstatus nur dann verliehen, wenn die Religionsgemeinschaften über bestimmte Voraussetzungen verfügen. Aufgrund solcher Voraussetzungen könnte es zweckmäßig sein, die Zeugnisverweigerungsrechte für Geistliche und ihre Mitarbeiter ebenfalls an den Körperschaftsstatus zu koppeln. Die Verleihungsvoraussetzungen könnten nämlich positiv auf die Zeugnisverweigerungsrechte zurückstrahlen, so dass bei Vorliegen dieser Voraussetzungen die Geeignetheit dieser Religionsgemeinschaften und ihrer Geistlichen für die Privilegierung impliziert wäre.

[243] Dies lässt sich zumindest für jene denken, die den Religionsgemeinschaften so ähnlich sind, dass eine Trennung nicht sinnvoll erscheint. Andererseits ist es fragwürdig, ob auch in einer Weltanschauungsgemeinschaft Seelsorge ausgeübt werden kann und Funktionsträger als Geistliche tätig sein können.

[244] BVerfGE 66, 1 (20) unter Hinweis auf BVerfGE 18, 385 (386); BVerfGE 19, 1 (5); 30, 415 (428); 42, 312 (321f., 332)

[245] Hollerbach, Grundlagen des Staatskirchenrechts, HStR, VI, § 138, Rdnr. 19; Badura, Staatskirchenrecht als Gegenstand des Verfassungsrechts, HdbStKirchR, Bd. I, S. 236ff.

[246] Kirchhof, Die Kirchen und Religionsgemeinschaften als Körperschaften des öffentlichen Rechts, HdbStKirchR, Bd. I, S. 657

[247] a.a.O., S. 655

[248] BVerfGE 66, 1 (20) unter Hinweis auf BVerfGE 18, 385 (387); 19, 129 (134)

a) Normative Verleihungsvoraussetzungen

Die Weimarer Reichsverfassung sah gemäß Art. 137 Abs. 5 S. 1 die Verleihung des Körperschaftsstatus nur an jene Religionsgemeinschaften vor, die diesen Status bereits innehatten oder durch ihre Verfassung und die Zahl ihrer Mitglieder die Gewähr der Dauer boten. Durch die Übernahme dieser Artikel in Art. 140 GG gelten diese Voraussetzungen auch für jene Religionsgemeinschaften, die heute diesen Status anstreben. Einer Vereinigung, die den Körperschaftsstatus anstrebt, muss daher in einer gewissen Beständigkeit ein personelles Gewicht zukommen.[249] Mindestens jeder tausendste Einwohner eines Bundeslandes, in dem der Körperschaftsstatus beantragt wird, sollte Mitglied der jeweiligen Religionsgemeinschaft sein.[250] Auch sollten die Alterszusammensetzung sowie die örtliche Zugehörigkeit der Mitglieder Stetigkeit erwarten lassen.[251] Dies liegt vor, wenn die Religionsgemeinschaft über mindestens eine Generation, also im Regelfall 30 Jahre, Bestand gehabt hat.[252] Im Hinblick auf die Zeugnisverweigerungsrechte würde dies bedeuten, dass Geistliche solcher Religionsgemeinschaften, die nur eine unbedeutende Zahl von Mitgliedern haben, erst seit kurzem bestehen und nicht über eine gewisse Stabilität und Eigenständigkeit verfügen, von den Zeugnisverweigerungsrechten ausgeschlossen sind. Die Zeugnisverweigerungsrechte kämen also nur jenen Geistlichen und Mitarbeitern zugute, deren Glaubensgemeinschaft zumindest das Gründungsstadium überschritten hat. Außerdem würde verhindert, dass den staatlichen Organen gänzlich unbekannte Gruppierungen, die über keinerlei gesellschaftliche Bedeutung verfügen, im gerichtlichen Verfahren gegenüber treten und sich auf Zeugnisverweigerungsrechte berufen.

Die Gewähr der Dauer wird im Übrigen weiterhin nur dann angenommen, wenn die Religionsgemeinschaft eine bestimmte Verfasstheit nachweisen kann. Gefordert wird ein rechtlich greifbarer Gesamtzustand. Neben hinreichender Finanzausstattung zählt hierzu eine rechtlich fassbare Organisation in Form einer Verwaltungsgemeinschaft mit nach außen vertretungsberechtigten Organen. Weiterhin soll durch regelmäßige Zusammenkünfte der Mitglieder ein intensives religiöses oder weltanschauliches Leben dokumentiert werden, das sich in einem Mindestmaß an lokaler Gemeindeorganisation zeigt. Dies soll Ausdruck finden in einer angemessenen Versorgung mit gottesdienstlichen

---

249 Weber, Die Verleihung der Körperschaftsrechte an Religionsgemeinschaften, ZevKR 1989, S. 355 (Anm. 88)

250 a.a.O., S. 354f. m.w.N.

251 a.a.O., S. 354

252 Held, Die kleinen öffentlich-rechtlichen Religionsgemeinschaften im Staatskirchenrecht der Bundesrepublik, S. 117f.

und seelsorgerischen Angeboten, die für das öffentliche Leben nicht gänzlich unbedeutend sind.[253] Das Vorliegen dieser Verleihungsvoraussetzungen würde den Gerichten eine größere Rechtssicherheit bei der Anwendung der Zeugnisverweigerungsrechte ermöglichen. Sie könnten effizient prüfen, ob nachvollziehbar und begründbar eine Struktur und Organisation der Religionsgemeinschaft vorliegt, die auch die Funktion eines Geistlichen vorsieht, wer dieses Amt im Sinne der verweigerungsberechtigenden Normen innehat und wie die Mitarbeiter diesem Geistlichen zugeordnet sind. Sie könnten prüfen, ob seelsorgerische Betreuung überhaupt stattfindet und ob Regeln vorhanden sind, die ein Vertrauensverhältnis und einen potentiellen Gewissenskonflikt entstehen lassen. Die korporierten Religionsgemeinschaften bieten nämlich aufgrund ihrer Satzung – oft sogar schriftlich fixiert – Strukturen, die mindestens eine klare Organisationsform mit Verfahren der Willensbildung enthalten sowie mit Organen und nicht zuletzt Instanzen, die authentisch und verbindlich über Lehre und Ordnung zu entscheiden haben.[254] Dies würde bei der praktischen Anwendung der Zeugnisverweigerungsrechte Klarheit schaffen und jene Religionsgemeinschaften ausschließen, die nur als loser Verbund am Rande der Verfassungsgemäßheit existieren.

Ob jedoch diese Verleihungsvoraussetzungen tatsächlich vorliegen, lässt sich oft nur schwer feststellen. Selbst wenn die Voraussetzungen zum Zeitpunkt der Verleihung vorhanden sind, so ist noch nicht gesagt, dass sie auch in der Folgezeit erfüllt werden. Hinzu kommt, dass die genannten Kriterien auch nicht immer fest zu umreißen sind. So ist die Zahl der Mitglieder nicht prinzipiell ausschlaggebend. Ausnahmen wurden beispielsweise bei den Jüdischen Gemeinden gemacht oder sind bei hoher Repräsentanz im Ausland möglich.[255] Des weiteren wird das Kriterium der Dauerhaftigkeit darauf beschränkt, ob die Religionsgemeinschaft noch zukünftig Bestand hat.[256] Bei der Ausübung der Zeugnisverweigerungsrechte kann es aber kaum darauf ankommen, ob die Religionsgemeinschaft auch noch nach einer verweigerten Aussage fortdauernd besteht. Ebensowenig kann die finanzielle Situation der Religionsgemeinschaft dafür ausschlaggebend sein.

---

[253] Kirchhof, Die Kirchen und Religionsgemeinschaften als Körperschaften des öffentlichen Rechts, HdbStKirchR, Bd. I, S. 685 m.w.Nw.

[254] Hollerbach, Grundlagen des Staatskirchenrecht, HbStR, § 139, VI, S. 135; Muckel, Muslimische Gemeinschaften als Körperschaften des öffentlichen Rechts, S. 314

[255] „Empfehlungen der Kultusministerkonferenz über die Verleihung der öffentlichen Körperschaftsrechte an Religionsgesellschaften und Weltanschauungsvereinigungen" von 1954, abgedruckt bei Weber, Die Verleihung der Körperschaftsrechte an Religionsgemeinschaften, ZevKR 1989, S. 377f.

[256] Link, Zeugen Jehovas und Körperschaftsstatus, ZevKR 1998, S. 1, 17f.

Grundsätzlich ist auch zu bedenken, dass gar nicht alle Religionsgemeinschaften den Körperschaftsstatus anstreben. Zwar gibt es seit einigen Jahren eine Reihe von Bewerbern,[257] dennoch gibt es auch solche Gruppierungen, die diesen Status für sich bewusst ablehnen. Wenn sich ihre Geistlichen aber auf ein Zeugnisverweigerungsrecht berufen wollten, müssten ihre Religionsgemeinschaften den Körperschaftsstatus innehaben. Aber selbst wenn eine Religionsgemeinschaft sich für diesen Status entscheidet, ergeben sich im Hinblick auf die Zeugnisverweigerungsrechte Widersprüche.[258] Als besonders gravierendes Problem erweist sich nämlich die unterschiedliche Anerkennungspraxis der einzelnen Bundesländer. Wird eine Religionsgemeinschaft in einem Bundesland als Körperschaft des öffentlichen Rechts anerkannt und ihr der Status in einem anderen versagt, so hätte dies nicht hinnehmbare Folgen für die Anwendung der Zeugnisverweigerungsrechte. Denn würde einem Geistlichen in dem Bundesland, in dem seine Glaubensgemeinschaft den Körperschaftsstatus besitzt, etwas bei Ausübung der Seelsorge bekannt, so könnte er sich auf die Zeugnisverweigerungsrechte berufen. Der gleiche Sachverhalt würde aber in einem anderen Bundesland, das seiner Gemeinschaft den Status als Körperschaft versagt, zu einer Zeugenpflicht führen.[259]

b) Ungeschriebene Verleihungsvoraussetzungen

Über den gesetzlichen Wortlaut des Art. 140 GG i.V.m. Art. 137 Abs. 5 Satz 2 WRV hinaus wird die Verleihung der Körperschaftsrechte auch an ungeschriebene Voraussetzungen geknüpft.[260] Denn die Verleihungsvoraussetzungen seien bei der Entstehung des Art. 140 GG nicht abschließend und

---

257 Zu denen neben den Zeugen Jehovas auch islamische Gemeinschaften, der Humanistische Verband sowie eine Reihe kleinerer Kirchen und weltanschaulicher Gruppierungen gehören, Reupke, Die Religionskörperschaften des öffentlichen Rechts, KuR 1997, S. 91; Weber, Die Verleihung der Körperschaftsrechte an Religionsgemeinschaften, ZevKR 1989, S. 370; Muckel, Muslimische Gemeinschaften als Körperschaften des öffentlichen Rechts, DÖV 1995, S. 311

258 Haas, Die Reichweite des Geistlichenprivilegs, KuR 1998, S.174; ders., Zeugnisverweigerungsrecht des Geistlichen, NJW 1990, S. 3254; Heidelberger Kommentar – Lemke, § 53, Rdnr. 9

259 Dies gilt zur Zeit für die Kirche Jesu Christi der Heiligen der letzten Tage (Mormonen) für die Christengemeinschaft und die Neuapostolische Kirche; Haas, Die Reichweite des Geistlichenprivilegs, KuR 1998, S. 171; Heidelberger Kommentar – Lemke, § 53, Rdnr. 9

260 BVerwGE 105, 115 (117); Muckel, Religionsgemeinschaften als Körperschaften, Der Staat 1999, S. 569; Tillmanns, Zur Verleihung des Körperschaftsstatus, DÖV 1999, S. 441, 444ff.; kritisch dazu: Weber, Die Religionsfreiheit im nationalen und internationalen Verständnis, ZevKR 2000, S. 128; Korioth, Gedächtnisschrift Jeand'Heur, S. 221ff.; Robbers, Festschrift Heckel, S. 411ff.

im Einzelnen geregelt worden, so dass weitere Verleihungsvoraussetzungen erforderlich seien.[261] Dem Staat komme nämlich eine Verantwortung für die Wahrung und den Schutz der Grundwerte der Verfassung zu, falls eine Religionsgemeinschaft ihre mit dem Körperschaftsstatus verbundenen Privilegien missbraucht, so dass es einer genauen Prüfung der Verleihungsvoraussetzungen bedarf.[262] Aus diesen ungeschriebenen Verleihungsvoraussetzungen könnten sich andere Gründe dafür entnehmen lassen, das Zeugnisverweigerungsrecht nur jenen Religionsgemeinschaften zuzusprechen, die auch den Ansprüchen für den öffentlich-rechtlichen Körperschaftsstatus genügen.

aa) Rechtstreue

Sowohl Rechtsprechung als auch Literatur fordern als eine der ungeschriebenen Voraussetzungen für die Verleihung des Körperschaftsstatus die „Rechtstreue" der antragstellenden Religionsgemeinschaft.[263] Demnach dürfen Religionsgemeinschaften, die den Körperschaftsstatus besitzen oder erlangen möchten, in ihrem Handeln nicht gegen das geltende Recht verstoßen.[264] Das Bundesverfassungsgericht verlangt von Religionsgemeinschaften, die den Körperschaftsstatus beantragen, die Gewähr dafür, dass ihr künftiges Verhalten die in Art. 79 Abs. 3 GG umschriebenen Fundamentalprinzipien der Verfassung, namentlich das Rechtsstaats- und das Demokratieprinzip, die dem staatlichen Schutz anvertrauten Grundrechte Dritter sowie die Grundsätze des freiheitlichen Staatskirchenrechts nicht gefährden.[265] Im Hinblick auf die Zeugnisverweigerungsrechte bedeutet dies, dass entscheidende Selektionsmechanismen vorliegen könnten, um jene Religionsgemeinschaften, die verantwortungsvoll mit den Zeugnisverweigerungsrechten umgehen, von jenen, die es missbrauchen würden, zu unterscheiden. So setzt das Rechtsstaatsprinzip selbstverständlich auch die Achtung der verfahrensrechtlichen Normen im Straf- und Zivilprozess voraus, die bei den korporierten Religionsgemeinschaften zu einer gewissenhaften Anwendung der Zeugnisverwei-

---

[261] Weber, Der Körperschaftsstatus, Religion – Staat – Gesellschaft 2001, S. 67ff.

[262] BVerfGE 96, 375 (398); Jeand'Heur/Korioth, Grundzüge des Staatskirchenrechts, S. 171, Rdnr. 240ff.; Muckel, Religionsgemeinschaften als Körperschaften, Der Staat 1999, S. 591f.

[263] Weber, Die Verleihung der Körperschaftsrechte an Religionsgemeinschaften, ZevKR 1989, S. 337, 356 m.w.Nw.; Müller-Volbehr, Rechtstreue und Staatsloyalität, NJW 1997, S. 3358; Abel, Zeugen Jehovas, NJW 1997, S. 2371; Link, Zeugen Jehovas und Körperschaftsstatus, ZevKR 1998, S. 1, 20

[264] BVerfGE 102, 370 (390ff.); Thüsing, Kirchenautonomie und Staatsloyalität, DÖV 1998, S. 25,26; Weber, Körperschaftsstatus für die Religionsgemeinschaft der Zeugen Jehovas, S. 172, 201; Link, Zeugen Jehovas und Körperschaftsstatus, ZevKR 1998, S. 1, 20

[265] BVerfGE 102, 370 (392)

gerungsrechte führen könnte. Ähnliches lässt sich im Hinblick auf den Schutz der Grundrechte Dritter sagen. Denn die Rechte aus Art. 140 GG i.V.m. Art. 137 Abs. 5 S. 2 WRV finden dort ihre Grenzen, wo die Rechtsausübung zu Beeinträchtigungen der Grundrechte anderer oder sonstiger in der Verfassung geschützter Rechtsgüter führt. Der Körperschaftsstatus ist demnach undenkbar für Gruppen, die ihre Mitglieder in einem repressiven oder totalitären Zwangssystem organisieren, sie durch sozialen Druck, durch psychische oder sogar physische Gewalt beherrschen oder strukturell organisierte Zwänge ausüben, die in menschenverachtender Weise in die Würde und den unverzichtbaren Kern des Selbstbestimmungsrechts der Mitglieder eingreifen.[266] Standen früher ausschließlich politisch oder wirtschaftlich agierende Gemeinschaften in Verdacht, unter dem Deckmantel einer Religionsgemeinschaft die Rechtsordnung zu bedrohen, sind es gegenwärtig eher Gruppen im Umfeld des islamistischen Terrorismus, die den religiösen Raum möglicherweise für ihre Zwecke missbrauchen.[267] Könnten Mitglieder solcher Gruppierungen das Privileg der Zeugnisverweigerung für sich nutzen, würde der Staat seine eigene Handlungsfähigkeit zur Bekämpfung solcher Praktiken in unverantwortlicher Weise reduzieren. Wird das Zeugnisverweigerungsrecht jedoch als ein auf die korporierten Religionsgemeinschaften beschränktes Recht angesehen, könnte solchem Missbrauch möglicherweise vorgebeugt werden. Ergänzt wird dies durch die geforderte Achtung der Grundprinzipien des Staatskirchenrechts. Demnach sind die korporierten Religionsgemeinschaften verpflichtet, die Prinzipien der religiös-weltanschaulichen Neutralität des Staates sowie der Parität der Religionen und Bekenntnisse zu achten. Damit unvereinbar wäre die Zerstörung von Einrichtungen anderer Religionsgemeinschaften unter Einsatz von Gewalt, das Streben nach einer Staatskirche oder danach, die bestehende staatliche Ordnung durch eine Theokratie zu ersetzen.[268] Religionsgemeinschaften, von denen solches Verhalten nicht zu erwarten ist und die die Freiheit des liberalen Staats nicht ausnutzen, sondern sich solide auf dem Boden des Staatskirchenrechts bewegen, werden wohl auch das Privileg des Zeugnisverweigerungsrechts nicht zweckentfremden. Die korporierten Religionsgemeinschaften agieren im Idealfall mit dem Wissen, in eine freiheitsgestaltende Verfassungsordnung eingefügt zu sein, in der Freiheit mit Bindung korrespondiert, staatlicher und kirchlicher Auftrag aufeinander bezogen und beide Organisationen wechsel-

[266] Reupke, Die Religionskörperschaften des öffentlichen Rechts, S.18, KuR 1997, S. 102 m.w.Nw.

[267] Der Verfassungsschutzbericht des Bundes 2003 weist 24 islamistische Organisationen mit insgesamt 30950 Mitgliedern in Deutschland nach, die zum Teil gewaltbereit seien.

[268] Zacharias, Verfassungsrechtliche Voraussetzungen für die Verleihung der Körperschaftsrechte, KuR 2001, S. 41 m.w.Nw.

seitig aufeinander angewiesen sind.[269] Deshalb scheint die von den Religionsgemeinschaften geforderte „Rechtstreue“ als zusätzliche Voraussetzung für die Erlangung und den Erhalt des Körperschaftsstatus auch zugleich ein hilfreiches Kriterium für die notwendige Begrenzung des Kreises der zeugnisverweigerungsberechtigten Geistlichen und deren Gehilfen darzustellen. Jedoch gibt es gegenüber diesen Verleihungsvoraussetzungen auch erhebliche Kritik.[270] Die Grenzen, die eine Religionsgemeinschaft nicht überschreiten darf, sind nämlich ohnehin durch die Verfassung gezogen,[271] so dass der Körperschaftsstatus als Maßstab gar nicht zwingend benötigt wird. An geltendes Recht hat sich jeder Bürger und jede Vereinigung zu halten.[272] Daher wird teilweise bejaht, dass für die Religionsgemeinschaften auch nichts anderes gelten soll als für Vereinigungen, so dass gem. Art. 9 Abs. 2 GG eine Religionsgemeinschaft zumindest dann verboten werden kann, wenn sie den Strafgesetzen zuwider handelt oder sie gegen die verfassungsmäßige Ordnung agiert.[273] Bisher fielen die Religionsgemeinschaften zwar auch aus dem Anwendungsbereich des Vereinsgesetzes heraus, so dass die Möglichkeit des Verbotes einer Religionsgemeinschaft nach § 3 Abs. 1 VereinsG ausgeschlossen war. Als Reaktion auf die Zunahme terroristischer Gefahren wurde das sogenannte vereinsrechtliche Religionsprivileg des § 2 Abs. 2 Nr. 3 VereinsG jedoch aufgehoben,[274] so dass trotz kritischer Hinweise der Rechtsliteratur nunmehr das Verbot von Religionsgemeinschaften leichter durchzusetzen ist.[275] Wenn eine Religionsgemeinschaft offensichtlich nicht integer ist, so wird der sanktionierende Hebel daher nicht am Körperschaftsstatus anzusetzen sein, sondern über andere Rechtsinstitute bewegt werden müssen. Die Prüfung der Rechtstreue einer Religionsgemeinschaft im Rahmen der Verleihung des Körperschaftsstatus geschieht höchstens als eine Art „Präventivkontrolle“, da der Körperschaftsstatus lediglich etwas über

---

[269] Kirchhof, Die Kirchen und Religionsgemeinschaften als Körperschaften des öffentlichen Rechts, HdbStKirchR, Bd. I, S. 665

[270] Bohl, Der öffentlich-rechtliche Körperschaftsstatus der Religionsgemeinschaften, S. 114ff.; a.A.: Morlok/Heinig, Parität im Leistungsstaat, NVwZ 1999, S. 702

[271] Magen, Körperschaftsstatus und Religionsfreiheit, S. 151

[272] Hillgruber, Der Körperschaftsstatus von Religionsgemeinschaften, S. 1350; so verlieren gemäß § 43 Abs. 1 BGB Vereine und gem. § 87 Abs. 1 BGB Stiftungen ihre Rechtsfähigkeit, wenn sie durch gesetzwidriges Verhalten das Gemeinwohl gefährden.

[273] Campenhausen, Staatskirchenrecht, S. 131; Jurina, Die Religionsgemeinschaften mit privatrechtlichem Rechtsstatus, HdbStKirchR, Bd. I, S. 712; Wilms, Glaubensgemeinschaften als Körperschaften des öffentlichen Rechts, NJW 2003, S. 1088

[274] Art. 1 Erstes Gesetz zur Änderung des Vereinsgesetzes vom 4.12.2001 (BGBl. I, S. 3319)

[275] Schiller, Kompetenzrechtliche Aspekte eines Verbots von Religionsgemeinschaften, ZevKR 2003, S. 257ff. m.w.Nw.

den Zustand der Religionsgemeinschaft zum Zeitpunkt der Verleihung aussagt.[276] Nicht selten haben zwar die Religionsgemeinschaften einen gewissen Vorbehalt gegenüber der staatlichen Rechtsordnung, da sie im unausweichlichen Konfliktfall den Glaubensgeboten mehr gehorchen wollen als den Geboten des Rechts.[277] Auch fühlen sich manche Religionsgemeinschaften in dem Bewusstsein der Erwählung, Aussonderung oder sogar Weltabkehr mit dem politisch-ethischen Gesamtschicksal des Volkes nicht in vergleichbarer Weise wie die beiden großen Kirchen solidarisch und zur Mitwirkung und Mitgestaltung berufen.[278] Aber auch für die körperschaftlich organisierten Religionsgemeinschaften gilt, dass erst ein aktives Eintreten für eine verfassungswidrige Ordnung gegen Verfassungsrecht verstößt. Punktuelle Einzelverstöße ziehen die Rechtstreue nicht in Zweifel, solange sie nur von geringer Bedeutung sind und die umfassende Rechtstreue der Gemeinschaft nicht in Frage stellen.[279] Eine Garantie für einen verantwortungsvollen Umgang mit dem Zeugnisverweigerungsrecht wird es daher aufgrund des Körperschaftsstatus nicht geben können.

bb) Kooperation

Neben dem Erfordernis der Rechtstreue findet sich aber auch noch die Forderung nach einem partnerschaftlichen, auf Kooperation angelegten Verhältnis zwischen Staat und der betreffenden Religionsgemeinschaft als Voraussetzung für die Erlangung des Körperschaftsstatus.[280] Denn die mit der Inkorporation verbundenen Rechte würden sich kaum qualifiziert ausüben lassen, wenn die Religionsgemeinschaft grundsätzlich staatsfeindlich eingestellt ist. Schließlich könne von dem, der die Nähe zum Staat suche und dessen spezifische Gestaltungsmittel in Anspruch nehmen wolle, erwartet werden, dass er die Grundlagen der staatlichen Existenz nicht prinzipiell in Frage stellt.[281] Dies müsse schon deshalb gelten, da die Religionsgemeinschaften zumindest im Bereich ihrer eigenen Angelegenheiten weder grundrechtsgebunden sind noch staatlicher Justizhoheit unterliegen. Von den betreffenden Reli-

---

276 Magen, Körperschaftsstatus und Religionsfreiheit, S. 151

277 Weber, Körperschaftsstatus der Religionsgemeinschaften für die Zeugen Jehovas, ZevKR 1996, S. 172, 202

278 Heckel, Gesammelte Schriften, S. 502f.

279 Held, Die kleinen öffentlichen Religionsgemeinschaften, S. 123

280 Muckel, Religionsgemeinschaften als Körperschaften, S. 590; Hillgruber, Der Körperschaftsstatus von Religionsgemeinschaften, S. 1353f.; Thüsing, Kirchenautonomie und Staatsloyalität, S. 27; Mangoldt/Klein/Campenhausen, Art. 140 GG i.Vm. Art 137 Abs. 3 WRV

281 BVerwGE 105, 117 (124ff.)

gionsgemeinschaften könne daher eine Mitwirkung an der im Grundgesetz angelegten und von ihm vorausgesetzten Kultur gefordert werden.[282] Eine solche Zusammenarbeit ließe sich beispielweise am Recht der Steuererhebung (Art. 137 Abs. 6 WRV) manifestieren.[283] Hierbei müssen staatliche Stellen mit den Religionsgemeinschaften kooperieren, andernfalls ließe sich dieser komplizierte Verwaltungsvorgang nicht sachgerecht bewältigen. Dies gilt gerade für den Umgang mit den sensiblen Meldedaten und Personenstandsbüchern, aus denen die Körperschaften bei Ausübung dieses Rechts Auskunft erhalten. Wenn Religionsgemeinschaften den Status einer Körperschaft des öffentlichen Rechts erhalten haben und ihnen somit ein vertrauenswürdiger Umgang mit persönlichen Daten zugetraut wird, könnte dann nicht auch im Hinblick auf die Zeugnisverweigerungsrechte geschlussfolgert werden, dass solche Religionsgemeinschaften generell geeigneter sind, sorgfältig mit prekären Informationen umzugehen als andere, dass sie jene, die mit sensiblem Wissen zu tun haben, entsprechend ausbilden und auf die erforderlichen Sicherheitsvorkehrungen zum Schutz der Vertraulichkeit achten? Im staatlichen Gerichtsverfahren würden sie sich womöglich auch als besonders kooperativ und verantwortungsbewusst erweisen. Sie würden dem staatlichen Wahrheitsanspruch nicht leichtfertig entgegentreten und die in ihr Ermessen gestellte Grenze der Preisgabe relevanter Informationen weder zu weit noch zu eng ziehen. Diese Einschätzung wird noch nachhaltiger, wenn der Blick auf andere, mit dem Körperschaftsstatus verbundene Rechte fällt. So bringt der Staat korporierten Religionsgemeinschaften ein besonderes Vertrauen dadurch entgegen, dass er sie als Träger der freien Jugendhilfe anerkennt.[284] Insbesondere können sie sich an der Erörterung aktueller Problemlagen junger Menschen und ihrer Familien beteiligen sowie an der Jugendhilfeplanung und Förderung der freien Jugendhilfe teilnehmen. Darüber hinaus zeigt sich ihre Integrität auch an der Möglichkeit, als Beisitzer der Bundesprüfstelle für jugendgefährdende Schriften mitzuwirken.[285] Indem der Staat diesen Religionsgemeinschaften sogar die Mitgestaltung seiner Familien- und Jugendpolitik gewährt, bringt er ihnen gegenüber eine ganz besondere Wertschätzung zum Ausdruck. Religionsgemeinschaften, die der Staat in solcher Weise für verantwortungs- und vertrauensvoll hält, wird er auch zutrauen können, sachgerecht von der Privilegierung aufgrund der Zeugnisverweigerungsrechte Gebrauch zu machen. Gleiches lässt sich

[282] Kirchhof, Die Kirchen und Religionsgemeinschaften als Körperschaften des öffentlichen Rechts, HdbStKirchR, Bd. I, S. 668

[283] Muckel, Auf dem Weg zu einem grundrechtlich geprägten Staatskirchenrecht, S. 472

[284] § 71 i.V.m. § 75 Abs. 3 SGB VIII.

[285] §§ 9 Abs. 2 Nr. 8, 9a Abs. 1 Satz 1 Nr. 8 GjS

auch im Hinblick auf die Mitgestaltungsmöglichkeiten beim öffentlich-rechtlichen und privaten Rundfunk und Fernsehen aussagen.[286] Wenn der Staat speziell diesen Religionsgemeinschaften die Möglichkeit einräumt, in den Massenmedien mitzubestimmen und mitzugestalten, dann könnte dies den Schluss nahelegen, dass gerade die korporierten Religionsgemeinschaften im Hinblick auf das Zeugnisverweigerungsrecht gegenüber anderen Religionsgemeinschaften vorzugswürdiger seien. Die Privilegierung der öffentlich-rechtlichen Religionsgemeinschaften beinhaltet eine Reihe weiterer Rechte. So besitzen sie die Kompetenz zur Schaffung öffentlich-rechtlicher Untergliederungen und öffentlich-rechtlicher Rechtssubjekte, die sogenannte Organisationsgewalt. Auch ist ihnen die Dienstherrnfähigkeit übertragen, die sie befugt, kirchliche Beamte zu haben und Dienstverhältnisse öffentlich-rechtlicher Natur zu begründen, die nicht dem Arbeits- und Sozialrecht unterliegen. Weiterhin wird der kirchliche Dienst teilweise als öffentlicher Dienst anerkannt, womit dann auch das Disziplinarrecht und Vereidigungsrecht verknüpft ist. Welches Vertrauen und welche Seriosität der Staat den körperschaftlich organisierten Religionsgemeinschaften zuspricht, wird auch an der öffentlich-rechtlichen Rechtssetzungsbefugnis deutlich, die es den Kirchen erlaubt, in dem durch Körperschaftsstatus umfassten Rechtsbereich öffentlich-rechtliche Verbindlichkeiten zu begründen. Ergänzt werden alle diese Befugnisse noch durch eine Reihe von weiteren Sonderbehandlungen, beispielsweise im Baurecht, im Insolvenz- und Zwangsvollstreckungsrecht sowie im Gemeinnützigkeitsrecht.[287] Die Fülle dieser Beispiele zeigt, dass der Staat zu den öffentlich-rechtlich korporierten Religionsgemeinschaften ein ganz anderes Näheverhältnis hat und mit ihnen vertrauensvoller und intensiver auch in sensiblen Bereichen zusammenwirkt, als dies bei den übrigen

[286] So werden in den rundfunkrechtlichen Kollegialorganen als entsendeberechtigte Vertreter neben der katholischen und evangelischen Kirche auch Vertreter anderer öffentlich-rechtlich korporierter Religionsgemeinschaften zugelassen (§ 4 Abs. 2 Nr. 4 SDR-G (1 Vertreter der Freikirchen oder sonstiger öff.-rechtl. Religions- oder Weltanschauungsgemeinschaften); Landesmedienanstalten: § 65 Nr. 4 Bad.-Württ. LMG (1 Vertrer der Freikirchen); § 55 Abs. 1 Nr. 19 Nieders. LRG (1 Vertreter der Humanistischen Union)). Auch für Sendezeiten im öffentlich-rechtlichen und privaten Rundfunk gilt dies, denn neben den beiden großen Kirchen und der israelitischen Kultusgemeinde werden – teils fakultativ, teils obligatorisch öffentlich-rechtliche Religionsgesellschaften genannt. Und auch bei den Zulassungsanforderungen zum privaten Rundfunk spiegelt sich dies wider, da neben privaten Veranstaltern aufgrund der entsprechenden Staatsverträge und Landesmediengesetze die öffentlich-rechtlich korporierten Religionsgemeinschaften zugelassen sind. Zum Ganzen: Link, Kirchliche Mitwirkung in Rundfunk- und Fernseheinrichtungen, HdbStKirchR, Bd. II, S. 290, 300, 305

[287] Solte, Die Organisationsstruktur der übrigen als öffentliche Körperschaften verfassten Religionsgemeinschaften und ihre Stellung im Staatskirchenrecht, HdbStKirchR, Bd. I, S. 431f.

Religionsgemeinschaften der Fall ist. Die seit nunmehr über ein halbes Jahrhundert andauernde routinierte Zusammenarbeit der beiden großen Kirchen und kleineren öffentlich-rechtlichen Religionsgemeinschaften mit dem Staat müsste deshalb auch hinsichtlich der Ausübung der Zeugnisverweigerungsrechte zu einer vorzugswürdigeren Stellung der Körperschaften gegenüber den anderen Religionsgemeinschaften führen.
Aber trotz dieser offenkundigen Vorzüge wird sich dennoch nicht prinzipiell eine bessere Eignung der Geistlichen von korporierten Religionsgemeinschaften für die Anwendung der Zeugnisverweigerungsrechte bejahen lassen. Denn es ist nicht ohne weiteres ersichtlich, warum nur den korporierten Religionsgemeinschaften das Zeugnisverweigerungsrecht zugesprochen werden soll. So ist durchaus fraglich, ob die mit dem Steuererhebungsrecht verbundene Seriosität einzig den öffentlich-rechtlichen Religionsgemeinschaften zugebilligt werden kann. Andersherum beanspruchen gar nicht alle korporierten Religionsgemeinschaften dieses Recht für sich. Ganz abgesehen davon bestehen zwischen der Verwaltung von Meldedaten und dem intimen Vertrauensverhältnis von Geistlichen und Ratsuchenden erhebliche Unterschiede. Ähnliches lässt sich bezüglich der Mitwirkung in den Gremien der Jugendhilfe und des Rundfunks sagen. Die Einflussmöglichkeiten sind hier nicht grundsätzlich Ausfluss besonderer Integrität, sondern dienen der Repräsentation großer gesellschaftlicher Gruppen und der Sicherung der Meinungsvielfalt. Weiter kommt hinzu, dass Hoheitsausübung und Dienstherrnfähigkeit grundsätzlich nicht dazu führen, dass das Verfassungsrecht des öffentlichen Dienstes für kirchliche Beamte gilt.[288] Stattdessen sind die kirchlichen Bediensteten durch ihre Dienst- und Loyalitätspflichten an den kirchlichen Dienstherrn gebunden. Sie stehen bei der Ausübung hoheitsrechtlicher Befugnisse gerade nicht in einem Dienst- und Treueverhältnis zum Staat im Sinne des Art. 33 Abs. 4 GG, denn die staatskirchenrechtlichen Körperschaften dürfen ein autonomes, ihrem theologischen Anliegen entsprechendes Beamtenrecht schaffen.[289] Die korporierten Religionsgemeinschaften sind gerade nicht in die Staatsorganisation eingebunden, sie nehmen keine Staatsaufgaben wahr und unterliegen auch keiner direkten staatlichen Aufsicht.[290] Im Grunde beinhaltet der Körperschaftsstatus lediglich ein Kooperationsangebot, nicht aber eine Verpflichtung zur Kooperation.[291] Denn auch dort,

[288] Kirchhof, Die Kirchen und Religionsgemeinschaften als Körperschaften des öffentlichen Rechts, HdbStKirchR, Bd. I, S. 677 m.w.Nw.

[289] a.a.O., S. 676

[290] BVerfGE 18, 385 (386); BVerfGE 42, 312 (321); BVerfGE 53, 366 (387); Kirchhof, Die Kirchen und Religionsgemeinschaften als Körperschaften des öffentlichen Rechts, HdbStKirchR, Bd. I, S. 657

[291] Tillmanns, Zur Verleihung des Körperschaftsstatus, DÖV 1999, S. 450

wo Staat und Religionsgemeinschaft kooperieren müssen, schulden sie sich nicht mehr an Rücksichtnahme als ihnen das Erfordernis der Rechtstreue ohnehin auferlegt.[292] Auf eine Zusammenarbeit kann der Staat letztlich nur hoffen.[293] Es geht also eher um eine „Verfassungserwartung"[294] und weniger um eine Kooperationspflicht oder gar „Staatsloyalität"[295], die somit auch nicht automatisch zu einer besseren Eignung für den Gebrauch der Zeugnisverweigerungsrechte führt.

cc) Gemeinwohldienlichkeit

Darüber hinaus wird darauf verwiesen, dass die Körperschaften des öffentlichen Rechts auch der Pflege von Gemeinschaftsinteressen im Bereich des Öffentlichen dienen sollten.[296] Die Förderung gemeinwohldienlicher Aufgaben sei schließlich auch einer der von Art. 137 Abs. 5 WRV intendierten Zwecke gewesen.[297] In einer solchen Gemeinnützigkeit würden die korporierten Religionsgemeinschaften über die bloße Mitgliederdienlichkeit eines privatnützigen Vereins hinausgreifen und selbstlos das Gemeinwohl fördern.[298] Mit der Verleihung des Körperschaftsstatus anerkenne der Staat, dass gerade diese Religionsgemeinschaften die staatliche Verantwortung für die verfassungsrechtliche Kulturbasis des politischen Gemeinwesens maßgeblich ergänzen.[299] Durch ihr Wirken würden sie die geistige Kultur, in der das politische Gemeinwesen wurzelt, beleben und entfalten, durch eine ganzheitliche Wahrheits-, Wert- und Tugendordnung die Grundlagen des Rechtsstaates und der Demokratie pflegen sowie in ihrem religiösen Auftrag und ihrem gemeinnützigen Wirken die Gesellschaftsordnung mitgestalten.[300] Auf diese und andere vielfältige gemeinwohldienliche Funktionen von Kirchen und Religionsgemeinschaften wurde bereits im Rahmen der Erörterungen des Allgemeininteresses im Hinblick auf den Normzweck der Zeugnisverweigerungsrechte eingegangen. Sie werden hier erneut relevant. Denn da die

---

[292] Magen, Körperschaftsstatus und Religionsfreiheit, S. 154

[293] Korioth, Gedächtnisschrift für Jeand'Heuer, S. 224

[294] Isensee, Verfassungsstaatliche Erwartungen an die Kirche, Essener Gespräche 1991, S. 104

[295] Hillgruber, Der Körperschaftsstatus von Religionsgemeinschaften, S. 1353

[296] BVerfGE 66, 1 (22); Friesenhahn, Die Kirchen als Körperschaften des öffentlichen Rechts, S. 549ff. (Anm. 8)

[297] BVerwGE 105, 117 (125); Maunz, Der öffentliche Charakter der kirchlichen Aufgaben, 308ff.; Azzolla/Alternativkommentar - Preuß, Art. 140, Rdnr. 54

[298] Kirchhof, Die Kirchen und Religionsgemeinschaften als Körperschaften des öffentlichen Rechts, HdbStKirchR, Bd. I, S. 667

[299] Albrecht, Die Verleihung der Körperschaftsrechte an islamische Vereinigungen, S. 27

[300] Kirchhof, Die Kirchen und Religionsgemeinschaften als Körperschaften des öffentlichen Rechts, HdbStKirchR, Bd. I, S. 655

Gemeinwohldienlichkeit, die eng mit dem Allgemeininteresse als zentraler Schutzzweck der Zeugnisverweigerungsrechte zusammenhängt, zugleich als ein ungeschriebenes Kriterium bei der Verleihung des Körperschaftsstatus herangezogen wird, könnte darin auch ein gewichtiger Grund liegen, korporierte Religionsgemeinschaften hinsichtlich der Zeugnisverweigerungsrechte anderen vorzuziehen. Gerade die beiden großen korporierten christlichen Kirchen passen daher wie ein Schlüssel in das „Schutzzweckschloss" der zur Zeugnisverweigerung berechtigenden Normen hinein.
Gegen diese zunächst plausibel erscheinende Argumentation lassen sich aber, wie schon zuvor gegen die anderen Kriterien, wiederum Einwände erheben. Denn nicht nur, dass es ohnehin äußerst schwierig ist, den Wesensgehalt dessen, was dem *Gemeinwohl* dient, heraus zu destillieren,[301] so ist doch keinesfalls auszuschließen, dass Religionsgemeinschaften, die nicht Körperschaften des öffentlichen Rechts sind, sehr wohl auch gemeinwohldienlich sein können. Der Körperschaftsstatus ist schließlich immer nur ein freiwilliges Kennzeichen, das auf Antrag verliehen wird und nicht ausschließt, dass andere Religionsgemeinschaften in ähnlicher Weise das Gemeinschaftsinteresse fördern können. Warum aber sollte das Zeugnisverweigerungsrecht den Mitarbeitern dieser Gemeinschaften generell nicht zur Verfügung stehen? Und andersherum gilt, dass eine Gemeinwohldienlichkeit aufgrund des tatsächlichen Verhaltens einer Religionsgemeinschaft im Einzelfall widerlegt sein kann.[302] So vermeiden manche Freikirchen die Anstrengungen einer breiten volkskirchlichen Sendung, Verkündigung, Unterrichtung, Diakonie und Gemeindestruktur ganz bewusst und konzentrieren sich lieber auf den Kreis ihrer internen religiösen Ziele und Mitglieder. Der Zweck des Körperschaftsstatus kann daher nicht zwangsläufig die Erbringung von Gemeinwohldiensten als eine wechselseitige Gegenleistung sein und er ist auch keine Belohnung für erwiesene Nützlichkeit gegenüber dem Staat.[303] Liegen die gesetzlichen Voraussetzungen für ein Zeugnisverweigerungsrecht vor, kann es daher nicht auf den Besitz des Körperschaftsstatus ankommen, ob es ausgeübt werden darf. Im Ergebnis überzeugt eine Einschränkung der Zeugnisverweigerungsberechtigten auf den Kreis der korporierten Religionsgemeinschaften daher nicht, sondern führt zu einer Überdehnung des öffentlich-rechtlichen Körperschaftsstatus, der letztlich nicht mehr als ein „Mantelbegriff"[304] sein will.

---

[301] Stolleis, Artikel „Gemeinwohl", EvStL, Bd. I, Sp. 1062
[302] BVerwGE 105,117 (123)
[303] BVerfGE 102, 370 (396); Magen, Körperschaftsstatus und Religionsfreiheit, S. 158
[304] BVerfGE 83, 341 (357)

3. Normative Differenzierungen und Parität

Die Zusammenarbeit der Kirchen mit dem Staat spiegelt in vielen Bereichen letztendlich nur einen gesellschaftlichen Konsens wider, den es aufgrund der religionssoziologischen Änderungen heute nicht mehr in gleicher Weise wie in der Vergangenheit gibt.[305] Selbst die Kirchenartikel der Weimarer Reichsverfasssung bildeten von Anfang an einen Formelkompromiss, dessen Auslegung keineswegs immer eindeutig war.[306] Spannungen in diesen Normen sind daher bis heute geblieben. Die einzige Paritätsnorm der Weimarer Reichsverfassung aber, die ausdrücklich von einer prinzipiellen Statusgleichheit aller Gemeinschaften ausgeht,[307] nun zur Aufspaltung der Religionsgemeinschaften in solche Gemeinschaften mit Zeugnisverweigerungsrechten und solche ohne heranzuziehen ist nicht nur aus den dargelegten Gründen bedenklich. Im Ausschluss anderer Religionsgemeinschaften könnte auch noch ein Verstoß gegen den besonderen Gleichheitssatz des Art. 3 Abs. 3 GG liegen, wonach niemand wegen seines Glaubens oder seiner religiösen Anschauungen benachteiligt oder bevorzugt werden darf.

a) Materiale Differenzierung als Grundlage einer Privilegierung

Das Trennungsprinzip, die religiös-weltanschauliche Neutralität sowie die Nichtidentifikation des säkularen pluralistischen Staats und Rechts verbietet dem Staat jegliche religiösen Wertungen und zwingt ihn, alle Religionsgemeinschaften gleich zu behandeln. Statt einer Bevorzugung oder Benachteiligung aus religiösen Gründen und Zielen ist von Staatsorganen im konfessionsneutralen staatlichen Recht strikt die Gleichwertigkeit und Vergleichbarkeit aller Religionen zugrunde zu legen. Niemandem darf aus seiner Zugehörigkeit oder Nichtzugehörigkeit zu einer Religions- oder Weltanschauungsgemeinschaft ein Nachteil oder eine einseitige Privilegierung erwachsen.[308] Eine Beschränkung der Zeugnisverweigerungsrechte allein auf die Geistlichen der christlichen Kirchen und solche mit dem Status einer Körperschaft des öffentlichen Rechts könnte aber genau gegen diese Prinzipien verstoßen. Allerdings bedeutet die Verpflichtung des Staates, säkulare Heimstatt aller Bürger und Religionen der pluralistischen Gesellschaft zu

---

[305] So gehörten bei der Entstehung der Weimarer Reichsverfassung immerhin 95 Prozent der Bevölkerung einer der beiden Großkirchen an; Abel, NJW 1997, S. 2370

[306] Müller, Die Gewährung der Rechte einer Körperschaft des öffentlichen Rechts an Religionsgemeinschaften, ZevKR 1952/53, S. 139, 156ff.; Magen, Körperschaftsstatus und Religionsfreiheit, S. 163; Kirchhof, Die Kirchen und Religionsgemeinschaften als Körperschaften des öffentlichen Rechts, HdbStKirchR, Bd. I, S. 657f.

[307] Heckel, Die religionsrechtliche Parität, HdbStKirchR, Bd. I, S. 605

[308] Art. 33 III GG; vgl. auch Art. 140 GG i.V.m. Art. 136 II WRV

sein, nicht, dass er diese um jeden Preis säkularisieren müsste oder dürfte.[309] Vor allem verwehrt die religiöse Freiheits- und Selbstbestimmungsgarantie sowie das Verbot der Staatskirche in Artt. 4, 140 GG i.V.m. Art. 137 Abs. 1 und 3 WRV dem Staat die religiöse Gleichschaltung der Bürger und Religionsgesellschaften auf eine Staatskonfession bzw. -ideologie. Der Staat muss vielmehr generell zwischen „Religion" und „Außerreligiösem" differenzieren. Dort, wo er mit seinen weltlichen Normen und Vollzugsakten auf das Religiöse und seine weltliche „Ausstrahlungswirkung" trifft, muss er speziell die Verschiedenheiten der Religionsgemeinschaften untereinander in gleicher Weise rechtlich berücksichtigen.[310] Ein schematisches Differenzierungsverbot, das abstrakt aus Art. 3 Abs. 1 und 3 GG oder abstrahierend aus der formalparitätischen Formulierung der einzelnen Verfassungsartikel „abgeleitet" würde, hätte zur Folge, dass die ungleichen Religionsgemeinschaften dort „gleichmäßig" aus der staatlichen Berücksichtigung verbannt würden, wo nicht alle gleichmäßig zu brauchen oder sich zu beteiligen bereit sind.[311] Der Staat darf und muss deshalb auch die Unterschiede der Religionsgemeinschaften berücksichtigen, um ihre Verschiedenheit zur Entfaltung bringen zu können.[312] Art. 3 Abs. 3 GG gebietet es daher, die verschiedenen Religionsgemeinschaften und Bürger jeweils nach ihrer religiösen Eigenart gleichmäßig und gleichwertig verschieden zu behandeln. Die religiösen Eigenarten beispielsweise in ihrer Lehre und Liturgie, ihrer hierarchischen bzw. synodalen Organisationsstruktur und Organisationsgewalt oder ihrer Mitgliedschaftsregelung oder Außenrepräsentation sind daher seitens des Staates differenziert zu behandeln und als Ausstrahlung der Religionsfreiheit und Religionsgleichheit gemäß Artt. 4 und 3 Abs. 1 und 3 GG zu berücksichtigen.[313] Die strikte Gleichbehandlung wird so erst durch differenzierende Normen und Einrichtungen möglich. Denn äußerlich gleichartige Maßnahmen können für die Mitglieder verschiedener Religionsgemeinschaften völlig unterschiedliche Auswirkungen haben, beispielsweise hinsichtlich der Kultformen und Gebetsriten, Speise- und Kleidervorschriften, der Wahrung heiliger Zeiten, Orte oder Kultgeräte.[314] Zahlreiche Spezialbestimmungen des Schulrechts, Hochschulrechts, Denkmalrechts, Stiftungsrechts, Bauplanungsrechts, Arbeitsrechts, Jugendwohlfahrtsrechts, Sozialhilferechts, Rundfunkrechts und ähnliche, die hier zum Teil bereits Erwähnung gefunden haben, knüpfen durch Bezugnahmen, Verweisungsnormen, Kooperationsregeln und

[309] Heckel, Die religionsrechtliche Parität, HdbStKirchR, Bd. I, S. 621
[310] Heckel, Das Gleichbehandlungsgebot, S. 635, 638
[311] Ders., Gesammelte Schriften, S. 281
[312] BVerfGE 19, 1 (8)
[313] Heckel, Das Gleichbehandlungsgebot, HdbStKirchR, Bd. I, S. 635
[314] a.a.O., S. 641

Subsidiaritätsbestimmungen an die Besonderheit und Verschiedenheit des Religiösen normativ an. Da es dem Staat verwehrt ist, den Glauben oder Unglauben zu bewerten, stellt Art. 3 Abs. 3 GG tatbestandsmäßig auf die jeweils besonderen religiösen Bewandnisse der betroffenen Personen und Religionsgemeinschaften ab und zwar nach deren eigenem religiösen Selbstverständnis.[315]

So liegt unter anderem in der christlichen Lehre von Buße und Vergebung sowie der sich daraus ergebenden religiösen Seelsorgspraxis mit dem Beichtgeheimnis als Kern eine Besonderheit, die eine Sonderbehandlung der Kirchen in Bezug auf die Zeugnisverweigerungsrechte sinnvoll erscheinen lässt. Darüber hinaus aber geht es aber vor allem auch um den institutionellen Schutz jenes individuell und gesellschaftlich bedeutsamen Vertrauensverhältnisses sowie den Erhalt eines Freiraums im Kernbereich des Humanen, dort wo ein Mensch in Not auf Beistand angewiesen ist, um den Grund seiner Existenz und Mitmenschlichkeit nicht zu verlieren.[316] Weil auch Ärzte, Anwälte, Steuerberater und andere in vergleichbaren Situationen ein Zeugnisverweigerungsrecht besitzen, würde eine Zeugnispflicht für Geistliche sogar einen Verstoß gegen Art. 3 Abs. 3 GG bedeuten, da die Nichtgewährung des Zeugnisverweigerungsrechts dann unzulässigerweise aus religiösen Gründen geschehen würde. Die Gewährung der Zeugnisverweigerungsrechte für Geistliche und deren Mitarbeiter stellt demgegenüber kein Verstoß gegen Art. 3 Abs. 3 GG dar. Denn der Grund und Maßstab der Bevorzugung ist gerade auch das besondere personale Vertrauensverhältnis, das hier kraft spezifischer Berufs- und Amtsfunktion erwächst.

b) Notwendigkeit paritätischer Gleichbehandlung der Religionsgemeinschaften

Ob sich aber aus der Notwendigkeit des differenzierten Umgangs mit den Religionsgemeinschaften auch verfassungskonform begründen lässt, nur den Geistlichen der christlichen Kirchen und der öffentlich-rechtlichen Religionsgemeinschaften das Zeugnisverweigerungsrecht zuzubilligen, ist fraglich. Würden andere Religionsgemeinschaften vom Zeugnisverweigerungsrecht ausgeschlossen, so könnte darin nämlich ein Verstoß gegen die verbürgte prinzipielle Gleichordnung und Gleichbehandlung von religiösen Bekenntnissen und Religionsgemeinschaften liegen. Dies könnte eine Verletzung der paritätischen Gleichbehandlung bedeuten, die aus der Verwirklichung der Religionsfreiheit abzuleiten bzw. als spezielle Ausprägung des allgemeinen Gleich-

[315] Ebd.; Ders., Die religionsrechtliche Parität, S. 608
[316] Ders., Gesammelte Schriften, S. 313

heitssatzes zu entwickeln ist und ihre Substanz aus der konkreten Verfassungsordnung gewinnt.[317] Eine abstufende Differenzierung ist zwar keineswegs verboten und die Bevorzugungen oder Benachteiligungen zwischen Religionsgesellschaften selbst in religiösen Materien, wie dargestellt, zulässig, jedoch kommt es dabei entscheidend darauf an, dass dies nur aus nichtreligiösen - säkularen - Gründen und Zielen erfolgt.[318] Dementsprechend hat auch der Gesetzgeber die zur Zeugnisverweigerung berechtigenden Normen so verfasst, dass allen Religionsgesellschaften die gleiche Freiheit zur Differenzierung und zur Entfaltung ihrer theologischen Prinzipien über den Begriff des „Geistlichen", seine Bestellung und seine seelsorgerischen Funktionen gewährleistet ist. Die Normierung ist so erfolgt, dass weder eine Privilegierung noch eine Diskriminierung von Religionsgemeinschaften erkennbar ist.

Die historische Dimension der Norm zeigt zwar deutlich, dass die Ursprünge der Zeugnisverweigerungsrechte für Geistliche aus der christlichen Bußpraxis stammen und auf das engste mit dem katholischen und evangelischen Glauben verbunden sind, eine Beschränkung darauf hat der Gesetzgeber jedoch weder in der Vergangenheit noch in den aktuellen Gesetzen vorgenommen. Eine differenzierte Gesetzgebung zugunsten der beiden großen Konfessionen hätte sich durchaus angeboten, denn eine vollkommene religiöse Homogenität hat es auch in den vergangenen Jahrhunderten nicht gegeben. Um Rechtsunsicherheiten zu vermeiden, hätte es bereits damals sinnvoll erscheinen können zu präzisieren, welchen Konfessionen ein Zeugnisverweigerungsrecht zustehen soll. Im Gegensatz zu der herrschenden Meinung in den Kommentaren der Gegenwart, beweist der Blick in die älteste Kommentarliteratur tatsächlich, dass die Problematik einer Beschränkung der Zeugnisverweigerungsrechte auf bestimmte Konfessionen den Rechtsanwendern bereits in der Vergangenheit durchaus bekannt war. Zugunsten eines Zeugnisverweigerungsrechts für alle Religionsgemeinschaften wurde mit dem Hinweis darauf plädiert, dass der Wortlaut des Gesetzes uneingeschränkt sei[319] und es lediglich darauf ankomme, dass das Anvertrauen mit der Verschwiegenheitspflicht korrespendiere.[320] Teilweise wurde aber auch eine Beschränkung auf die staatlich anerkannten Religionsgemeinschaften präferiert, weil nur diese hinreichend Klarheit über den Begriff „Geistlicher" gewähren wür-

[317] Campenhausen, Der heutige Verfassungsstaat und die Religion, HdbStKirchR, Bd. I, S. 75

[318] Heckel, Das Gleichbehandlungsgebot, HdbStKirchR, Bd. I, S. 645

[319] Bennecke, Lehrbuch des Deutschen Reichs-Strafprozeßrechts, S. 321f., Anm. 35; Schwarze, Kommentar zur Strafprozessordnung des Königreichs Sachsen, S. 297

[320] Ullmann, Lehrbuch des Deutschen Strafprozessrechts, S. 363; ausführlicher und rechtsvergleichend dazu: Glaser, Handbuch des Strafprozess, S. 526

den.[321] Trotz dieser unterschiedlichen Kommentierungen hat der Gesetzgeber es nie für notwendig gehalten, eine ausdrückliche Entscheidung zugunsten bestimmter Religionsgemeinschaften zu fixieren. Obwohl die Normen für die Zeugnisverweigerungsrechte anderer Berufsgruppen mehrfach geändert wurden, blieben sie für Geistliche, wie bereits oben dargelegt, nahezu unverändert.

Würde der moderne Gesetzgeber eine solche Beschränkung der Zeugnisverweigerungsrechte auf die Geistlichen der christlichen Kirchen oder korporierten Religionsgemeinschaften vornehmen, so würde darin ein Verstoß gegen Art. 3 Abs. 3 GG liegen. Es wäre ein Rückfall in unzulässige Maßstab-Verknüpfungen. Die Möglichkeit, das Zeugnis zu verweigern, darf nicht zwingend und ausschließlich an die Konfessionszugehörigkeit oder den rechtlichen Status der Gemeinschaft gekoppelt werden.[322] Denn spezifische Rollen dürfen auch nur nach ihren spezifischen Kriterien beurteilt werden, nicht aber nach den Maßstäben fremder Rollen.[323] Ob die Rolle des Geistlichen im Sinne der Zeugnisverweigerungsrechte vorliegt, kann daher nicht davon abhängen, dass er in einer *christlichen* Kirche oder *korporierten* Religionsgemeinschaft tätig ist. Entscheidend sind vielmehr die Schutzzwecke und gesetzlichen Voraussetzungen der entsprechenden Normen sowie die Inhaltsbestimmung nach dem religiösen Selbstverständnis der jeweiligen Religionsgemeinschaft, das ihr gemäß Artt. 4, 140 GG i.V.m. Art. 137 Abs. 3 WRV insbesondere auch Art. 137 Abs. 3 S. 2 WRV anheim gegeben ist. Es wäre unzulässig, alle Religionsgemeinschaften ohne Unterschied nach den Prinzipien einer herrschenden Religions- bzw. Weltanschauungspartei zu behandeln und über den gleichen konfessionellen Leisten zu schlagen. Denn die Garantie der Religionsgleichheit in Art. 3 Abs. 3 GG stellt eine Komplementärgarantie zur Garantie der Religionsfreiheit in Art. 4 Abs. 1 und 2 GG dar, die aus ihrem Sinn- und Zweckzusammenhang ebenfalls „extensiv“ auszule-

---

[321] Puchelt, Die Strafprozessordnung für das Deutsche Reich, S. 131; Löwe, Die Strafprozessordnung für das Deutsche Reich, S. 290; Holtzendorff, Handbuch des deutschen Strafprozessrechts, S.278; Geyer, Lehrbuch des gemeinen deutschen Strafprozessrechts, S. 521; John, Strafprozessordnung für das Deutsche Reich nebst Einführungsgesetz, S. 559f., letzterer legt dar, dass der Begriff „Religionsdiener“, wie er im Strafgesetzbuch verwendet wird, einerseits generell die Geistlichen einschließt, andererseits aber auch jene, die nicht Geistliche sind, umfasst; wenn demgegenüber nur der Begriff „Geistlicher“ statt „Religionsdiener“ verwendet wird, dann sollen andere, z.B. die Religionsdiener im engeren Sinne, ausgeschlossen sein. Da die StPO nur das Wort „Geistliche“ verwendet, sollen entsprechend alle diejenigen *Religionsdiener*, die die Seelsorge in den christlichen Kirchen oder in einer mit Korporationsrechten ausgestatteten Kirche oder Religionsgesellschaft ohne Korporationsrechte ausüben zeugenpflichtig sein und nur *Geistliche* ein Verweigerungsrecht besitzen.

[322] Radke, Beichtgeheimnis und Zeugnisverweigerung, S. 394

[323] Heckel, Gesammelte Schriften, S. 309, Anm. 121

gen ist.[324] Das Zeugnisverweigerungsrecht muss daher formalparitätisch für alle Religionsgemeinschaften gelten und ist inhaltlich materialparitätisch offen und neutral.[325] Die Koppelung des Zeugnisverweigerungsrechts an das christliche Bekenntnis oder den öffentlich-rechtlichen Status der Religionsgemeinschaft wäre insoweit sachfremd und würde gerade keine „gleichwertige Differenzierung“ darstellen.[326]

[324] Ders., Das Gleichbehandlungsgebot, HdbStKirchR, Bd. I, S. 640

[325] Ders., Gesammelte Schriften, S. 313

[326] Im Ergebnis ebenso: Peters, Der Strafprozeß, S. 230; Radke, Beichtgeheimnis und Zeugnisverweigerung, S. 394; Haas, Zeugnisverweigerungsrecht der Geistlichen, NJW 1990, S. 3254; Weigand, Gutachten zum 62. DJT 1998, C 90

C. Die Zeugnisverweigerungsrechte der kirchlichen Mitarbeiter

I. Zeugnisverweigerungsrechte der Berufshelfer der Geistlichen im Straf- und Zivilprozess

Die bisherigen Ausführungen haben deutlich gemacht, wer innerhalb der katholischen und evangelischen Kirche unter den von der staatlichen Gesetzgebung vorgegebenen Begriff „Geistliche" subsumiert werden kann. Gleichzeitig wurde erkennbar, dass sich in den vergangenen Jahrzehnten die pastoralen Verhältnisse und damit auch die personelle Situation in den Kirchen gewandelt hat. Trotz dieser Veränderungen und massiver Einsparmaßnahmen ist die Zahl derer, die in den beiden Kirchen angestellt oder im Ehrenamt tätig sind, immer noch immens.[1] Jene Funktionsträger, die unter den Begriff „Geistliche" fallen, stellen dabei nur einen kleinen Teil der haupt- und ehrenamtlich Aktiven. Die Arbeit der Geistlichen findet durch zahlreiche kirchliche Mitarbeiterinnen und Mitarbeiter auf unmittelbare oder mittelbare Weise Unterstützung. Ihre Nähe zu den Geistlichen führt dazu, dass auch sie als Gehilfen in Berührung mit vertraulichen Informationen kommen. Damit diese Mitarbeiter nicht anstelle der zeugnisverweigerungsberechtigten Personen aussagen müssen und so anvertrautes Wissen doch preisgegeben würde, bietet § 53a StPO die Möglichkeit eines vom Berufsgeheimnisträger abgeleiteten Zeugnisverweigerungsrechtes.[2] Ursprünglich sollte die Vorschrift nur berufsmäßig tätige Hilfskräfte von Rechtsanwälten, Ärzten und anderen in § 53 Abs. 1 Nr. 1 bis 4 StPO genannten Berufsträgern schützen. Während der Gesetzesberatungen wurde § 53a StPO aber auf kirchlichen Wunsch hin auf Hilfskräfte von Geistlichen erstreckt und schließlich auch um die nicht beruflich Tätigen erweitert.[3] Damit der gleiche schützende Effekt auch im Falle möglicher Beschlagnahmen erzielt wird, wurde § 97 StPO um die Vor-

[1] Rüfner, Das kirchlich rezipierte und adaptierte Dienst- und Arbeitsrecht, HdbStKirchR, Bd. II, S. 877; Radke, Beichtgeheimnis und Zeugnisverweigerung, ZevKR 2003, S. 385-406

[2] Art. 4 Nr. 9 des 3. StrÄndG vom 4.8.1953 (BGBl. 1, S. 735); BT-Drucksache 1/3713, S. 48; BGH NJW 1956, 599; Löwe/Rosenberg - Dahs, § 53a, Rdnr. 1

[3] Verhandlungen des Ersten Deutschen Bundestages, 265. Sitzung, Sp. 12998; 269. Sitzung, Sp. 13272

schrift des § 97 Abs. 4 StPO ergänzt. Im Zivilprozess will § 383 Nr. 6 ZPO allgemeiner noch als die strafprozessuale Parallelvorschrift eine Umgehung der Verweigerungsrechte verhindern,[4] indem diese Norm all jene Personen umfasst, denen „kraft ihres Amtes, Standes oder Gewerbes Tatsachen anvertraut sind, deren Geheimhaltung durch ihre Natur oder durch gesetzliche Vorschrift geboten ist, in betreff der Tatsachen, auf welche die Verpflichtung zur Verschwiegenheit sich bezieht".

1. Zeugnisverweigerungsrechte der Gehilfen gem. §§ 53 Abs. 1 Nr. 1, 53a Abs. 1 StPO

Die Vielzahl der im kirchlichen Bereich Beschäftigten und die Differenziertheit der kirchlichen Aufgabenfelder macht es erforderlich, genau zu prüfen, in welchem Näheverhältnis ihre Arbeit zu der Tätigkeit der Geistlichen steht. Es ist allgemein anerkannt, dass es für die Ausübung eines Zeugnisverweigerungsrechts als Gehilfe nicht darauf ankommt, dass der Berufshelfer berufsmäßig tätig ist oder in einem arbeitsrechtlichen oder sozialen Abhängigkeitsverhältnis zum Hauptberufsträger steht. Es genügt vielmehr auch die nur gelegentliche Mithilfe.[5] Jedoch kommen als Berufshelfer im Sinne des § 53a StPO im Einzelnen nur solche mithelfenden Personen in Betracht, die unmittelbar an Tätigkeiten mitwirken, die mit der Berufstätigkeit des Hauptberufsträgers zusammenhängen und denen dabei etwas Vertrauliches bekannt wird.[6] Da § 53a StPO ein von § 53 StPO abgeleitetes Recht ist, kann auf diesen unmittelbaren Zusammenhang nicht verzichtet werden.[7] Für die Gehilfen bedeutet dies, dass sie direkt in die Seelsorgstätigkeit der Geistlichen involviert sein müssen.

Wie genau jedoch der unmittelbare Zusammenhang zwischen der Tätigkeit des Berufshelfers und der Berufsausübung des Geistlichen ausgestaltet sein muss, ist umstritten. Teilweise wird die Gehilfeneigenschaft nur bejaht, wenn der Berufshelfer von Weisungen des Hauptberufsträgers abhängig ist. Dies ergebe sich aus der Regelung des § 53a Abs. 1 S. 2 StPO und aus der

[4] Zöller - Gregor, § 383, Rdnr. 16

[5] Löwe/Rosenberg - Dahs, § 53a, Rdnr. 2; Kleinknecht/Meyer-Goßner, § 53a, Rdnr. 2; Heidelberger Kommentar - Lemke, § 53a Rdnr. 2; StPO Alternativkommentar - Kühne, § 53a StPO Rdnr. 3; Harenne, Die Zeugnisverweigerungsrechte der Berufshelfer, S. 43ff.

[6] Löwe/Rosenberg - Dahs, § 53a, Rdnr. 3; Karlsruher Kommentar - Pelchen, Rdnr. 2, Stromberg, Über das Zeugnisverweigerungsrecht und die Genehmigungsbedürftigkeit, MDR 1974, S. 892; Peters, Seelsorge und Strafvollzug, JR 1975, S. 404

[7] Karlsruher Kommentar - Pelchen, § 53a, Rdnr. 2; Löwe/Rosenberg - Dahs, § 53a Rdnr. 2; Stromberg, Über das Zeugnisverweigerungsrecht und die Genehmigungsbedürftigkeit, MDR 1974, S. 892; Kleinknecht/Meyer-Goßner § 53a Rdnr. 3

Konzeption des § 53a StPO als unselbständigem, von § 53 Abs. 1 Nr. 1 bis 4 StPO abgeleitetem Zeugnisverweigerungsrecht.[8] Bereits aus dem Begriff der Hilfsperson ginge hervor, dass es sich lediglich um unterstützende Tätigkeiten handeln kann, nicht aber um Personen, die an Stelle eines Hauptamtlichen dessen Tätigkeiten ausführen.[9] Typischerweise würden die Gehilfen nicht eigenständig und eigenverantwortlich arbeiten, sondern unter der fremden Verantwortung eines „Chefs", der ihre Tätigkeit lenkt und überwacht, stehen,[10] weshalb schließlich auch ihre Aussage einer Genehmigung durch den Vorgesetzten bedarf. Kennzeichen der Gehilfentätigkeit sei eine unzulängliche Qualifizierung und unselbständige Tätigkeit.[11] Eine solche Art „Über-/Unterordnungsverhältnis" zwischen Hauptberufsträger und Berufshelfer kann jedoch für die Ausübung der Zeugnisverweigerungsrechte nicht entscheidend sein. Nicht selten nämlich sind auch die Hilfspersonen selbständig tätig, gut ausgebildet und qualifiziert, gerade im Bereich pastoraler Arbeit.[12] Eine Gehilfenstellung kann daher nicht schon allein deshalb ausgeschlossen werden, weil ein Gehilfe im Einzelfall selbständig oder in hohem Maße eigenverantwortlich arbeitet.[13] Andernfalls müssten sich die Hilfesuchenden vor einem Gespräch mit einem Berufshelfer zunächst über die Hierarchieebenen seiner Arbeitsstelle informieren, um zu erkennen, ob bei diesem ein Zeugnisverweigerungsrecht besteht. Die Verschwiegenheit hinge dann von der Zufälligkeit der Organisationsform ab.[14]
Die Tätigkeit muss allerdings zumindest so strukturiert sein, dass der Geistliche sich jeweils in die Arbeit des Gehilfen einschalten könnte, sofern er dies für erforderlich hielte. Hierbei kommt es darauf an, dass der bestimmende Einfluss des Geistlichen gewahrt bleibt.[15] Unabhängig vom Grad der Selbständigkeit bei der Ausführung der Arbeit muss das Tätigwerden der Hilfsperson daher auf einen Auftrag oder eine Weisung des Hauptberufsträgers hin geschehen. Auch muss die Berührung der Hilfsperson mit geschützten Informationen aufgrund dieser Tätigkeit erfolgen, die er für den Hauptberufsträger ausübt.[16] Andernfalls wären gerade im kirchlichen Bereich bedingt

---

[8] Krause, Der „Gehilfe" der Verteidigung und sein Schweigerecht, StrFo 1998, S. 6
[9] Seelemann, Der Begriff des Geistlichen, ZevKR 2004, S. 640
[10] Rengier, Die Zeugnisverweigerungsrechte im geltenden und künftigen Strafverfahrensrecht, S.77
[11] Heinsen, Die Zeugnisverweigerungsrechte von Mitarbeitern, S. 88f.
[12] Winkler, Art. Pfarrer II, TRE, S. 368; Stolleis, Rechtsfragen der Telefonseelsorge, ZevKR, S. 295
[13] Stolleis, Rechtsfragen der Telefonseelsorge, S. 295
[14] Lichtenberg/Schücking, Zeugnisverweigerungsrecht für Mitarbeiter, ZRP 1989, S. 245
[15] Thannhausen, Zeugnisverweigerungsrechte, S. 194; Stein, Das strafprozessuale Schweigerecht von Seelsorgehelfern, ZevKR 1976, S. 421
[16] Harenne, Das Zeugnisverweigerungsrecht der Berufshelfer; S. 55, 66

durch das breite Tätigkeitsfeld der Geistlichen und das weite Seelsorgeverständnis die Grenzen unmittelbaren Handelns nicht mehr zu ziehen, und es würden in nicht vertretbarer Weise andere im Allgemeininteresse liegende Rechtsgüter beschränkt.[17]

Konkret bedeutet dies, dass jene Mitarbeiter, die im Aufgabenfeld der Geistlichen aktiv sind, wie beispielsweise die Gemeindepädagogen, Diakonissen oder Katecheten, zum Kreis der Berufshelfer von Geistlichen gehören. Sie können sich nicht auf ein Zeugnisverweigerungsrecht als „Geistliche" berufen, da die Voraussetzungen dazu nicht vorliegen. Aufgrund ihrer pädagogischen, theologischen und seelsorgerischen Qualifikationen und Tätigkeiten, die sie zur Unterstützung der Aufgaben der Geistlichen einbringen, wird aber auch ihnen intimstes Wissen anvertraut, das vor dem gerichtlichen Zugriff geschützt werden muss. Und auch jene Personen, die keine pastoralen Aufgaben wahrnehmen, jedoch unmittelbar im Umfeld eines Geistlichen aktiv sind, weil sie beispielsweise dem Haushalt des Geistlichen angeschlossen sind und ihn dort unterstützen, können unabhängig von der Intensität dieser Hilfe als Berufshelfer im Sinne des § 53a StPO gelten. Hierunter fallen die Lebenspartner und Kinder der Geistlichen, aber auch ihre Bürohilfen oder Haushälterinnen. Sie sind immer auch in die Tätigkeit des Geistlichen einbezogen, indem sie beispielsweise Anrufe entgegennehmen, Termine vereinbaren, Besucher empfangen oder mit Folgemaßnahmen aus vertraulichen Gesprächen beauftragt werden.[18] Allein aufgrund einer beruflichen Stellung würden sie kein eigenes Zeugnisverweigerungsrecht besitzen. Auch die Küster, die den Geistlichen bei ihren täglichen liturgischen Feiern zur Hand gehen, können zu diesem Kreis gezählt werden. Würden diese Personen im Prozess aussagen müssen, könnten ihre Informationen die verweigerte Aussage der Geistlichen ersetzen und so deren Zeugnisverweigerungsrecht umgangen werden. Erst die Möglichkeit der Zeugnisverweigerung gemäß §§ 53 Abs. 1 Nr. 1, 53a Abs. 1 StPO verhindert dies. Ohne ihre Mitarbeit wären die Geistlichen in ihrer Berufsausübung eingeschränkt, so dass ein Zeugnisverweigerungsrecht dieser Gehilfen auch dem Schutz der Berufsausübung des Geistlichen dient und zugleich das Vertrauen der Allgemeinheit in die Funktionsfähigkeit ihres Berufes stärkt. Nicht vom Zeugnisverweigerungsrecht erfasst werden hingegen das Reinigungspersonal, die Hausmeister oder Handwerker.[19] Sie erfahren in der Regel nur zufällig und unbeabsichtigt von

[17] a.A.: Kohlhaas, Die Schweigepflicht, NJW 1972, S. 1502, der allen Hilfspersonen, die zwar nicht selbst helfen, aber wie der Berufsträger „viel sehen und hören", ein Zeugnisverweigerungsrecht gem. §§ 53, 53a StPO gewähren will.

[18] Stein, Kirchenrecht, S. 72

[19] Löwe/Rosenberg - Dahs, § 53a, Rdnr. 2; Kleinknecht/Meyer-Goßner, § 53a, Rdnr. 2; Karlsruher Kommentar - Pelchen, § 53a; Rdnr. 2; KMR - Paulus, § 53a, Rdnr. 3

vertraulichen Informationen, ihre Tätigkeit steht in keinem unmittelbaren Zusammenhang mit der Ausübung der Seelsorge und sie unterliegen auch keinerlei Verschwiegenheitspflichten. Im Einzelfall können sich hierbei aber gerade für kirchliche Bedienstete ganz erhebliche Pflichtenkollisionen ergeben, wenn sie beispielsweise zufällig bei Ausübung ihrer Tätigkeit Beichtwissen erfahren, dass sie aufgrund von allgemeinen Kirchengesetzen keinesfalls im Gerichtsverfahren preisgeben dürfen. In diesen Fällen könnte der persönliche Gewissenskonflikt höchstens über die Möglichkeit eines aus der Verfassung abgeleiteten Zeugnisverweigerungsrechts (Art. 2 Abs. 1 i.V.m. Art. 1 Abs. 1 GG) gelöst werden, worauf am Ende der vorliegenden Untersuchung noch näher einzugehen ist.

Erhebliche Bedeutung für die Beurteilung der Gehilfentätigkeit kommt darüber hinaus auch der Stellung des Pfarrers in den unterschiedlichen Organisationsstrukturen kirchlicher Einrichtungen zu. Dort, wo ausschließlich der Geistliche weisungsbefugt ist, wie beispielsweise als Vereinsvorstand oder Geschäftsführer, liegt ein für das Zeugnisverweigerungsrecht als Gehilfe erforderliches Näheverhältnis vor. Dies ist gerade in Einrichtungen kleinerer Gemeinden der Fall. Wo jedoch der gesamte Verwaltungsrat (Kirchenvorstand) oder Synodalausschuss Dienstgeber ist, liegt kaum noch eine unmittelbare Beauftragung und Kontrolle durch den Geistlichen vor.[20] Zahlreiche Familien-, Sozial-, Sucht- und Eheberatungsstellen sowie mittlerweile auch die Telefonseelsorge sind in einem solchen Maße professionalisiert, dass die Einwirkungsmöglichkeiten von Geistlichen sehr gering sind und die Tätigkeit ohne unmittelbare Verbindung zu ihnen geleitet wird. Dies betrifft gerade Einrichtungen in freier Trägerschaft wie beispielsweise *Caritas* oder *Diakonie*, die zwar als kirchliche Einrichtungen gelten, jedoch oftmals gänzlich ohne direkte Mitwirkung eines Geistlichen auskommen. Auch dort, wo der Geistliche nur noch Mitglied in einem Leitungsgremium ist, wie beispielsweise im Aufsichtsrat eines gesellschaftsrechtlich organisierten Krankenhauses, ist die Berufung auf das Zeugnisverweigerungsrecht aufgrund einer Gehilfenstellung gemäß §§ 53 Abs. 1 Nr. 1, 53a StPO ausgeschlossen. Dies gilt auch dann, wenn eine kirchliche Oberbehörde vorgesetzte Stelle ist - beispielsweise ein bischöfliches Ordinariat - und Geistliche dort an der Spitze stehen.[21] Ebenso finden diese Normen im Bereich der kirchlichen Verbandsarbeit nur begrenzt Anwendung. Oftmals liegt lediglich noch die Dienstaufsicht bei einem Geistlichen, der den Arbeitsvertrag stellvertretend für den Arbeitgeber unterzeichnet, Regelungen zum Gehalt, zur Arbeitszeit und zum Urlaub

---

[20] Dies ist anders, wenn ein Pfarrer einem Synodalausschuß vorsteht und die Mitglieder gleichzeitig Mitarbeiter der betroffenen Einrichtung sind.

[21] Thannhausen, Zeugnisverweigerungsrecht, KuR 2000, S. 195

trifft und unter Umständen auf spezielle kirchliche Dienstobliegenheiten hinweist. Die gesamte Fachaufsicht hingegen, die ein direktes Eingreifen, konkrete Weisungen und damit auch einen unmittelbaren Tätigkeitszusammenhang ermöglicht, liegt in der Regel bei gewählten Vertretern des Verbandes oder anderen spezialisierten kirchlichen Vorgesetzten, die nicht Geistliche sind. Die Geistlichen nehmen in den leitenden Gremien nicht selten lediglich die Funktion eines Präses wahr, der spirituelle Impulse gibt und die Brücke zur Amtskirche schlägt, ohne in die konkrete Arbeit einzugreifen. Nach diesem Befund sind Konstellationen denkbar, in denen ein Zeugnisverweigerungsrecht zwar wünschenswert ist, aber aufgrund der fehlenden Voraussetzungen nicht gewährt werden kann. Der Gesetzgeber hat nur wenigen Berufshelfern in solchen Konstellationen - wie etwa den Schwangerenkonfliktberatenden ein direktes Zeugnisverweigerungsrecht eingeräumt. Liegen die oben erarbeiteten Kriterien und Voraussetzungen bei Berufshelfern nicht vor, so muss es als vom Gesetzgeber gewollt angesehen werden, dass diese Berufshelfer sich dann nicht gemäß §§ 53 Abs. 1 Nr. 1, 53a StPO auf ein vom Hauptberufsträger abgeleitetes Zeugnisverweigerungsrecht berufen können.

2. Zeugnisverweigerungsrechte der Gehilfen gem. § 383 Abs. 1 Nr. 6 ZPO

Im Gegensatz zur strafprozessualen Norm sind die Anforderungen zur Ausübung des Zeugnisverweigerungsrechts gemäß § 383 Abs. 1 Nr. 6 ZPO für die Gehilfen geringer. Hierbei nämlich handelt es sich nicht um ein abgeleitetes Recht, so dass auf einen unmittelbaren Zusammenhang mit der Tätigkeit des Hauptberufsträgers verzichtet werden kann. Das Zivilrecht räumt den Gehilfen einen eigenen Anspruch zur Zeugnisverweigerung ein, sofern den genannten Personen kraft ihres Amtes, Standes oder Gewerbes Tatsachen anvertraut sind, deren Geheimhaltung durch ihre Natur[22] oder durch gesetzliche Vorschrift geboten ist. Im Unterschied zu § 53a StPO liegt hier kein enumerativer Katalog von Berufsgruppen vor, so dass die Vorschrift im Hinblick auf die zu subsumierenden Personen interpretationsfähig ist.[23] Die Begriffe „Stand" und „Gewerbe" sind aufgrund der historischen Entwicklung im Einheitsbegriff des „Berufes" verschmolzen.[24] Auch der Amtsbegriff umfasst nicht nur die Tätigkeiten eines „Beamten" im engeren Sinne, sondern vielmehr auch neben- und ehrenamtliche Tätigkeiten, ja sogar solche,

[22] Die Bestimmung von Tatsachen, die hierunter zu subsumieren sind, dürfte im Einzelfall kaum abgrenzbar sein, so dass dieser Begriff in seiner Weite äußerst bedenklich ist - hierzu auch: Groth/Bubnoff, Vertraulichkeit bei der Mediation, NJW 2001, S. 340

[23] Kaiser, Zeugnisverweigerungsrecht der Diplompsychologen, NJW 1971, S. 491ff.

[24] Stolleis, Rechtsfragen der Telefonseelsorge, ZevKR 1972, S. 292

die nur gelegentlich ausgeübt werden.[25] Voraussetzung ist aber, dass es sich um Berufe handelt, deren Ausübung die Kenntnis schutzwürdiger Geheimnisse Dritter mit sich bringt. Auch muss eine Zusage zur Verschwiegenheit vorliegen, die für den Informationsempfänger als verpflichtend empfunden wird, denn andernfalls kann keine Pflichtenkollision entstehen. Hierzu zählen beispielsweise jene Berufsträger, die gemäß § 203 StPO einer Verschwiegenheitspflicht unterliegen, weil sie als professionelle Mitarbeiter in kirchlichen Beratungsstellen einen Beruf ausüben, der zur Verschwiegenheit verpflichtet. Andere hauptamtliche Mitarbeiter unterliegen oftmals als Angestellte der verfassten Kirche einer Amtsverschwiegenheit nach kirchlichem Arbeitsrecht. Es können auch ehrenamtliche Tätigkeiten genügen, sofern tatsächlich eine Verpflichtung zur Verschwiegenheit besteht und schutzwürdige Interessen Dritter berührt werden. In der Regel unterzeichnen die ehrenamtlich Tätigen eine Erklärung zur Verschwiegenheitswahrung oder aber ihre Verschwiegenheit folgt aus der Natur ihrer seelsorgerlichen Tätigkeit. Anders jedoch als im Strafprozess können die nach § 383 Abs. 1 Nr. 6 ZPO zeugnisverweigerungsberechtigten Personen gemäß § 385 Abs. 2 ZPO von ihrer Verpflichtung zur Verschwiegenheit durch die Parteien entbunden werden. Die aufgrund der Kirchenverträge für die Geistlichen geschlussfolgerte Ausnahme hiervon[26] kann auf die Berufshelfer nicht übertragen werden. Sie sind bei einer Entbindung von der Schweigepflicht zur Aussage verpflichtet, so dass die Möglichkeit der Zeugnisverweigerung für diese Funktionsträger immer nur eine relativierte darstellt. Ihnen bleibt dann höchstens die Möglichkeit, unter bestimmten Voraussetzungen das Zeugnis gemäß § 376 ZPO zu verweigern.

---

[25] Stein/Jonas - Berger, § 383 Anm. III 3b; Wieczorek, § 383, Anm. C III d.

[26] Siehe Teil A., III., 3.

II. Zeugnisverweigerungsrechte für kirchliche Mitarbeiter als „andere Personen des öffentlichen Dienstes"

Neben den direkten und abgeleiteten straf- und zivilprozessualen Zeugnisverweigerungsrechten existiert gem. § 54 StPO und § 376 Abs. 1 ZPO für Richter, Beamte und andere Personen des öffentlichen Dienstes die Möglichkeit, das Zeugnis über solche Umstände zu verweigern, auf die sich ihre Pflicht zur Amtsverschwiegenheit bezieht. Mitarbeitern, denen keines der bereits diskutierten Zeugnisverweigerungsrechte zusteht, könnten sich möglicherweise auf diese beiden Vorschriften berufen, um nicht in einem Verfahren aussagen zu müssen.

Zum Kreis der staatlichen Beamten werden, dem staatlichen Beamtenbegriff folgend, üblicherweise jene Personen gezählt, die von den Beamtengesetzen des Bundes und der Länder erfasst werden.[27] Jene wenigen kirchlichen Mitarbeiter, die im Staatsdienst beschäftigt sind, wie beispielsweise die Militärseelsorger, können problemlos unter § 54 StPO und § 376 Abs. 1 ZPO subsumiert werden.[28] Auf sie finden die „besonderen beamtenrechtlichen Vorschriften" Anwendung, die sie verpflichten, über die ihnen bei ihrer amtlichen Tätigkeit bekannt gewordenen Angelegenheiten Verschwiegenheit zu bewahren.[29] Ohne Genehmigung des Dienstvorgesetzten oder des Dienstherrn dürfen sie weder vor Gericht noch außergerichtlich aussagen oder Erklärungen abgeben.[30] Problematischer jedoch ist die Anwendung dieser Normen auf kirchliche Mitarbeiter, die nicht in einem solchen Arbeitsverhältnis stehen. Anders als die bisher erörterten Zeugnisverweigerungsrechte bietet diese Vorschrift nämlich keine direkten Anhaltspunkte für eine Anwendung auf weitere kirchliche Mitarbeiter.

1. Kirchlicher Dienst als „öffentlicher Dienst"

Allerdings beschränken sich § 54 StPO und § 376 ZPO nicht nur auf die Beamten und Angestellten im öffentlichen Dienst, sondern diese Normen wollen darüber hinaus auch Anwendung finden auf „andere Personen des öffentlichen Dienstes". Hierbei ist problematisch, dass es keinen fest umrissenen Kreis von Personen gibt, die hierunter zu subsumieren wären. Übereinstimmung besteht nur insoweit, als der Begriff „öffentlicher Dienst" weit

[27] Zöller - Greger, § 376, Rdnr. 3; Wieczorek, § 376, Anm. A, I, b.; Karlsruher Kommentar - Pelchen, § 54, Rdnr. 6; Löwe/Rösenberg - Dahs, § 54, Rdnr. 6; StPO Alternativkommentar - Kühne, § 54, Rdnr. 4

[28] Barth, Zum Erfordernis einer Aussagegenehmigung, ZevKR 1992, S. 263

[29] § 61 Abs. 1 Bundesbeamtengesetz, § 39 Abs. 1 Beamtenrechtsrahmengesetz

[30] § 62 Abs. 1 Bundesbeamtengesetz, § 39 Abs. 3 Satz 1 Beamtenrechtsrahmengesetz

auszulegen ist.[31] Entscheidend soll sein, dass jemand eine Tätigkeit ausübt, die mit der Amtsfunktion einer Behörde im weitesten Sinne im Zusammenhang steht.[32] Diese Art „öffentlicher Dienst" soll nicht bloß auf den Bereich staatlicher oder kommunaler Verwaltung beschränkt sein.[33] Vielmehr bezieht sich § 54 StPO auch auf jene Personen, die einer Tätigkeit nachgehen, die als „öffentlicher" Gegenstand zu qualifizieren ist, und die in einem behördenähnlichen Anstellungsverband beschäftigt sind, der ihnen diese Tätigkeit zuweist und ihre Erfüllung überwacht. Zwischen dem Einzelnen und dem Verband des öffentlichen Rechts soll auf der Grundlage einer besonderen Verpflichtung eine Beziehung vorliegen, die zur Treue und zum Gehorsam verpflichtet, den Einzelnen also zum Mitträger der in Betracht kommenden amtlichen Funktionen macht.[34] „Andere Personen des öffentlichen Dienstes" sind demnach all diejenigen Personen, die nicht Richter, Beamte oder Angestellte des öffentlichen Dienstes sind, aber dennoch der Amtsverschwiegenheit unterliegen[35] und solche Funktionen wahrnehmen, die in diesem Sinne als öffentlicher Dienst gewertet werden können.[36] Da die Kirchen Körperschaften des öffentlichen Rechts sind, könnte geschlussfolgert werden, auch ihre Beschäftigten dem öffentlichen Dienst in diesem Sinne gleichzustellen und über diese Normen ein Zeugnisverweigerungsrecht zu gewähren. Lediglich jene Mitarbeiter, die bloß mechanische, untergeordnete Tätigkeiten verrichten, sollen hiervon ausgeschlossen sein.[37]

---

[31] Dallinger, Das Dritte Strafrechtsänderungsgesetz, JZ 1953, S. 136; Stromberg, Über das Zeugnisverweigerungsrecht und die Genehmigungsbedürftigkeit, MDR 1974, S. 892ff. m.w.Nw.

[32] OVG Münster MDR 1955, 61; Kleinknecht/Meyer-Goßner, § 54, Rdnr. 10; Löwe/Rosenberg - Dahs, § 54, Rdnr. 9; Stromberg, Über das Zeugnisverweigerungsrecht und die Genehmigungsbedürftigkeit, MDR 1974, S. 893

[33] Stromberg, Über das Zeugnisverweigerungsrecht und die Genehmigungsbedürftigkeit, MDR 1974, S. 893; Löwe/Rosenberg - Dahs, § 54, Rdnr. 9; Kleinknecht/Meyer-Goßner, § 54, Rdnr. 10

[34] Stromberg, Über das Zeugnisverweigerungsrecht und die Genehmigungsbedürftigkeit, MDR 1974, S. 893

[35] Merkl, Die Zeugenaussage nichtbeamteter Personen, S. 20; Düwel, Amtsgeheimnis, S. 47

[36] StPO Alternativkommentar - Kühne, § 54, Rdnr. 5; Karlsruher Kommentar - Pelchen, § 54, Rdnr. 8

[37] Stromberg, Über das Zeugnisverweigerungsrecht und die Genehmigungsbedürftigkeit, MDR 1974, S. 893; Löwe/Rosenberg - Dahs, § 54, Rdnr. 9; dem ist zuzustimmen, weil solche Tätigkeiten regelmäßig nicht der unmittelbaren Verfolgung eines spezifisch kirchlichen Zweckes dienen. Eine präzise Abgrenzung rein mechanischer, untergeordneter Tätigkeiten von anderen Tätigkeiten, die auch nicht unmittelbar der Verfolgung eines kirchlichen Zweckes dienen, ist allerdings mit erheblichen Schwierigkeiten verbunden und nur im jeweils konkreten Einzelfall möglich.

Ob jedoch der Körperschaftsstatus der Kirchen automatisch zu einer Gleichsetzung des kirchlichen Dienst mit dem öffentlichen Dienst führen kann, ist fraglich. Früher wurde dies bereits grundsätzlich als notwendige Folge des kirchlichen Status als öffentlich-rechtliche Körperschaft angesehen.[38] Dagegen spricht jedoch, dass sich der Körperschaftsstatus der Kirchen, wie oben ausführlich beschrieben,[39] von dem der anderen staatlichen Körperschaften unterscheidet. Die Kirchen sind Körperschaften *sui generis*.[40] Sie ordnen und verwalten gemäß Art. 140 GG i.V.m. Art. 137 Abs. 3 WRV ihre eigenen Angelegenheiten selbständig, so dass der staatliche Einfluss auf ihre Arbeitsbeziehungen ein nur begrenzter ist. Deshalb stellt auch das Beamtenrechtsrahmengesetz in § 135 klar, dass es keine Anwendung auf die öffentlich-rechtlichen Religionsgesellschaften findet. Und auch im Strafrecht sind kirchliche Amtsträger trotz des Körperschaftsstatus nicht vergleichbar mit den Amtsträgern im Sinne des § 11 Abs. 1 Nr. 2 StGB. Zudem übernehmen die Kirchen keine originäre öffentlich-rechtliche Aufgabe des Staates oder einer Kommune als Beauftragte oder Erfüllungsgehilfen. Die Kirchen haben zwar eine „öffentliche Funktion", aber eine solche nehmen auch viele nichtstaatliche Organisationen und Institutionen wahr, wie beispielsweise die politischen Parteien, die Presse oder die Tarifvertragsparteien, ohne dass bei ihnen eine Gleichstellung mit dem Staat vorgenommen wird.[41] Darüber hinaus dienen nicht alle Aufgaben der Kirchen unmittelbar dem Gemeinwohl und sind an sich Sache des Staates oder der politischen Gemeinde. Den kirchlichen Dienst aufzusplittern in öffentliche und nicht öffentliche Funktionen, ist aber kaum umsetzbar.[42] Daher ist es problematisch, den kirchlichen Dienst allgemein als „öffentlichen Dienst" zu qualifizieren.
Dem lässt sich jedoch entgegenhalten, dass bereits zahlreiche Verträge zwischen Kirche und Staat bestimmen, dass der kirchliche Dienst zugleich auch „öffentlicher Dienst" ist.[43] Vor allem kann auf Ähnlichkeiten der Kirchen mit dem staatlichen Bereich verweisen werden, die eine Vergleichbarkeit nahele-

[38] Friesenhahn, Die Kirchen als Körperschaft des öffentlichen Rechts, HdbStKirchR, Bd. I, S. 564
[39] Siehe Teil B., III., 2.
[40] Kleine, Institutionalisierte Verfassungswidrigkeit im Verhältnis von Staat und Kirche, S. 201
[41] Stein/Jonas - Berger, § 376, Rdnr. 31, Anm. 20
[42] Barth, Zum Erfordernis einer Aussagegenehmigung, ZevKR 1992, S. 267
[43] Art. 1 Abs. 2 S. 2 NiedersKV; Art. 2 Abs. 2 Schlesw.-Holst. KV; Art. 1 Abs. 4 HessKV; Art. 1 Abs. 2 HessErgV; Art. 1 Abs. 3 des Vertrages zwischen Rheinl.-Pfalz und den (Erz-)Bistümern Köln, Limburg, Mainz, Speyer und Trier vom 18.9.1975 über Fragen der Rechtsstellung und der Vermögensverwaltung; Art. 1 Abs. 3 des Vertrages zwischen dem Saarland und den Bistümern Speyer und Trier vom 10.2.1977 über Fragen der Rechtsstellung und der Vermögensverwaltung; Art. 2 Abs. 3 Rheinl.Pfalz.

gen. Sowohl der kirchliche als auch der öffentliche Dienst unterliegen nicht den Mechanismen der Marktwirtschaft. Beiden fehlt es an dem die private Wirtschaft beherrschenden Gegensatz von Kapital und Arbeit.[44] Vergleichbar sind Kirchen und staatliche Behörden auch aufgrund ihrer Verwaltungsstrukturen sowie der Einbindung der Mitarbeiter in das „Behörden- und Ämtersystem".[45] Außerdem wird die Wahrnehmung einer „öffentlichen" Aufgabe, die dem öffentlichen Dienst zugerechnet werden kann, allgemein als eine Tätigkeit verstanden, die unmittelbar dem Gemeinwohl dient und an sich Sache des Staates oder der politischen Gemeinde wäre.[46] Diese Voraussetzungen werden nach überwiegender Ansicht zumindest von jenen kirchlichen Mitarbeitern erfüllt, die bestimmte Tätigkeiten der Fürsorge und Verwaltung wahrnehmen.[47] Die öffentliche Bedeutung des kirchlichen Dienstes zeigt sich daher insbesondere auch im sozial-karitativen Bereich.[48] Darüber hinaus können die Kirchen aufgrund ihrer Dienstherrnfähigkeit dem staatlichen Beamtenrecht vergleichbare Dienstverhältnisse eingehen, die sie durch einseitigen Hoheitsakt anstelle eines Vertragsschlusses unter Außerachtlassung des bürgerlichen Rechts, also Dienstvertrags- und Arbeitsrecht, gestalten.[49] Selbst ihre Arbeitsverhältnisse sind von Strukturen des öffentlichen Dienstes beeinflusst. Dies wird zum Beispiel daran deutlich, dass die Kirchen, wenn sie Tarifwerke für ihre Mitarbeiter übernehmen, im Regelfall die für den öffentlichen Dienst ausgehandelten Tarifverträge anwenden. Abgesehen von einzelnen Sonderregeln lehnt sich deshalb sowohl das kirchliche Beamtenrecht als auch das kirchliche Sonderarbeitsrecht an die Grundsätze des öffentlichen Dienstes an.[50] Außerdem lässt sich gerade im Hinblick auf § 54 StPO und § 376 ZPO anführen, dass es der staatlichen Perspektive vergleichbar den Kirchen nicht nur um die Geheimhaltung von Privatgeheimnissen geht, sondern auch ihr Geheimhaltungsinteresse als ein öffentliches

---

KV; Art. 8 Abs. 1 Sachs.-Anh. KV; Art. 1 Abs. 4 Meckl.-Vorp. KV; Art. 7 Abs. 1 Thür. KV; Art. 9 Abs. 1 Sächs. KV

[44] Frank, Entwicklung und Probleme des kollektiven Arbeitsrechts, RdA, 1979, S. 92; Grethlein, Die Autonomie der Kirche, ZevKR 1979, S. 285f., Anm. 39

[45] Pahlke, Kirche und Koalitionsrecht, S. 168

[46] Stromberg, Über das Zeugnisverweigerungsrecht und die Genehmigungsbedürftigkeit, MDR 1974, S. 893; Löwe/Rosenberg - Dahs, § 54, Rdnr. 9; OLG Köln StrFO 1990, 91

[47] Schmidt, Eb., StPO Lehrkommentar I, § 54, Rdnr. 4; KMR - Paulus, § 54, Rdnr. 22; Karlsruher Kommentar - Pelchen, § 54, Rdnr. 8; Heinsen, Die Zeugnisverweigerungsrechte von Mitarbeitern, S. 96

[48] Wegener, Wohlfahrtspflege, S. 146ff.; Wendt, Gestaltungsfreiheit, S. 61; Meyer-Teschendorf, Der Körperschaftsstatus der Kirchen, AöR 1978, S. 322ff.; Hesse, Die Entwicklung des Staatskirchenrechts, JöR 1961, S. 50f.

[49] Richardi, Arbeitsrecht in der Kirche, S. 7 m.w.Nw.

[50] Rüfner, Das kirchlich rezipierte und adaptierte Dienst- und Arbeitsrecht, HdbStKirchR, Bd. II, S. 896

bewertet werden kann.[51] Da die Kirchen somit im Ergebnis weder eindeutig dem Staat noch den Privaten zugeordnet werden können, erscheint es aufgrund ihrer Sonderstellung sachgerecht, die Erfüllung der „eigenen Angelegenheit" eher in die Nähe staatlicher als privater Aufgaben anzusiedeln und dem kirchlichen Dienst den Rang einer öffentlichen Aufgabe zuzuerkennen.[52] Daraus lässt sich insgesamt schließen, dass „kirchlicher Dienst zwar niemals staatlicher Dienst" ist, „wohl aber Bestandteil eines nicht auf das ‚Staatliche' beschränkten öffentlichen Diestes."[53]

2. Zeugnisverweigerungsrechte gem. § 54 StPO und § 376 ZPO für „Kirchenbeamte"

Die bereits erwähnte Dienstherrnfähigkeit der Kirchen ermöglicht es ihnen, Dienstverhältnisse zu begründen, die den beamtenrechtlichen Dienstverhältnissen des öffentlichen Dienstes entsprechen. Mitarbeiter in diesen Anstellungsverhältnissen sind die sogenannten Kirchenbeamten, zu denen nicht nur die Pfarrer gehören, sondern insbesondere auch jene Beschäftigten der evangelischen Kirche, die Aufgaben im Rahmen der Kirchenleitung und Verwaltung übernehmen. Ähnlich den staatlichen Regeln zum Amtsgeheimnis unterliegen sie gemäß § 46 Kirchenbeamtengesetz einer speziellen Verschwiegenheitspflicht.[54] Auch in der katholischen Kirche gibt es einige Fachkräfte, die sich beispielsweise dem weltlichen Recht und den Finanzaufgaben widmen und dem staatlichen Beamtenrecht nachgebildete Verträge mit ent-

---

[51] Barth, Zum Erfordernis einer Aussagegenehmigung, ZevKR 1992, S. 266

[52] Im Ergebnis ebenso: Kleinknecht/Meyer-Goßner, StPO, § 54, Anm. 10; Löwe/Rosenberg - Dahs, § 54, Rdnr. 9; Feller, Persönliche und gegenständliche Reichweite der Aussagegenehmigung, JZ 1961, 629f.; Rengier, Die Zeugnisverweigerungrechte im geltenden und künftigen Strafverfahrensrecht, S. 44; Zimmermann, § 376, Rdnr. 1; Stein, Das strafprozessuale Schweigerecht von Seelsorgehelfern, ZevKR 1976, S. 419; Hiebl, Anmerkung zu BGH, StraFO 1999, S. 89; Barth, Zum Erfordernis einer Aussagegenehmigung, ZevKR 1992, S. 271; Hecker, Zur völligen Ungeeignetheit eines Beweismittels, JR 1999, S. 431; Heinsen, Die Zeugnisverweigerungsrechte der Mitarbeiter, S. 96, 99; Campenhausen, Staatskirchenrecht, S. 132; Stromberg, Über das Zeugnisverweigerungsrecht und die Genehmigungsbedürftigkeit, MDR, 1974, S. 893; Baumbach/Lauterbach/Albers/Hartmann, § 376, Rdnr. 3; Zöller - Greger, § 376, Rdnr. 4; a.A.: Wieczorek, § 376, Anm. A, I, c, 3; Stein/Jonas - Berger, § 376, Rdnr. 31 Anm. 20

[53] Pahlke, Kirche und Koalitionsrecht, S. 168

[54] ABl. VELKD Bd. V. S. 197, zuletzt geändert am 16.10.1990, ABl. VELKD Bd. VI, S. 134; Feller, Persönliche und gegenständliche Reichweite der Aussagegenehmigung, JZ 1961, S. 630; Barth, Zum Erfordernis einer Aussagegenehmigung, ZevKR 1992 S. 266; a.A.: Düwel, Das Amtsgeheimnis, S. 75f.

sprechenden Klauseln zur Verschwiegenheit besitzen.[55] In Anlehnung an die Regelungen in den staatlichen Beamtengesetzen bedarf die gerichtliche und außergerichtliche Aussage der Kirchenbeamten über Angelegenheiten, die einer Verschwiegenheitspflicht unterliegen, der Einwilligung seitens der obersten Dienstbehörde oder einer von ihr bestimmten Stelle.[56] Analog zu den beamtenrechtlichen Vorschriften lässt sich bei den Kirchenbeamten auf die entsprechenden Vorschriften in den kirchlichen Gesetzen verweisen.[57] Eine Einwilligung soll dann, analog zum staatlichen Recht, statt bei Gefährdung staatlicher Interessen bei Gefährdung wichtiger kirchlicher Interessen versagt werden.[58] Aufgrund der vorgebrachten Entsprechungen muss eine Anwendung des § 54 StPO und § 376 ZPO auf die Kirchenbeamten bei der katholischen und evangelischen Kirche als möglich angesehen werden.
Bei jenen Körperschaften aber, die nicht in gleichen Maße wie die katholische und evangelische Kirche über strukturelle Ähnlichkeiten mit dem öffentlichen Dienst verfügen, erscheint die Anwendung dieser Normen fraglich. Nicht selten stehen sie der Idee des „verbeamteten" Mitarbeiters ohnehin skeptisch gegenüber oder erscheint ihnen der Erlass solch detaillierter Regelungen zu aufwendig und wenig zweckmäßig.[59] Teilweise wird darüber hinaus sogar bereits die Fähigkeit, eigenes Amtsrecht zu erlassen, für andere Religionsgemeinschaften in Frage gestellt.[60] Des weiteren stellt sich aber im Hinblick auf die katholische und evangelische Kirche die Frage, ob diese Norm auch Anwendung finden kann auf jene Mitarbeiterinnen und Mitarbeiter, die nicht in einem solchen beamtenähnlichen Dienstverhältnis stehen.

[55] So normiert beispielsweise § 92 der Kirchlichen Beamtenordnung des Bistums Freiburg eine exakt dem staatlichen Beamtenrecht nachgebildete Schweigepflicht.

[56] Feller, Persönliche und gegenständliche Reichweite der Aussagegenehmigung, JZ 1961, 629f.; Barth, Zum Erfordernis einer Aussagegenehmigung, ZevKR 1992, S. 268; Münchner Kommentar - Damrau, § 376, Rdnr. 6

[57] Für die evangelische Kirche: § 46 Abs. 2 Kirchenbeamtengesetz; für die katholische Kirche beispielsweise § 93 der Kirchlichen Beamtenordnung Freiburg und die entsprechenden Regelungen der anderen Bistümer.

[58] Zwar hält Wieczorek, § 376, A, I, c, 3 im Falle einer verweigerten Ausnahmegenehmigung für den kirchlichen Dienst die Rechtsbehelfe vor staatlichen Verwaltungsgerichten für ausgeschlossen und ein Zeugnisverweigerungsrecht daher für nicht gegeben, doch wendet Barth, Zum Erfordernis einer Aussagegenehmigung, S. 269f., zu Recht ein, dass die kirchlichen Geheimhaltungsinteressen und mit ihnen die kirchliche Eigenständigkeit durch Fehlen einer verwaltungsgerichtlichen Überprüfung weniger leiden als durch ihre Nichtanerkennung; außerdem weist er darauf hin, dass kircheninterne Gerichte angerufen werden können.

[59] Held, Die kleinen öffentlich-rechtlichen Religionsgemeinschaften, S. 56ff. m.w.Nw.

[60] Köttgen, Festgabe Smend, S. 148

3. Zeugnisverweigerungsrechte gem. § 54 StPO und § 376 ZPO für Mitarbeiter in sonstigen arbeitsvertraglichen Anstellungsverhältnissen

Trotz ihrer Dienstherrnfähigkeit regeln die Kirchen nämlich die überwiegende Zahl ihrer Arbeitsverhältnisse nicht als Dienstverhältnisse im beamtenrechtlichen Sinne, sondern privatautonom auf der Grundlage von Arbeitsvertragsrecht.[61] Auch diese Beschäftigten unterliegen in der Regel einer Verschwiegensheitspflicht, wenn sie arbeitsvertraglich verankert ist. Die vertragliche Schweigepflicht für diesen Personenkreis ergibt sich dabei regelmäßig aus den nach kirchlichem Arbeitsvertragsrecht anwendbaren Tarifwerken, wie § 9 Abs. 1 und 4 BAT und § 11 Abs. 1 bzw. 4 MTL.[62] Allerdings müssten ihre Aussagen bei einer Anwendung von §§ 54 StPO und 376 ZPO ebenfalls unter dem Vorbehalt der Genehmigung durch den Dienstvorgesetzten stehen, um zu gewährleisten, dass alles, was die Mitarbeiter in Ausübung ihres Dienstes erfahren, der Verfügungsbefugnis des Dienstherrn unterliegt.[63] Die verfassungsrechtliche Autonomie der Kirche spricht dafür, auch hier wie bei den Kirchenbeamten anstelle des staatlichen Beamtenrechts allein die kirchlichen Normen für den Genehmigungsvorbehalt heranzuziehen.[64] Für die betroffenen kirchlichen Mitarbeiter aber liegen solche parallelen Regelungen überhaupt nicht vor. Die herangezogenen tarifrechtlichen Regelungen verpflichten zwar zur Verschwiegenheit, enthalten jedoch keinen Hinweis auf einen Genehmigungsvorbehalt.[65]

Das strafprozessuale Schrifttum[66] und die bisher selten ergangene Rechtsprechung[67] greifen jedoch ohne nähere Begründung im Falle des Fehlens

---

[61] Richardi, Arbeitsrecht in der Kirche, S. 63, Rdnr. 1

[62] Entsprechende Schweigepflichten normiert beispielsweise für die katholische Kirche § 9 ABD für die bayerischen Bistümer, § 6 AVO für das Bistum Hildesheim, § 9 KAVO für das Bistum Trier, § 5 DVO für das Bistum Görlitz und Regensburg, § 8 KAVO für die Nordrheinwestfälischen Bistümer sowie die §§ 8 und 27 der Dienstvertragsverordnung im evangelischen Bereich.

[63] Feller, Persönliche und gegenständliche Reichweite der Aussagegenehmigung, JZ 1961, S. 628f.

[64] Merkl, Die Zeugenaussage nichtbeamteter Personen, S. 31, 140ff.; Barth, Zum Erfordernis einer Aussagegenehmigung, ZevKR 1992, S. 270

[65] Die tarifvertraglichen Regelungen wären ohnehin nicht in der Lage, die von § 376 ZPO und § 54 StPO vorausgesetzten Rechtsnormen zu schaffen, so auch Barth, Zum Erfordernis einer Aussagegenehmigung, ZevKR 1992, S. 270; Stein/Jonas - Berger, § 376 II, Rdnr. 37; a.A.: OLG Zweibrücken MDR 1995, 202 (=FamRZ 1995, 679)

[66] Kleinknecht/Meyer-Goßner, § 54, Rdnr. 9ff.; Löwe/Rosenberg - Dahs, § 54, Rdnr. 8; KMR - Paulus, § 54, Rdnr. 16ff.; Karlsruher Kommentar - Pelchen, § 54, Rdnr. 7; Düwel, Das Amtsgeheimninis, S. 48f.

[67] Stromberg mit Verweis auf LG Hamburg, MDR 1974, S. 892ff.; OLG Köln StraFo 1999, S. 91

bereichsspezifischer Regelungen für den Genehmigungsvorbehalt bei Arbeitern und Angestellten im öffentlichen Dienst, auf die beamtenrechtlichen Regelungen zurück. Auch die zivilprozessualen Kommentierungen stimmen mittlerweile überwiegend dieser Ansicht zu.[68] Dem kann gefolgt werden, da der Fortbestand der Verschwiegenheitspflichten vor Gericht nicht allein vom Bestehen eines Genehmigungsvorbehalts abhängen kann. Ein Genehmigungsvorbehalt kann zwar bei verweigerter Aussagegenehmigung das Zeugnisverweigerungsrecht der Mitarbeiter einschränken, würde aber das Fehlen einer speziellen Regelung zur Aussagegenehmigung zu einer Nichtanwendung der §§ 54 StPO und 376 ZPO führen, so hätte dies einen generellen und gänzlichen Ausfall der Verweigerungsmöglichkeiten zur Folge und würde die arbeitsvertraglichen Verschwiegenheitspflichten vor Gericht nutzlos machen. Somit muss auch für kirchliche Mitarbeiter trotz fehlenden Genehmigungsvorbehalts in den spezifischen kirchlichen Regelungswerken oder Verweisungen eine Anwendung der §§ 54 StPO, 376 ZPO auf die entsprechenden kirchlichen Mitarbeiter möglich sein.[69] Um jedoch Rechtsunsicherheiten in diesem Bereich entgegenzutreten, sollten die Kirchen zukünftig einen entsprechenden Genehmigungsvorbehalt in ihre Arbeitsverträge einfügen.[70]

4. Zeugnisverweigerungsrechte gem. § 54 StPO und § 376 ZPO für Mitarbeiter freier kirchlicher Träger

Als weiterhin problematisch erweist sich die Übertragung dieser bei Anwendung auf die verfasste Kirche ohnehin schon strapazierten Normen auf die freien kirchlichen Träger. Diese stellen aber eine Vielzahl von Beschäftigten im kirchlichen Dienst und decken soziale Bereiche ab, in denen die Ausübung eines Zeugnisverweigerungsrechts oftmals sinnvoll sein würde.[71] Die freien Träger sind regelmäßig als Teile der Kirche anzusehen, da sie trotz ihres privatrechtlichen Charakters kirchliche Aufgaben erfüllen. Seit Jahr-

[68] Baumbach/Lauterbach/Albers/Hartmann, § 376, Rdnr. 3; Wiecorek, § 376, A I b 1; Zöller - Greger, § 376, Rdnr. 4; Breier, Kommentar zum BAT, § 9 Anm. 2; Scheuring-Steinger, Kommentar zum Manteltarifvertrag für Arbeiter der Länder, § 11 Rdnr. 6; a.A.: Barth, Zum Erfordernis einer Aussagegenehmigung, ZevKR 1992, S. 271; Stein/Jonas - Berger, § 376, Rdnr. 37

[69] Thannhausen, Zeugnisverweigerungsrecht, KuR 2000, S. 200; OLG Zweibrücken FamRZ 1995, 679; OLG Köln StraFo 1999, 90

[70] Barth, Die Zeugengenehmigung, ZevKR 1992, S. 271

[71] Rengier, Die Zeugnisverweigerungsrechte im geltenden und künftigen Strafverfahrensrecht, S. 44; Hecker, Anmerkung zu BGH, JR 1999, S. 431, Anm. 34; Wagener, Einführung in das Recht, S. 87; Hager/Sehrig, Vertrauensschutz in der sozialen Arbeit, S. 75f.; zum Ganzen: Heinsen, Die Zeugnisverweigerungsrechte von Mitarbeitern, S. 95ff.

zehnten ist aufgrund einer großzügigen verfassungsgerichtlichen Rechtsprechung anerkannt, dass auch einzelne Untergliederungen und die mittelbar kirchlichen Träger am Schutz der Kirchenautonomie aus Art. 140 GG i.V.m. Art. 137 Abs. 3 WRV teilhaben.[72] Weil und soweit sie organisch zur Kirche gehören und der Erfüllung kirchlicher Aufgaben dienen, soll auch ein von den Kirchen abgeleiteter Schutz für sie möglich sein. Allerdings wird dies nur dann bejaht, wenn bestimmte Voraussetzungen gegeben sind.[73] Hierzu zählt, dass der satzungsgemäße Zweck und die Aufgaben der Einrichtung dazu bestimmt sein müssen, „ein Stück Auftrag der Kirche wahrzunehmen", das im Einklang mit deren Bekenntnis steht.[74] Weiterhin bedarf es bei rechtlich selbständigen Trägern der Anerkennung durch die Amtskirche und der Verbindung mit ihren Amtsinhabern.[75] Außerdem muss eine institutionelle Verbindung zwischen der amtskirchlichen Organisation und den jeweiligen Trägern bestehen, die durch ihre Satzungen sicherzustellen ist.[76] Liegen diese Voraussetzungen vor, soll die Rechtsform der Einrichtung nicht mehr entscheidend sein, sondern die Zuordnung zur Kirche ermöglicht werden. Dies erscheint schon allein deshalb ein sinnvolles Ergebnis, da sich die Kirchen der Rechtsform eines privatrechtlichen Vereins regelmäßig allein aus Zweckmäßigkeitsgesichtspunkten bedienen.[77] Auch sind oftmals die Mitwirkungsrechte der verfassten Kirche auf vielfache Art fest in manchen Vereinssatzungen kirchlicher Träger vorgesehen.[78] Darüber hinaus existieren zahlreiche enge Verbindungen und Verflechtungen von Trägerverbänden und der jeweiligen Kirche. Die Einrichtungen erfüllen außerdem oftmals funktional die gleichen Aufgaben wie die verfasste Kirche, so dass eine starre Grenzziehung zwischen Wohlfahrtspflege durch eine körperschaftliche Organisationsform der Kirche und einer solchen in freier kirchlicher Trägerschaft schlicht unpraktikabel erscheint. Demnach müssten auch die Beschäftigten in Einrichtungen der freien kirchlichen Träger dem „öffentlichen Dienst" im Sinne des § 54 StPO und § 376 ZPO zuzuordnen sein.[79]

---

[72] BVerfGE 46, 73 (86f.); 24, 236 (246); 53, 366 (391ff.); 57, 220 (242f.); 70, 138 (161, 163); Campenhausen, Staatskirchenrecht, S. 110f.; Eberle, Sozialstationen in kirchlicher Trägerschaft, S. 56ff.; Isensee, Die karitative Betätigung, HdbStKirchR, Bd. II, S. 727ff.

[73] BVerfGE 46,73 (85ff.); 53, 366 (391f.)

[74] BVerfGE 46, 73 (85ff.); 53, 366 (391f.); 57, 22 (242); 70, 138 (161,163)

[75] BVerfGE 46, 73 (87); 53, 366 (392)

[76] BVerfGE 46, 73 (87); 53, 366 (392ff.)

[77] Eberle, Sozialstationen in kirchlicher Trägerschaft, S. 120

[78] Tiling, Die karitativen Werke, HdbStKirchR, Bd. II., S. 817, Anm. 18; Campenhausen, Staatskirchenrecht, S. 193, Anm. 29

[79] Heinsen, Die Zeugnisverweigerungsrechte der Mitarbeiter, S. 17ff. m.w.Nw.

Eine solche Auffassung würde in der Praxis jedoch zu einer völligen Überdehnung dieser Normen führen. Denn bei genauerer Betrachtung ist das Näheverhältnis zwischen Kirche und freien Trägern nicht dergestalt, dass eine Qualifizierung der Tätigkeit der Beschäftigten von freien Trägern als „öffentlicher Dienst" legitimierbar ist. Bereits die Anwendung der Normen auf die Mitarbeiter der verfassten Kirche erweist sich, wie dargestellt, als problematisch und ist nur aufgrund bestimmter Parallelen zum öffentlichen Dienst zulässig. Die strukturellen Ähnlichkeiten der verfassten Kirche mit dem öffentlichen Dienst sind bei den freien Trägern aber nicht in gleicher Weise vorhanden. Sie verfügen gerade nicht über einen „behördenähnlich strukturierten Anstellungsverband",[80] wie er bei der verfassten Kirche zumindest teilweise zu finden ist. Eine gewisse Nähe zur verfassten Kirche ist sicherlich gegeben. So sehen die Satzungen der freien kirchlichen Träger – vorbildhaft bei den großen Verbänden wie Caritas und Diakonie – zahlreiche Einfluss- und Aufsichtsbefugnisse der Kirche vor,[81] dennoch ist dies nicht zwingend bei allen kirchlichen Trägern der Fall. Oftmals aber beschränkt sich die „Kirchlichkeit" auf bloß wohlwollende Akzeptanz durch die Kirchenleitung, so dass die von der Rechtsprechung geforderten Voraussetzungen nur in ihrer minimalsten Form vorliegen.[82] Außerdem besteht eine finanzielle Abhängigkeit von der verfassten Kirche nur zum Teil, so dass die Kontroll- und Einflussmöglichkeiten beschränkt sind. Eine unmittelbare Aufsicht der Kirche wäre im Übrigen mit dem kirchlichen Vereinsrecht gar nicht zu vereinbaren.[83] Die privatrechtlichen Arbeitsverhältnisse der freien Träger werden geschlossen, ohne dass die verfasste Kirche daran beteiligt sein muss. Anstellungsträger sind die jeweiligen privatrechtlichen Träger der Einrichtungen. Sie üben die Fach- und Dienstaufsicht aus. Die Beschäftigten sind zwar kirchliche Mitarbeiter und haben am kirchlichen Auftrag teil,[84] aber Ähnlichkeiten mit den sonst üblichen Strukturen der Kirche liegen bei den freien Trägern somit nicht vergleichbar vor. Ganz bewusst bezeichnen sich

---

[80] Stromberg, Über das Zeugnisverweigerungsrecht und die Genehmigungsbedürftigkeit, MDR 1974, S. 893

[81] Vgl. §§ 2, 22, 23, 10 Satzung des Deutschen Caritasverband, in: Caritas-Korrespondenz, Sonderheft I/1997, S. 2-10; ähnlich auch die Satzungen der Diözesan-Caritasverbände; Hierold, Der karitative Dienst der Kirche, HdbStKirchR, Bd. II, S. 1036f.; §§ 1, 2 Abs. 2 und 4 Abs. 2 des Kirchengesetzes über das Diakonische Werk der EKD vom 6.11.1975 (ABl. EKD, S. 713); §§ 7, 8, 9, 11 und 17 der Satzung des Diakonischen Werks der EKD vom 6.6.1975 (ABl. EKD, S. 714), geändert am 30.10.1979 (ABl. EKD, S. 557)

[82] Tiling, Die karitativen Werke, HdbStKirchR Bd. II, S. 815

[83] Eberle, Sozialstationen in kirchlicher Trägerschaft, S. 58, 125

[84] Artt. 1, 2 und 4 Grundordnung des kirchlichen Dienstes im Rahmen kirchlicher Arbeitsverhältnisse vom 22.9.1993; Richardi, Arbeitsrecht in der Kirche, S. 11, 27ff; Campenhausen, Staatskirchenrecht, S. 200

einige Träger als Verbände der *freien* Wohlfahrtspflege, wodurch deutlich wird, dass sie ihre Leistungen in eigener Zuständigkeit erbringen und eindeutig dem Privaten zugeordnet werden möchten. Dies entspricht auch der ursprünglichen historischen Dynamik, wonach die freien Träger unabhängig von der verfassten Kirche und vor allem vom Staat agieren wollten.[85] In einem solchen Fall noch von „öffentlichem Dienst" zu sprechen, wäre daher eine kaum noch begründbare Ausdehnung des § 54 StPO und § 376 ZPO. Da die Kirchen zahlreiche freie Träger als zu ihnen gehörig anerkennen, muss vielmehr davon ausgegangen werden, dass sie eine Abwägung getroffen haben, bei der ein Verzicht auf die Gleichsetzung mit dem „öffentlichen Dienst" zugunsten anderer Vorteile bewusst in Kauf genommen wurde. Die Mitarbeiter kirchlicher Einrichtungen in freier Trägerschaft können sich daher nicht auf ein Zeugnisverweigerungsrecht gemäß § 54 StPO oder § 376 ZPO berufen.

[85] Tiling, Die karitativen Werke, HdbStKirchR Bd. II, S. 812

III. Zeugnisverweigerungsrechte abgeleitet aus Art. 2 Abs. 1 i.V.m. Art. 1 Abs. 1 GG

Die dargelegten Ausnahmen von der Zeugenpflicht stellen zahlreichen kirchlichen Mitarbeitern in einem erheblichen Maße Möglichkeiten der Zeugnisverweigerung zur Verfügung. Trotz dieser weitgehenden Verweigerungsmöglichkeiten können dennoch gerade für kirchliche Mitarbeiter Konfliktsituationen entstehen, die im Rahmen der gesetzlich normierten Zeugnisverweigerungsrechte nicht gelöst werden können. Möglich sind massive Pflichtenkollisionen zwischen dem kirchlichen Recht, namentlich dem Anspruch der Wahrung des Beichtgeheimnisses, und dem staatlichen Wahrheitserforschungsinteresse. So beispielsweise dann, wenn die katholischen Mitarbeiter absichtlich oder aber auch nur zufällig in irgendeiner Weise in das Beichtgeschehen einbezogen wurden. Wie bereits dargelegt, sind beispielsweise Hausmeister, Handwerker oder das Reinigungspersonal nicht vom Zeugnisverweigerungsrecht erfasst, da ihre Tätigkeit nicht unmittelbar in die Arbeit des Geistlichen einbezogen ist und sie aufgrund ihrer untergeordneten rein mechanischen Tätigkeit auch nicht als andere öffentliche Bedienstete gelten können. Auch wenn ihre Tätigkeit für den pastoralen Bereich keine direkte Bedeutung hat, kann es doch vorkommen, dass sie bei der Ausübung ihrer Arbeit Zeugen von vertraulichen Informationen werden. So ist denkbar, dass sie während ihrer Arbeit im Kirchengebäude oder im Pfarrhaus zufällig Inhalte eines Beichtgesprächs mithören, die dann in einem Verfahren von größter Bedeutung sind. Da die direkten Zeugen aufgrund der Zeugnisverweigerungsrechte aber regelmäßig ausscheiden, werden diese übrigen Zeugen zu Schlüsselfiguren bei der Wahrheitsfindung im Verfahren. Handelt es sich bei den Mitarbeitern um gläubige Christen, was bei den kirchlichen Bediensteten der Regelfall sein sollte, so entstehen erhebliche Konflikte. Für alle Katholiken, die in irgendeiner Weise Kenntnisse aus einer Beichte erhalten haben, gilt gemäß can. 983 § 2 CIC/1983 die absolute Pflicht, dieses Wissen zu wahren. Würden sie nun der allgemeinen staatlichen Zeugenpflicht nachkommen müssen und dieses Wissen im Prozess preisgeben, so wären sie gemäß can. 1388 § 2 CIC/1983 bei Verletzung des Beichtgeheimnisses mit einer „gerechten Strafe“ zu belegen und selbst die Exkommunikation wäre nicht ausgeschlossen. Letzteres hätte unter Umständen auch zur Folge, dass sie mit einer Entlassung aus ihrem kirchlichen Arbeitsverhältnis wegen Verletzung ihrer spezifischen Loyalitätsobliegenheiten rechnen müssten.[86] Für die betroffenen Zeugen bedeutet dies einen nicht aufzulösenden Gewissens-

[86] Sekretariat der Deutschen Bischofskonferenz, Grundordnung des kirchlichen Dienstes im Rahmen kirchlicher Arbeitsverhältnisse, Art. 5 Abs. 2

konflikt. Sie müssten entweder die staatlichen Sanktionen hinnehmen oder Kirchenstrafen akzeptieren. Ein solcher Konflikt kann mit den positivrechtlichen Zeugnisverweigerungsrechten nicht aufgelöst werden. Rechtsprechung und Literatur erkennen aber teilweise an, dass unter ganz besonders strengen Voraussetzungen eine Begrenzung der Zeugenpflicht unmittelbar aus der Verfassung zulässig ist.[87] Nach Ansicht des Bundesverfassungsgerichts enthält § 53 StPO unbeschadet seines enumerativen Charakters nur eine generalisierende Aussage darüber, in welchen Fällen die Schutzbedürftigkeit eines Vertrauensverhältnisses Vorrang vor dem staatlichen Aufklärungsinteresse habe. Daher könne ein Gericht im Wege der Einzelfallabwägung unter Berücksichtigung des Verhältnismäßigkeitsgrundsatzes ein strafprozessuales Schweigerecht auch unmittelbar aus der Verfassung gewähren.[88] Das erkennende Gericht müsse hierzu eine konkrete und fallorientierte Abwägung zwischen den Belangen der Strafrechtspflege und den Geheimhaltungsinteressen des einzelnen vornehmen und alle Umstände des Einzelfalles in die Prüfung einbeziehen. Beispielhaft werden hierzu genannt die Art und Schwere der in Rede stehenden Straftat, die Höhe der Straferwartung, das Vorhandensein anderer Aufklärungsmöglichkeiten, die Bedeutung des Beweisthemas für die Beurteilung der Tat, Schuld oder Strafmaßfrage und die Intensität des durch die Zeugenvernehmung bewirkten Eingriffs in die Privatsphäre des Betroffenen. Aber nur in äußerst seltenen Einzelfällen - etwa bei der Verfolgung bloßer Bagatelldelikte oder Ordnungswidrigkeiten von geringer Bedeutung - habe ein Richter Veranlassung, eine verfassungsrechtliche Begrenzung des Zeugniszwangs außerhalb der verfahrensrechtlichen Normen des einfachen Rechts in Betracht zu ziehen.[89]
Dieses Vorgehen trifft jedoch in der Literatur teilweise auch auf erhebliche Kritik.[90] Denn aufgrund einer solchen Einschränkung der Zeugenpflichten drohe der enumerative Charakter der Zeugnisverweigerungsmöglichkeiten

---

[87] BVerfGE 33, 367; 38, 312; BVerfG NStZ 1988, 418; LG Hamburg NStZ 1983, 183; LG Mainz NJW 1988, 1744; BayOLG JR 1980, 432ff.; BVerfG NJW 1996, 1587; LG Freiburg, NJW 1997, 813; Löwe/Rosenberg - Dahs, § 53, Rdnr. 3; Kleinknecht/Meyer-Goßner, § 53, Rdnr. 2; KMR - Paulus, Vorbem. § 48, Rdnr. 80; Karlsruher Kommentar - Senge, § 53, Rdnr. 2; StPO Alternativkommentar - Kühne, § 53, Rdnr. 7; Geppert, Der Zeugenbeweis, Jura 1991, S. 136; a.A.: Rengier, Die Zeugnisverweigerungsrechte im geltenden und künftigen Strafverfahrensrecht, S. 107ff.; Peters, Strafprozess, S. 352; Kreuzer, Festschrift für Schüler-Springorum, S. 531ff.; Heinsen, Die Zeugnisverweigerungsrechte der Mitarbeiter, S. 132ff.

[88] BVerfGE 33, 367 (374f.)

[89] a.a.O., S. 375

[90] Rengier, Die Zeugnisverweigerungsrechte im geltenden und künftigen Strafverfahrensrecht, S. 107ff.; Heinsen, Die Zeugnisverweigerungsrechte von Mitarbeitern, S. 132ff.; Frezer, Anmerkung zu BVerfG Beschluss vom 10.5.1983, JZ 1983, S. 799; Rüping, Das Strafverfahren, S. 56; Blau, Schweigepflicht und Schweigerecht, NJW 1973, S. 2236;

ausgehöhlt zu werden. Jede Einzelfallentscheidung durchbräche das Prinzip der abschließenden gesetzlichen Regelung.[91] Darüber hinaus sei der Verhältnismäßigkeitsgrundsatz in zahlreichen Normen des Straf- und Strafprozessrechts explizit verankert,[92] so dass es bedenklich sei, diesen Grundsatz auch auf Vorschriften auszudehnen, die ihn nicht nennen. Bestimmungen, in denen der Verhältnismäßigkeitsgrundsatz Erwähnung findet, wären überflüssig. Außerdem widerspräche es dem Gewaltenteilungsprinzip, wenn die Rechtsprechung den Kreis der normierten Bestimmungen im Einzelfall aufgrund übergeordneter Prinzipien durchbrechen kann.[93]

Dem lässt sich allerdings entgegenhalten, dass die geschilderte Problematik bei kirchlichen Mitarbeitern ohne eine solche Lösung zu unannehmbaren Härten im Einzelfall führen würde, die dem sonst äußerst ausgewogenen Verhältnis von staatlichen und kirchlichen Interessen widersprächen. Die potentiellen Konfliktlagen sind ohnehin bei kirchlichen Mitarbeitern nicht der Regelfall, so dass der geforderte Ausnahmecharakter und die restriktive Handhabung seitens des Bundesverfassungsgerichts[94] durch die Anwendung einer solchen Regelung auf die betroffenen Personen nicht konterkariert würde. Wenn es zu einer Pflichtenkollision kommt, so steht nicht zu befürchten, dass die kirchlichen Mitarbeiter leichtfertig auf die Ausübung positivrechtlich nicht vorliegender Zeugnisverweigerungsrechte bestehen würden. Denn sie müssten - oftmals auf eigenes Risiko hin - zunächst den Instanzenweg beschreiten, indem sie Beschwerde gegen das Ordnungsgeld und gegebenenfalls den Beugehaftbeschluss nach § 304 StPO einlegen und dann, wenn der Beschwerde weder durch den *iudex a quo* noch durch das Beschwerdegericht abgeholfen wurde, schließlich die Verfassungsbeschwerde einlegen. Wenn tatsächlich ein schwerwiegender existentieller Konflikt vorliegt, der dem eines Geistlichen vergleichbar ist, dann kann der Weg über ein Zeugnisverweigerungsrecht abgeleitet aus der Verfassung durchaus zu akzeptablen Ergebnissen führen. In diesen Fällen würde dann nicht allein dem Schutz des Persönlichkeitsrechts entsprochen, sondern auch die Wahrung der Religionsfreiheit geachtet. Eine generelle Entscheidung zugunsten der Religionsfreiheit der kirchlichen Mitarbeiter in Form eines Gesetzes wäre hingegen mit weiteren erheblichen rechtlichen Schwierigkeiten verbunden. Eine Einzelfallentschei-

---

Kühne, Zeugnisverweigerungsrecht im Strafprozeß, JuS 1973, S. 687; Baier, Strafprozessuale Zeugnisverweigerungsrechte außerhalb der Strafprozessordnunug, S. 213

[91] Rengier, Die Zeugnisverweigerungsrechte im geltenden und künftigen Strafverfahrensrecht, S. 107; Kühne, Zeugnisverweigerungsrecht im Strafprozeß, JuS 1973, S. 687

[92] Bspw. in §§ 81 Abs. 2 Satz 2, 81 c Abs. 4, 110a Abs. 1 Satz 4, 112 Abs. 1, S. 2, 120 Abs. 1 Satz 1, 163b Abs. 2 Satz 2 und § 163d Abs. 1 Satz 1 StPO

[93] Heinsen, Die Zeugnisverweigerungsrechte, S. 142f. m.w.Nw.

[94] BVerfG NJW 1996, 1587

dung, die bei kirchlichen Mitarbeitern den persönlichen Gewissenskonflikt, die Religionsfreiheit und die von Art. 2 Abs. 1 i.V.m. Art. 1 Abs. 1 GG geschützten Interessen mit den Bedürfnissen staatlicher Wahrheitserforschung abwägt, erscheint daher ein sinnvoller Weg, diese Problemlage zu beseitigen. Aber nicht allein deshalb, weil für den Zivilprozess vergleichbare Entscheidungen bislang nicht vorliegen, sondern auch, um solche Schwierigkeiten von Beginn an zu vermeiden, muss es für die Seelsorger dennoch oberstes Gebot sein, stets darauf zu achten, dass bei vertraulichen Gesprächen, die in den Schutzbereich des Kirchenrechts fallen, nichts nach außen dringen kann.

Ergebnis

Der Gang der Untersuchung konnte verdeutlichten, wie facettenreich die Normen der Zeugnisverweigerungsrechte für Geistliche und kirchliche Mitarbeiter sind und welch unterschiedliche Aspekte bei einer Analyse Berücksichtigung finden mussten. So machte bereits der Blick in die Historie sichtbar, dass die differenzierte Entfaltung der christlichen Bußpraxis den Ursprung für diese Normen bildete und die sich ausprägende priesterliche Schweigepflicht zunehmend mit den weltlichen Gesetzen verzahnt wurde. Es konnte dargelegt werden, dass die konfessionsverschiedene Entwicklung bedeutende Rückwirkungen auf die Ausformung der Zeugnisverweigerungsrechte hatte. Als die evangelische Bußpraxis den sakramentalen Raum verließ und das seelsorgende Gespräch als Grundlage für das Bußgeschehen ausreichte, weiteten sich auch die staatlichen Normen aus. Sie wurden nicht mehr auf die dogmatisch und liturgisch streng reglementierte Beichthandlung beschränkt, sondern umfassten spätestens seit der Verschmelzung verschiedener Partikulargesetzgebungen in der Reichsstrafprozessordnung alles, was dem Seelsorger als solchem bekannt wurde. Dieser weitreichende Schutz moderner Prozessordnungen verband sich zugleich auch mit einer Beschränkung gegenüber der früheren Gesetzespraxis. Anders als in älteren Regelungen gilt der Geistliche nämlich nunmehr dann, wenn er aussagt, immer als tauglicher Zeuge, und Verletzungen des Beichtgeheimnisses werden seitens des Staates nicht mehr unter Strafe gestellt.
Die Arbeit zeichnete nach, welchen Pflichten die Zeugen unterliegen, aber eben auch, wie auf vielfältige Weise die Interessen der Zeugen in den gegenwärtigen zivil- und strafprozessualen Verfahrensordnungen Berücksichtigung finden und fundamentale Interessen, wie die prozessuale Wahrheitserforschung oder Gefahrenvermeidung, seitens des Gesetzgebers eingeschränkt werden. Die Privilegierung der Geistlichen und der kirchlichen Mitarbeiter ist dabei eingebunden in eine Systematik von gesetzlichen Ausnahmeregelungen, die um des Schutzes bestimmter Rechtsgüter willen einzelne Personen und Berufsgruppen von der allgemeinen Zeugenpflicht befreit. Verdeutlicht wurde zudem, dass es bei den Zeugnisverweigerungsrechten gerade nicht um ständische Privilegien geht, sondern um ein verfassungsrechtliches Korrektiv, anhand dessen das Verhältnis zwischen dem Grundsatz der umfassenden Wahrheitsermittlung sowie einer funktionstüchtigen Rechtspflege einerseits

und der durch die berufsbezogenen Zeugnisverweigerungsrechte geschützten Vertrauensverhältnisse andererseits bestimmt werden kann und muss. Zahlreiche Gründe konnten benannt werden, warum sich der Staat trotz seiner weltanschaulichen Neutralität bei den Geistlichen und kirchlichen Mitarbeitern zurücknimmt und welche unterschiedlichen Zwecke den sie privilegierenden Normen zugrunde liegen. So dient § 53 Abs. 1 Nr. 1 StPO vor allem dem Schutz des Vertrauens zwischen dem Berufsträger und dem Hilfesuchenden. Informationen aus der Privatsphäre sollen nicht gegen den Willen des Anvertrauenden in die Öffentlichkeit gelangen, und einer möglicherweise existentiellen Pflichtenkollision für den Geistlichen soll vorgebeugt werden. Darüber hinaus bestünde ohne die Zeugnisverweigerungsrechte immer auch die Gefahr eines Eingriffs in die Berufsfreiheit und die Religionsausübung. Es konnte belegt werden, dass an der Funktionsfähigkeit der Arbeit von Geistlichen auch ein erhebliches Allgemeininteresse besteht. Ähnliches brachte der Blick auf die zivilprozessuale Vergleichsnorm hervor, denn auch § 383 Abs. 1 Nr. 4 ZPO dient der besonderen Vertrauensstellung des Geistlichen und der Verhinderung eines Konflikts mit seinen Berufspflichten. Am weitesten aber nimmt sich der Staat in § 139 Abs. 2 StGB zurück, indem er sich nicht nur der vollständigen Wahrheitsfindung im Prozess enthält, sondern sogar die Nichtanzeige geplanter Straftaten bei Geistlichen straffrei lässt. Damit beschränkt der Staat seine Gefahrenabwendungspflicht, zugleich aber hofft er darauf, dass die Geistlichen mögliche Täter von der Tat abhalten, da ein solcherart geschützter Raum den Tätern noch eine Chance zur sanktionslosen Offenbarung lässt.

Soweit gehen die Zeugnisverweigerungsrechte der Gehilfen von Geistlichen nicht. Die Untersuchung der Schutzzwecke des § 53a Abs. 1 StPO konnte zeigen, dass diese Norm dem Schutz des Hauptberufsträgers dient und in einem Abhängigkeitsverhältnis von ihm steht. Entsprechend strahlen die Schutzzwecke des § 53 StPO auf § 53a StPO aus. Auch wenn die zivilprozessuale Parellelvorschrift § 383 Abs. 1 Nr. 6 ZPO allgemeiner formuliert ist und im Kern mehr auf die Vertrauensstellung zielt als auf das Amt des Geistlichen, so wurde doch deutlich, dass sie von ihren Schutzzwecken her der strafprozessualen Norm ähnelt. Der Schutzzweck des § 54 StPO und § 376 ZPO lässt sich hingegen auf die Geheimhaltungsinteressen des Staates und der Verwaltung beschränken.

Diese Normzwecke und der damit verbundene Verzicht des Staates auf die sonst übliche Durchsetzung der Zeugenpflichten machte eine präzise Auslegung der Normen erforderlich. Es galt zu klären, welche Funktionsträger sich innerhalb einer Religionsgemeinschaft überhaupt auf die Zeugnisverweigerungsrechte als Geistliche berufen können und welche Voraussetzungen sie hierbei erfüllen müssen. Dabei erwies sich das Vorliegen eines Vertrauensverhältnisses aufgrund einer zugesicherten Verschwiegenheit als eine wichtige Grundlage für die Ausübung der Zeugnisverweigerungsrechte. Anderenfalls könnte ein Anvertrauender gar nicht typischerweise eine Geheimhaltung des Geistlichen erwarten. Aber nur, wenn sich die Geistlichen auch absolut an die zugesicherte Vertraulichkeit gebunden fühlen, kann ein existentieller Gewissenskonflikt entstehen, der die Befreiung von der Aussagepflicht rechtfertigt. Weiterhin wurde sichtbar, dass die Geistlichen das vertrauliche Wissen als Seelsorger erhalten haben müssen. Hierzu wurde zunächst eine Definition des seelsorgerischen Handelns des Geistlichen unter Rückgriff auf Art. 4 Abs. 2 GG und das theologische Selbstverständnis von Seelsorge entwickelt. Im Anschluss wurde deutlich gemacht, dass nicht jede Handlung des Seelsorgenden ein Zeugnisverweigerungsrecht begründen kann. Entscheidend kommt es darauf an, dass die Geistlichen das vertrauliche Wissen in ihrer Eigenschaft als Seelsorger erfahren. Es ließ sich beispielhaft zeigen, dass nicht bei jeder Handlung des Seelsorgers ein sachbezogener Zusammenhang mit seiner seelsorgerischen Berufsausübung vorhanden ist. Im Zweifelsfall dürfen die Geistlichen, ihrem eigenen Gewissen folgend, vor Gericht selbst eine Einschätzung vornehmen, inwieweit sie Auskünfte über die Art der Kenntniserlangung vorbringen können, ohne bereits vertrauliches Wissen preiszugeben. Dieser Vertrauensvorschuss ist in seiner Weite rechtspolitisch nicht unbedenklich. Voraussetzungen, die die Gewähr dafür erhöhen, dass Geistliche ihre Verweigerungsmöglichkeiten nicht missbrauchen, wurden gesetzlich nicht fixiert. Um die Zahl der Zeugnisverweigerungsberechtigten auf das notwendige Maß zu beschränken, kommt dem normativen Begriff „Geistliche“ daher erhebliche Bedeutung zu. Jedoch zeigte sich, dass die Definition dieses Begriffs nicht ohne Weiteres aus dem Gesetz erfolgen kann, sondern hierzu auf das Selbstverständnis der Religionsgemeinschaften zurückzugreifen ist, da diese aufgrund des ihnen seitens der Verfassung gewährten kirchlichen Selbstbestimmungsrechts über die Ordnung ihrer Ämter eigenständig entscheiden. Daher musste aus der Perspektive der katholischen und evangelischen Kirche geprüft werden, welche Funktionsträger unter den Gesetzesbegriff „Geistliche“ subsumiert werden können. Hierbei galt es, die seit Jahrzehnten stattfindenden Änderungen in Praxis und Theologie dieser Konfessionen zu berücksichtigen. Zugleich musste aber eine genaue Differenzierung zwischen Geistlichen und kirchlichen Mitarbeitern stattfinden, da das klassische Verständnis des Geistlichenbegriffs den Anforderungen in der modernen pastoralen Arbeit nicht mehr gerecht wird und die Verweigerungsmöglichkeiten der Gehilfen und übrigen Mitarbeiter im Vergleich zu den Geistlichen weitaus eingeschränkter sind.

Es konnte gezeigt werden, dass traditionellerweise zur Präzisierung dieses Begriffs in der katholischen Kirche auf die geweihten Amtsträger rekurriert wird und in der evangelischen Kirche an die ordinierten Pfarrer zu denken ist. Jenes seit Entstehung des Protestantismus besonders betonte Verständnis vom gemeinsamen Priestertum aller Gläubigen hat nach der Lehre des Zweiten Vatikanischen Konzils jedoch auch das katholische Amtsverständnis beeinflusst. Das ehemals hierarchische Verhältnis von Priestern und Laien wird seither in der katholischen Kirche zugunsten eines Verständnisses der Gläubigen als gleichwertigem „Volk Gottes" auch für die Ämterlehre in der Kirche herangezogen. Um zu klären, wer nunmehr als zeugnisverweigerungsberechtigter Amtsträger in Frage kommt, wurde daher zunächst das Kernprofil der Kleriker entfaltet. Dabei stellte sich die Weihe zum Dienst des Verkündigens, Heiligens und Leitens als zentral heraus. Zwar haben alle Laien Anteil an diesen Diensten, aber dennoch können sie als Funktionsträger weder theologisch noch im Hinblick auf die Zeugnisverweigerungsrechte mit zum besonderen Priestertum Geweihten gleichgesetzt werden. Aufgrund einer speziellen kirchlichen Beauftragung werden aber einige von ihnen mit Aufgaben betraut, die dem Profil der Kleriker ähneln und zugleich den Anforderungen des normativen Begriffs „Geistliche" aus der staatlichen Sphäre entsprechen, so dass ihnen die Ausübung der Zeugnisverweigerungsrechte als „Geistliche" zugebilligt werden kann.

Allerdings wurde auch deutlich, dass die Konflikte, die innerhalb der katholischen Theologie aufgrund unterschiedlicher Kirchenbilder und Amtsverständnisse seit dem Konzil bestehen, auf die Interpretation des staatlichen Gesetzesbegriffs „Geistliche" zurückwirken, was nicht zuletzt an der „Zwitterstellung" des Diakons deutlich wird. Wer einem „hierarchischen" Kirchenverständnis, das sich eher der überkommenen „*societas perfecta*-Lehre" verpflichtet weiß, den Vorzug gibt, wird die aufgrund der Weihe bestehenden Unterschiede zwischen Klerus und Laien so gewichten, dass allein dem Klerus das Schweigerecht eingeräumt werden kann. Jene hingegen, die das „kommuniale", der Volk-Gottes-Ekklesiologie folgende Kirchenbild präferieren, werden auch den gesetzlichen Geistlichenbegriff großzügiger interpretieren müssen und nicht mehr allein auf die geweihten Kleriker beschränken, sondern auf Laienseelsorger wie die Gemeinde- und Pastoralreferenten ausweiten müssen.

In der protestantischen Kirche beschränkt sich der Kreis der zeugnisverweigerungsberechtigten Geistlichen ebenfalls nicht auf die ordinierten Pfarrer. Es wurde erkennbar, dass seit der Reformation in Abgrenzung von der katholischen Kirche das Amtsverständnis vielseitig entfaltet wurde und teils mehr die Gleichrangigkeit aller Ämter, teils die Heraushebung einzelner Ämter betont wurde. Die Schwierigkeiten, keinesfalls ein dem Katholizismus ähnliches hierarchisches Verständnis vom Amt zu vertreten, zugleich aber aus pragmatischen Gründen einzelnen bestimmte Aufgaben für das Ganze zu übertragen, führte zu Spannungen, die auch auf die Begriffsbestimmung „Geistliche" ausstrahlen. Zentrales Element für die Unterscheidung von Aufgaben sind die öffentliche Wortverkündigung und Sakramentsverwaltung. Diese Aufgaben wurden in den vergangenen Jahrzehnten aber nicht allein auf die ordinierten Pfarrer beschränkt, sondern zunehmend auch verschiedenen anderen Gemeindemitgliedern übertragen. Entscheidend für die Ausübung der Zeugnisverweigerungsrechte ist daher nicht die Art der kirchlichen Beauftragung, sondern die Vergleichbarkeit des Aufgabenfelds und der Vertrauensstellung mit denen eines ordinierten Pfarrers. Liegen die übrigen gesetzlichen Anforderungen für die Ausübung der Zeugnisverweigerungsrechte vor, so können auch solche Funktionsträger als „Geistliche" im Sinne der staatlichen Normen angesehen werden, die in einer kirchlichen Einführungshandlung mit entsprechenden Aufgaben betraut wurden.

Der Kreis der zeugnisverweigerungsberechtigten Geistlichen ist somit größer, als dies ein herkömmliches Verständnis nahelegt. Zugleich aber konnten Kriterien entwickelt werden, die zur Eingrenzung des Begriffs beitragen und verhindern, dass sich beliebige Funktionsträger auf diese Rechte berufen. Darüber hinaus galt es zu klären, ob die Zeugnisverweigerungsrechte nur von den Geistlichen der christlichen Kirchen und jenen Religionsgemeinschaften, die den Status einer Körperschaft des öffentlichen Rechts innehaben, ausgeübt werden dürfen oder auch andere Religionsgemeinschaften zu berücksichtigen sind. Ausgangspunkt dieser Überlegungen war, dass auch die christlichen Kirchen keinesfalls immer eine so einheitliche und zuverlässige Fraktion bilden, dass dort der Begriff „Geistliche" prinzipiell leicht zu deklinieren ist oder der verantwortungsvolle Umgang mit den Zeugnisverweigerungsrechten garantiert wäre. Ebenso sind an den Körperschaftsstatus nicht zwangsläufig Eigenschaften geknüpft, die überzeugend begründen ließen, warum die Zeugnisverweigerungsrechte nur Geistlichen der Religionsgemeinschaften mit Körperschaftsstatus gewährt werden sollten. So ließ sich zeigen, dass solche Religionsgemeinschaften zwar durch ihre Verfassung und die Zahl ihrer Mitglieder die Gewähr der Dauer bieten und auch aufgrund der ungeschriebenen Verleihungsvoraussetzungen wie Rechtstreue, Kooperationsfähigkeit oder Gemeinwohldienlichkeit eine Reihe guter Gründe dafür liefern, das Zeugnisverweigerungsrecht einzig ihnen zu gewähren. Unabhängig davon, ob der Körperschaftsstatus mehr im Lichte eines institutionellen Staatskirchenrechtsverständnisses oder einer grundrechtlichen Interpretation gedeutet wird, brachte die Diskussion aber hervor, dass eine solche Be-

schränkung nicht zweckmäßig erscheint. Die Bedenken hinsichtlich der Zuverlässigkeit und Eingrenzbarkeit der Geistlichen können nicht am Rechtsstatus der Religionsgemeinschaft festgemacht werden.
Eine Eingrenzung der zeugnisverweigerungsberechtigten Geistlichen auf jene, die einer christlichen Kirche oder Körperschaft des öffentlichen Rechts angehören, wäre auch aus verfassungsrechtlicher Perspektive unzulässig. Die Arbeit zeichnete nach, dass es dem Staat zwar erlaubt ist, die Religionsgemeinschaften differenziert zu behandeln, dass er dies sogar tun muss, um Diskriminierungen zu verhindern, da das Ziel des Art. 4 Abs. 2 GG nicht allein die Gewährung der negativen Religionsfreiheit, sondern auch eine gleichmäßige Förderung des Religiösen ist. Die differenzierte Behandlung dient jedoch gerade auch der Verwirklichung der Gleichbehandlung der Religionsgemeinschaften. Wird die Ausübung der Zeugnisverweigerungsrechte allein den christlichen Kirchen oder körperschaftlich organisierten Religionsgemeinschaften gewährt, so liegt darin eine unzulässige Verknüpfung von Merkmalen, die sachlich nicht gerechtfertigt ist und somit einen Verstoß gegen Art. 3 GG begründet. Sind die gesetzlichen Anforderungen bei jenen erfüllt, die nach dem Selbstverständnis der Religionsgemeinschaft die Funktion eines Geistlichen innehaben, so sind unabhängig vom rechtlichen Status und der Konfession die Zeugnisverweigerungsrechte zu gewähren.
Potentiellen Gefahren, die von Religionsgemeinschaften ausgehen, so wurde deutlich, kann jedenfalls nicht entgegengetreten werden, indem die Zeugnisverweigerungsrechte nur den Geistlichen bestimmter Religionsgemeinschaften zugebilligt werden. Ist eine Religionsgemeinschaft nicht verboten, so muss auch davon ausgegangen werden, dass die Gefahr eines Missbrauchs der Zeugnisverweigerungsrechte durch ihre Geistliche nicht größer ist als bei anderen Berufsträgern. Jenes den Geistlichen zugesprochene Vertrauen und Leistungsvermögen darf nicht zur Legitimierung von Privilegien idealistisch aufgeladen werden und ausschließlich vom Modell der katholischen und evangelischen Kirche her Betrachtung finden. Generell kann gefragt werden, ob im pluralistischen Staat den Kirchen noch so viel zugetraut und vielleicht auch zugemutet werden kann. Nicht nur jene Geistlichen, die im Umfeld sogenannter „terroristischer“ Gruppen aktiv sind, sondern auch Geistliche der christlichen Kirchen haben den Vertrauensvorschuss ihres Berufsstandes aufgezehrt, wenn sie sich in Fällen sexuellen Missbrauchs oder zwielichtiger Finanzaktionen strafrechtlich verantworten müssen. Eine Beschränkung auf die christlichen Kirchen oder öffentlich-rechtlichen Religionsgemeinschaften ist jedenfalls keine sinnvolle Möglichkeit, um einem Missbrauch der Zeugnisverweigerungsrechte vorzubeugen.

Weiterhin galt es in der Arbeit zu klären, wer von den zahlreichen kirchlichen Mitarbeitern sich gemäß § 53a Abs. 1 StPO und § 383 Abs. 1 Nr. 6 ZPO auf ein Zeugnisverweigerungsrecht als Gehilfe eines Geistlichen berufen kann. Dabei wurde deutlich, dass das Ziel dieser Vorschriften die Verhinderung einer Umgehung der Zeugnisverweigerungsrechte des Geistlichen ist. Der Gehilfe muss daher dem Geistlichen in bestimmter Weise zugeordnet sein. Dabei ist es nicht erforderlich, dass er berufsmäßig tätig ist. Ein arbeitsrechtliches Verhältnis oder eine soziale Abhängigkeit müssen nicht vorliegen. Voraussetzung aber ist ein unmittelbarer Zusammenhang der Tätigkeit des Gehilfen mit derjenigen des Geistlichen. Dies kann bejaht werden, wenn der Gehilfe auf Auftrag und Weisung des Geistlichen handelt und dieser sich jederzeit in die Arbeit des Gehilfen einschalten könnte, so dass sein bestimmender Einfluss gewahrt bleibt. Für eine Reihe konkreter Berufe konnte geklärt werden, wie sie in die Seelsorgsarbeit der Geistlichen einbezogen sind und ob ihnen ein abgeleitetes Zeugnisverweigerungsrecht zusteht. Es wurde dargelegt, welche große Bedeutung der rechtlichen Organisationsform zukommt, in der die Funktionsträger tätig sind. Wenn die Einwirkungsmöglichkeiten des Geistlichen nur noch auf eine repräsentative Funktion reduziert sind und kaum mehr Möglichkeiten zur Erteilung von Weisungen bestehen, ist die Berufung auf ein Zeugnisverweigerungsrecht als Gehilfe nicht mehr gerechtfertigt.
Unter Umständen bleibt dann die Möglichkeit, ein Zeugnisverweigerungsrecht gemäß § 54 StPO oder § 373 ZPO in Anspruch zu nehmen. Es zeigte sich jedoch, dass die kirchlichen Mitarbeiter nicht problemlos unter die in den Normen erwähnten „anderen Personen des öffentlichen Dienstes“ subsumiert werden können. Der öffentlich-rechtliche Körperschaftsstatus der Kirchen kann nämlich nicht ohne weiteres zu einer Gleichsetzung der kirchlichen Beschäftigten mit anderen Angestellten im öffentlichen Dienst führen. Dennoch ließen sich Argumente zusammentragen, die strukturelle Ähnlichkeiten der beiden großen christlichen Kirchen mit dem öffentlichen Dienst aufzeigten und eine Anwendung dieser Normen rechtfertigen können. Dies gilt für die Kirchenbeamte, aber auch für die anderen Angestellten im kirchlichen Dienst, obwohl letztere in ihren Arbeitsverträgen nicht über den gesetzlich geforderten Genehmigungsvorbehalt verfügen. Eine weitere Ausdehnung auf die Beschäftigen der kirchlichen Einrichtungen in freier Trägerschaft ist hingegen nicht möglich, da trotz der Zuordnung zur verfassten Kirche eine strukturelle Ähnlichkeit mit dem öffentlichen Dienst bei den freien Trägern nicht in vergleichbarem Maße vorhanden ist.
Abschließend konnte für jene Personen, die sich aufgrund einer nicht auflösbaren Pflichtenkollision in extremer Gewissensnot befinden, eine Möglichkeit

aufgezeigt werden, diesen Konflikt jenseits der positivrechtlichen Zeugnisverweigerungsrechte zu beheben, indem sie den umstrittenen und mühsamen Weg eines aus Artt. 1 und 2 GG abgeleiteten Zeugnisverweigerungsrechts beschreiten. Auch für sie wird so ein Ausgleich zwischen staatlichen Ansprüchen und religiösen Pflichten möglich.

Insgesamt ließ die Untersuchung erkennen, dass der Gesetzgeber den Geistlichen durch die Gewährung der Zeugnisverweigerungrechte einen weiten Raum eröffnet hat, ohne einschränkende Forderungen im Detail zu normieren. Dies war angesichts der ehemals überschaubaren konfessionellen Lage in Deutschland nachvollziehbar. Aufgrund der gewandelten religionssoziologischen Situation aber könnte sich zukünftig die Notwendigkeit ergeben, weniger auf das bisherige Vertrauensverhältnis zu setzen als vielmehr die bereits für andere Berufsgruppen geforderten Ansprüche auch für Geistliche durch Normierungen zu fixieren. Es konnte aber auch gezeigt werden, dass hierbei die Glaubensfreiheit und das Selbstbestimmungsrecht Barrieren bilden, die nicht leichtfertig übersprungen werden dürfen. Die Religionsgemeinschaften werden angesichts dieser Situation das in sie gesetzte Vertrauen ihrerseits stärken müssen, indem sie sensibel mit den Zeugnisverweigerungsrechten umgehen und eine zu großzügige Beanspruchung und Ausdehnung der Privilegien vermeiden.

Die vorliegende Darstellung bewegte sich im Übrigen größtenteils noch in jenen klassischen Furchen, die in den vergangenen Jahrzehnten im deutschen Staatskirchenrecht gezogen wurden. Im Mittelpunkt standen die beiden großen Konfessionen und die auf sie zugeschnittenen Normen zur Zeugnisverweigerung ihrer Geistlichen und Mitarbeiter. Der hier behandelte Themenkreis bildet ein kleines Steinchen im staatskirchenrechtlichen Mosaik, dass in den vergangenen Jahren nahezu vervollständigt wurde. Zukünftige Fragestellungen im Staatskirchenrecht werden sich mit den Auswirkungen des Europarechts auf das deutsche System der „hinkenden Trennung“[95] von Staat und Kirche beziehen, vor allem aber werden sie immer stärker die Eingliederung anderer Konfessionen in dieses System in den Blick nehmen müssen. Zu letzterem hat die Arbeit im Hinblick auf die Zeugnisverweigerungsrechte bereits die Tür aufgestoßen, die das Schrifttum bisher fast überwiegend geschlossen gehalten hat. Nachfolgenden Untersuchungen bleibt es vorbehalten, die hier vorgelegten Grundlagen unter Berücksichtigung des Religionsrechts anderer Glaubensgemeinschaften zu nutzen und die Anwendungsmöglichkeiten der Zeugnisverweigerungsrechte entsprechend zu prüfen.

[95] Stutz, Die päpstliche Diplomatie unter Leo XIII, S. 54

Literaturverzeichnis

Abel, Ralf B., Zeugen Jehovas keine Körperschaft des öffentlichen Rechts. in: NJW, 1997, 2370–2372, (zit.: Abel, Zeugen Jehovas)

Albers, Jan/ Hartmann, Peter, Zivilprozessordnung mit Gerichtsverfassungsgesetz und anderen Nebengesetzen. Begr. von Adolf Baumbach und fortgef. von Wolfgang Lauterbach. 62. Aufl. München, 2004, (zit.: Baumbach/ Lauterbach/ Albers/ Hartmann)

Albrecht, Alfred, Die Verleihung der Körperschaftsrechte an islamische Vereinigungen. in: Kirche und Recht, 1995, 25–30, (zit.: Albrecht, Die Verleihung der Körperschaftsrechte an islamische Vereinigungen)

Amann, Thomas A., Laien als Träger von Leitungsgewalt? Eine Untersuchung aufgrund des Codex Juris Canonici. St. Ottilien, 1996, (zit.: Amann, Laien als Träger von Leitungsgewalt)

Anschütz, Gerhard, Die Verfassung des Deutschen Reichs vom 11. August 1919. Ein Kommentar für Wissenschaft und Praxis, in 4. Bearb., Neudr. d. 14. Aufl. Berlin 1933. Aalen, 1987, (zit.: Anschütz, Die Verfassung des Deutschen Reichs vom 11. August 1919)

Apostolicam actuositatem, Das Dekret über das Laienapostolat, Zweites Vatikanisches Konzil,in:Rahner,Karl/Vorgrimmler, Herbert(Hrsg.): Kleines Konzilskompendium. Sämtliche Texte des Zweiten Vatikanums, 25. Aufl. Freiburg i. Br., Basel, Wien, 1994, 389–421 (zit.:Apostolicam actuositatem)

Arnoldshainer Konferenz, Überlegungen zur Ordination heute. Votum vom 28. Februar 1970. in: Burgsmüller, Alfred/ Frieling, Reinhard: Amt und Ordination im Verständnis evangelischer Kirchen und ökumenischer Gespräche: eine Dokumentation im Auftrag der Arnoldshainer Konferenz. Gütersloh, 1974, 41–45 (zit.: Arnoldshainer Konferenz, Überlegungen zur Ordination heute)

Dies., Zu Rechtsfragen der Ordination. Stellungnahme vom 12. Dezember 1972. in: Burgsmüller, Alfred/ Frieling, Reinhard: Amt und Ordination im Verständnis evangelischer Kirchen und ökumenischer Gespräche:

eine Dokumentation im Auftrag der Arnoldshainer Konferenz. Gütersloh, 1974, 46–50, (zit.: Arnoldshainer Konferenz, Stellungnahme zu Rechtsfragen der Ordination)

Assenmacher, Günter, Die Wehrpflichtbefreiung der Geistlichen nach dem katholischen Kirchenrecht und dem Staatskirchenrecht der Bundesrepublik Deutschland. Berlin, 1987, (zit.: Assenmacher, Die Wehrpflichtbefreiung)

Aymans, Winfried, Laien als kirchliche Richter? Erwägungen über die Vollmacht zu geistlicher Rechtsprechung. in: Archiv für katholisches Kirchenrecht, 1975, 3–20, (zit. Aymans, Laien als kirchliche Richter)

Ders., Die Träger kirchlicher Dienste. in: Listl, Joseph/ Müller, Hubert/ Schmitz, Heribert (Hrsg.): Handbuch des katholischen Kirchenrechts. 1. Aufl. Regensburg, 1983, S. 190–198, (zit.: Aymans, Die Träger kirchlicher Dienste)

Ders., Begriff, Aufgabe und Träger des Lehramts. in: Listl, Joseph/ Schmitz, Heribert (Hrsg.): Handbuch des katholischen Kirchenrechts. grundlegend neubearb. 2. Aufl. Regensburg, 1999, 659–669, (zit.: Aymans, Lehramt)

Azzolla, Axel (Hrsg.), Kommentar zum Grundgesetz für die Bundesrepublik Deutschland. Band 2, Reihe Alternativkommentare. Neuwied, 1989, (zit.: Azzola/ Alternativkommentar - Bearbeiter)

Badura, Peter, Das Staatskirchenrecht als Gegenstand des Verfassungsrechts. in: Listl, Joseph/Pirson, Dietrich (Hrsg.): Handbuch des Staatskirchenrechts der Bundesrepublik Deutschland. Band I, 2. Aufl. Berlin, 1994, 212–251, (zit.: Badura, Staatskirchenrecht als Gegenstand des Verfassungsrechts)

Baier, Helmut, Strafprozessuale Zeugnisverweigerungsrechte außerhalb der Strafprozeßordnung als Ergänzung der §§ 52ff. StPO. Frankfurt am Main et al., 1996, (zit.: Baier, Strafprozessuale Zeugnisverweigerungsrechte außerhalb der Strafprozessordnung)

Barth, Thomas, Zum Erfordernis einer Aussagegenehmigung nach §§ 376 ZPO, 54 StPO für kirchliche Mitarbeiter. in: ZevKR, 1992, 263–271, (zit.: Barth, Zum Erfordernis einer Aussagegenehmigung)

Baumann, Jürgen, Et respice finem – Ein Beitrag zum Zeugnisverweigerungsrecht von Geistlichen nach § 53 I Nr. 1 StPO - BGH NJW 1990, 3283. in: JuS, 1991, 466–468, (zit.: Baumann, Et respice finem)

Bayer, Hieronymus, Vorträge über den gemeinen ordentlichen Civilproceß mit Beziehung auf Martin's Lehrbuch – anstatt handschriftlicher Mittheilung für seine Zuhörer bestimmt. 7. Aufl. München, 1842, (zit.: Bayer, Vorträge über den gemeinen Civilproceß)

Bekenntnisschriften der evangelisch-lutherischen Kirche, hrsg. im Gedenkjahr der Augsburger Konfession 1930, 10. Aufl. Göttingen 1986, (zit.: Bekenntnisschriften der evangelisch-lutherischen Kirche)

Bekenntnisschriften der reformierten Kirche, in authentischen Texten mit geschichtlicher Einleitung und Register. Müller, E. F. Karl (Hrsg.), Nachdruck der Ausgabe Leipzig 1903. Zürich, 1987, (zit.: Bekenntnisschriften der reformierten Kirche)

Bekenntnisschriften und Kirchenordnungen der nach Gottes Wort reformierten Kirche, hrsg. von Wilhelm Niesel, Nachdruck der Erstausgabe Zürich 1938. Zürich, 1985, (zit.: Bekenntnisschriften und Kirchenordnungen)

Beling, Ernst, Die Beweisverbote als Grenzen der Wahrheitsforschung im Strafprozeß. in: Strafrechtliche Abhandlungen, Heft 46, 1903, (zit.: Beling, Die Beweisverbote als Grenzen der Wahrheitsforschung im Strafprozeß)

Bennecke, Hans, Lehrbuch des Deutschen Reichs-Strafprozeßrechts.Breslau, 1895, (zit.: Bennecke, Lehrbuch des Deutschen Reichs-Strafprozeßrechts)

Benrath, Gustav Adolf, Art.: Buße (V.). in: Krause, Gerhard/ Müller, Gerhard (Hrsg.): Theologische Realenzyklopädie. Band VII, Berlin, New York, 1981, 452–473, (zit.: Benrath, Art. Buße V)

Beulke, Werner, Strafprozessrecht. neubearb. 7. Aufl. Heidelberg, 2004, (zit.: Beulke, Strafprozessrecht)

Bezzel, Ernst, Art.: Beichte (III.). in: Krause, Gerhard/ Müller, Gerhard (Hrsg.): Theologische Realenzyklopädie. Band V, Berlin, New York, 1980, 422–425, (zit.: Bezzel, Art. Beichte III)

Ders., Frei zum Eingeständnis. Geschichte und Praxis der evangelischen Einzelbeichte. in: Calwer Theologische Monographien. Reihe C, Praktische Theologie und Missionswissenschaft. Band 10, Stuttgart, 1982, 173–184, (zit.: Bezzel, Frei zum Eingeständnis)

Blau, Jürgen, Schweigepflicht und Schweigerecht der Fachpsychologen. in: NJW, 1973, 2234–2239, (zit.: Blau, Schweigepflicht und Schweigerecht)

Blomeyer, Jürgen, Die Revisibilität von Verfahrensfehlern im Strafprozeß. in: JR, 1971, 142–150, (zit.: Blomeyer, Die Revisibilität von Verfahrensfehlern)

Bohl, Elke Dorothea, Der öffentlich-rechtliche Körperschaftsstatus der Religionsgemeinschaften. Verleihungsvoraussetzungen und Verfahren. Baden-Baden, 2000, (zit.: Bohl, Der öffentlich-rechtliche Körperschaftsstatus der Religionsgemeinschaften)

Breier, Alfred et al., Bundes-Angestelltentarifvertrag - BAT (Bund, Länder, Gemeinden) vom 23. Februar 1961 unter Berücksichtigung der Änderungen und Ergänzungen durch spätere Tarifverträge. München, 146. Erg.-lief., Stand Mai 1998, (zit.: Breier, Kommentar zum BAT)

Brunotte, Heinz,Die Grundordnung der Evangelischen Kirche in Deutschland. Ihre Entstehung und ihre Probleme. Berlin, 1954, (zit.: Brunotte, Die Grundordnung der Evangelischen Kirche in Deutschland)

Bundesamt für politische Bildung (Hrsg.), Datenreport des Statistischen Bundesamtes: Zahlen und Fakten über die Bundesrepublik Deutschland. Bonn, 1992ff., (zit.: Bundeszentrale für politische Bildung, Datenreport 2002)

Burgsmüller, Alfred/ Frieling, Reinhard (Hrsg.), Amt und Ordination im Verständnis evangelischer Kirchen und ökumenischer Gespräche. Eine Dokumentation im Auftrag der Arnoldshainer Konferenz. Gütersloh, 1974, (zit.: Burgsmüller, Amt und Ordination)

Campenhausen, Axel von, Aktuelle Probleme des Geistlichenprivilegs im Wehrrecht. in: DVBl., 1980, 578–581, (zit.: Campenhausen, Aktuelle Probleme des Geistlichenprivilegs im Wehrrecht)

Ders. (Hrsg.), Münchener Gutachten. Kirchenrechtliche Gutachten in den Jahren 1970 – 1980. Erstattet vom Kirchenrechtlichen Institut der Evangelischen Kirche in Deutschland, Jus ecclesiasticum, Band 30. Tübingen, 1983, 142–148 (zit.: Campenhausen, Amtsverschwiegenheit von Laienseelsorgern)

Ders., Der heutige Verfassungsstaat und die Religion. in: Listl, Joseph/ Pirson, Dietrich (Hrsg.): Handbuch des Staatskirchenrechts der Bundesrepublik Deutschland. Band I, Berlin, 1994, 47–84, (zit.: Campenhausen, Der heutige Verfassungsstaat und die Religion)

Ders., Staatskirchenrecht. 3. Aufl. München, 1996, (zit.: Campenhausen, Staatskirchenrecht)

Ders./ Christoph, Joachim E. (Hrsg.), Göttinger Gutachten, Kirchenrechtliche Gutachten in den Jahren 1980 – 1990. Erstattet vom Kirchenrechtlichen Institut der Evangelischen Kirche in Deutschland, Jus Ecclesiasticum. Band 48. Tübingen, 1994, (zit.: Campenhausen, Zeugnisverweigerungsrecht von Prädikanten)

Christus Dominus, Das Dekret über die Hirtenaufgabe der Bischöfe in der Kirche, Zweites Vatikanisches Konzil, in: Rahner, Karl/ Vorgrimmler, Herbert (Hrsg.): Kleines Konzilskompendium. Sämtliche Texte des Zweiten Vatikanums, 25. Aufl. Freiburg i. Br., Basel, Wien, 1994, 257–285 (zit.: Christus Dominus)

Costa, H.L., Die gerichtsverfassungsrechtlichen und verfahrensrechtlichen Vorschriften des Dritten Strafrechtsänderungsgeetzes. in: MDR, 1953, 577–581, (zit.: Costa, Die gerichtsverfassungsrechtlichen und verfahrensrechtlichen Vorschriften)

Dahs, Hans, Zum Persönlichkeitsschutz des „Verletzten" als Zeuge im Strafprozeß. in: NJW, 1984, 1921–1927, (zit.: Dahs, Zum Persönlichkeitsschutz des „Verletzten")

Dallinger, Wilhelm, Das Dritte Strafrechtsänderungsgesetz. II. Teil, Gerichtsverfassung und Strafverfahren. in: JZ, 1953, 432–441, (zit.: Dallinger, Das Dritte Strafrechtsänderungsgesetz)

Detert, Erich, Die Pflicht zur Anzeige drohender Straftaten. Breslau-Neukirch, 1936, (zit.: Detert, Die Pflicht zur Anzeige drohender Straftaten)

Deutscher Caritas Verband, Informationsblätter für die Caritaspraxis, Satzung und Geschäftsordnungen des Deutschen Caritasverbandes. in: Caritas-Korrespondenz, Sonderheft I., 1997, (zit.: Caritas-Korrespondenz, Sonderheft I)

Dopjans, Günther, Die Wehrdienstbefreiung der Geistlichen und der allgemeine verfassungsrechtliche Gleichheitssatz. in: DVBl., 1976, 893–894, (zit.: Dopjans, Wehrdienstbefreiung der Geistlichen)

Dünnebier, Hanns, Zur Tagebuchentscheidung des Bundesgerichtshofs. in: MDR, 1964, 965–968, (zit.: Dünnebier, Zur Tagebuchentscheidung des Bundesgerichtshofs)

Düwel, Peter, Das Amtsgeheimnis. Berlin, 1965, (zit.: Düwel, Das Amtsgeheimnis)

Eberle, Susanne, Sozialstationen in kirchlicher Trägerschaft. Eine Untersuchung aus der Sicht des Kirchenrechts, des Staatskirchenrechts und des Sozialrechts. Diss., Freiburg i. Br., 1988, (zit.: Eberle, Sozialstationen in kirchlicher Trägerschaft)

Ebers, Godehard Josef, Staat und Kirche im neuen Deutschland. München, 1930, (zit.: Ebers, Staat und Kirche im neuen Deutschland)

Erdö, Péter, Der ständige Diakon. Theologisch-systematische und rechtliche Erwägungen. in: Archiv für katholisches Kirchenrecht, 1997, 69–84, (zit.: Erdö, Der ständige Diakon)

Eser, Albin, Schutz von Religion und Kirchen im Strafrecht und im Verfahrensrecht. in: Listl, Joseph/ Pirson, Dietrich (Hrsg.): Handbuch des Staatskirchenrechts der Bundesrepublik Deutschland. Band II, 2. Aufl. Berlin, 1994, 1019–1045, (zit.: Eser, Schutz von Religion und Kirchen)

Faivre, Alexander, Art.: Klerus, I. Begriff und Geschichte. in: Kasper, Walter (Hrsg.): Lexikon für Theologie und Kirche. Band 6, völlig neubearb. 3. Aufl. Freiburg i. Br., Basel, Wien, 1997, Sp. 131–133, (zit.: Faivre, Art. Klerus)

Feller, Hans, Persönliche und gegenständliche Reichweite der Vorschriften über die Verpflichtung zur Aussagegenehmigung. in: JZ, 1961, 628–631, (zit.: Feller, Persönliche und gegenständliche Reichweite der Aussagegenehmigung)

Frank, Isnard W., Art.: Beichte (II.). in: Krause, Gerhard/ Müller, Gerhard (Hrsg.): Theologische Realenzyklopädie. Band V, Berlin, New York, 1980, 414–421, (zit.: Frank, Art. Beichte)

Frank, Johann, Entwicklungen und Probleme des kollektiven Arbeitsrechts in der evangelischen Kirche. in: RdA, 1979, 86–93, (zit.: Frank, Entwicklungen und Probleme des kollektiven Arbeitsrechts)

Friesenhahn, Ernst, Die Kirchen und Religionsgemeinschaften als Körperschaften des öffentlichen Rechts. in: Ders./ Scheuner, Ulrich (Hrsg.): Handbuch des Staatskirchenrechts der Bundesrepublik Deutschland. Band I, 1. Aufl. Berlin, 1974, 545–585, (zit.: Friesenhahn, Die Kirchen als Körperschaften des öffentlichen Rechts)

Geppert, Klaus, Der Zeugenbeweis (Schluß). in: Jura, 1991, 132–141, (zit.: Geppert, Der Zeugenbeweis)

Geyer, August, Lehrbuch des gemeinen deutschen Strafprozessrechts. Leipzig, 1880, (zit.: Geyer, Lehrbuch des gemeinen deutschen Strafprozessrechts)

Glaser, Julius, Die geschichtlichen Grundlagen des neuen deutschen Strafprozessrechts. in: Holtzendorff, Franz von (Hrsg.): Handbuch des deutschen Strafprozessrechts. Berlin, 1879, 3-76, (zit.: Glaser, Die geschichtlichen Grundlagen des neuen deutschen Strafprozessrechts)

Ders., Handbuch des Strafprozess. Leipzig, 1883, (zit.: Glaser, Handbuch des Strafprozess)

Görtz-Leible, Monika, Die Beschlagnahmeverbote des § 97 Abs. 1 StPO im Lichte der Zeugnisverweigerungsrechte. Tübingen, 2000, (zit: Görtz-Leible, Die Beschlagnahmeverbote)

Greshake, Gisbert, Priester sein in dieser Zeit: Theologie – pastorale Praxis – Spiritualität. Freiburg i. Br. et al., 2000, (zit. Greshake, Priester sein in dieser Zeit)

Grethlein, Gerhard, Die Autonomie der Kirche. in: ZevKR, 1979, 271–315, (zit.: Grethlein, Die Autonomie der Kirche)

Grimm, Jakob/ Grimm, Wilhelm et al., Art.: Geistlich. in: Deutsches Wörterbuch. Band Vier, Erste Abteilung, Zweiter Theil. Leipzig, 1897, Sp. 2153 – 4452, (zit.: Grimm, Begriff Geistlich)

Groth, Klaus-Martin/ Bubnoff, Daniela von, Gibt es „gerichtsfeste“ Vertraulichkeit bei der Mediation? in: NJW, 2001, 338–342, (zit.: Bubnoff/ Groth, Vertraulichkeit bei der Mediation)

Haas, Günter, Zeugnisverweigerungsrecht der Geistlichen. in: NJW, 1990, 3253–3254, (zit.: Haas, Zeugnisverweigerungsrecht der Geistlichen)

Ders., Die Reichweite des Geistlichenprivilegs nach § 139 Abs. 2 StGB. in: Kirche und Recht, 1998, 171–179, (zit.: Haas, Die Reichweite des Geistlichenprivilegs)

Hager, Joachim A./ Sehrig, Jürgen, Vertrauensschutz in der sozialen Arbeit. Eine Darstellung der rechtlichen Grundlagen und ihrer Handhabung in der Praxis. Heidelberg, 1991, (zit.: Hager/ Sehrig, Vertrauensschutz in der sozialen Arbeit)

Hahn, Carl, Die gesamten Materialen zu den Reichsjustizgesetzen, Band 3, Materialien zur Strafprozeßordnung. Abteilung I und II, Neudruck der 2. Aufl. Berlin 1885, hrsg. von Stegmann, Eduard. Aalen, 1983, (Abt. 1 zit.: Motive zu dem Entwurf einer Deutschen StPO; Abt. 2 zit: Materialien zur StPO)

Hallermann, Heribert, Strukturen kooperativer Seelsorge im Codex Iuris Canonici. in: Kirche und Recht, 1998, 1–10, (zit.: Hallermann, Strukturen kooperativer Seelsorge)

Hammer, Georg Heinrich, Das kirchliche Amt als Grundfrage des Kirchenrechts. Grundlagen und Struktur des kirchlichen Handelns, dargestellt am Werk Siegfried Grundmanns. Bonn, 1950, (zit.: Hammer, Das kirchliche Amt als Grundfrage des Kirchenrechts)

Harenne, Nicola von, Das Zeugnisverweigerungsrecht der Berufshelfer nach § 53a StPO. Diss., Münster, 2002, (zit.: Harenne, Das Zeugnisverweigerungsrecht der Berufshelfer)

Hauser, Robert, Der Zeugenbeweis im Strafprozess mit Berücksichtigung des Zivilprozesses. Zürich, 1974, (zit.: Hauser, Zeugenbeweis im Strafprozess)

Heckel, Johannes, Initia iuris ecclesiastici Protestantium, Sitzungsberichte der Bayerischen Akademie der Wissenschaften, Philosophisch-Historische Klasse, Heft 5. München, 1950, (zit.: Heckel, J., Initia iuris ecclesiastici Protestantium)

Ders., Kirche und Kirchenrecht nach der Zwei-Reiche-Lehre. in: Zeitschrift der Savigny-Stiftung für Rechtsgeschichte - Kanonische Abteilung XL-VIII, 79. Band, 1962, 222–284, (zit.: Heckel, J., Kirche und Kirchenrecht nach der Zwei-Reiche-Lehre)

Heckel, Martin, Gesammelte Schriften: Staat, Kirche, Geschichte, hrsg. von Schlaich, Klaus, Jus ecclesiasticum. Band 38. Tübingen, 1989, 227–335, (zit.: Heckel, Gesammelte Schriften)

Ders., Das Gleichbehandlungsgebot im Hinblick auf die Religion. in: Listl, Joseph/ Pirson, Dietrich (Hrsg.): Handbuch des Staatskirchenrechts der Bundesrepublik Deutschland. Band I, 2. Aufl. Berlin, 1994, 623–650, (zit.: Heckel, Das Gleichbehandlungsgebot)

Ders., Die religionsrechtliche Parität. in: Listl, Joseph/ Pirson, Dietrich (Hrsg):Handbuch des Staatskirchenrechts der Bundesrepublik Deutschland. Band I, 2. Aufl. Berlin, 1994, 589–622, (zit.: Heckel, Die religionsrechtliche Parität)

Hecker, Bernd, Zur völligen Ungeeignetheit eines Beweismittels und zum Zeugnisverweigerungsrecht von Mitarbeitern des Sozialdienstes Katholischer Frauen. in: JR, 1999, 428–432, (zit.: Hecker, Zur völligen Ungeeignetheit eines Beweismittels)

Heidelberger Kommentar zur Strafprozeßordnung, hrsg. von Lemke, Michael, 3. Aufl. Heidelberg, 2001, (zit.: Heidelberger Kommentar - Bearbeiter)

Heinsen, Oliver, Die Zeugnisverweigerungsrechte von Mitarbeitern sozialer Beratungsstellen gemäß §§ 53, 53a, 54 StPO. Diss., Konstanz, 2003, (zit.: Heinsen, Die Zeugnisverweigerungsrechte)

Held, Gottfried, Die kleinen öffentlich-rechtlichen Religionsgemeinschaften im Staatskirchenrecht der Bundesrepublik,Jus ecclesiasticum,Band 22. München, 1974, (zit.: Held, Die kleinen öffentlich-rechtlichen Religionsgemeinschaften)

Hesse, Konrad, Die Entwicklung des Staatskirchenrechts seit 1945. in: JöR, 1961, 3–80, (zit.: Hesse, Die Entwicklung des Staatskirchenrechts)

Hiebl, Stefan, Anmerkung zu BGH, Urteil vom 15.7.1998. in: StraFo, 1999, 86–89, (zit.: Hiebl, Anmerkung zu BGH)

Hierold, Alfred E., Der karitative Dienst der Kirche. Organisation der Karitas. in: Listl, Joseph/ Müller, Herbert/ Schulz, Heribert (Hrsg.): Handbuch des katholischen Kirchenrechts. 2. Aufl. Regensburg, 1999, 1028–1032, (zit.: Hierold, Der karitative Dienst der Kirche)

Hillgruber, Christian, Der Körperschaftsstatus von Religionsgemeinschaften. Objektives Grundverhältnis oder subjektives Grundrecht. in: NVwZ, 2001, 1347–1355, (zit.: Hillgruber, Der Körperschaftsstatus von Religionsgemeinschaften)

Hirnsperger, Johann, Die Ordination. in: Listl, Joseph/ Müller, Herbert/ Schulz, Heribert (Hrsg.): Handbuch des katholischen Kirchenrechts. 2. Aufl. Regensburg, 1999, 867–883, (zit.: Hirnsperger, Die Ordination)

Hoffmann, Georg, Das Beichtgeheimnis, Veröffentlichungen der Schleswig-Holsteinischen Universitätsgesellschaft, Neue Folge, Nr. 39. Kiel, 1965, (zit.: Hoffmann, Beichtgeheimnis)

Hollerbach, Alexander, Grundlagen des Staatskirchenrechts. in: Isensee, Josef/ Kirchhof, Paul (Hrsg.): Handbuch des Staatsrechts der Bundesrepublik Deutschland. Band VI, 1. Aufl. Heidelberg, 1989, 472–555, (zit.: Hollerbach, Grundlagen des Staatskirchenrechts)

Holtzendorff, Franz von, Handbuch des deutschen Strafprozessrechts. Berlin, 1879, (zit.: Holtzendorff, Handbuch des deutschen Strafprozessrechts)

Hünermann, Peter (Hrsg.), Und dennoch... Die römische Instruktion über die Mitarbeit der Laien am Dienst der Priester. Klarstellungen - Kritik - Ermutigungen. Freiburg i. Br., Basel, Wien, 1998, (zit.: Hünermann, Die römische Instruktion über die Mitarbeit der Laien)

Ders./ Denzinger, Heinrich (Hrsg.), Kompendium der Glaubensbekenntnisse und kirchlichen Lehrentscheidungen, verbessert, erweitert, ins Deutsche übertragen unter Mitarbeit von Helmut Hoping. 37. Aufl. Freiburg i. Br. et al., 1991, (zit: Denzinger/ Hünermann, Kompendium der Glaubensbekenntnisse)

Isensee, Josef, Verfassungsstaatliche Erwartungen an die Kirche. in: Essener Gespräche zum Thema Staat und Kirche, 1991, 104–146, (zit.: Isensee, Verfassungsstaatliche Erwartungen an die Kirche)

Ders., Die karitative Betätigung der Kirchen und der Verfassungsstaat. in: Listl, Joseph/ Pirson, Dietrich (Hrsg.): Handbuch des Staatskirchenrechts in der Bundesrepublik Deutschland. Band II, 2. Aufl. Berlin, 1995, 656–756, (zit.: Isensee, Die karitative Betätigung)

Jauernig, Othmar, Zivilprozessrecht. Ein Studienbuch. 28. Aufl. München, 2003, (zit.: Jauernig, Zivilprozessrecht)

Jeand'Heur, Bernd/ Korioth, Stefan, Grundzüge des Staatskirchenrechts. Stuttgart, Frankfurt, München, Wien, Hamburg, 2000, (zit.: Jeand'Heur/ Korioth, Grundzüge Staatskirchenrecht)

John, Richard Ed., Strafprozessordnung für das Deutsche Reich nebst Einführungsgesetz. Erlangen, 1884, (zit.: John, Strafprozessordnung für das Deutsche Reich nebst Einführungsgesetz)

Jung, Heike/ Krüger, Jochen, Die Stellung und der Schutz des Zeugen - Weiße Flecken in der Strafrechtspflege? in: Polizei-Führungsakademie (Hrsg.): Gefährdete Zeugen – Rechtliche und kriminalistische Aspekte, Hilden, 1985 (zit.: Jung/ Krüger, Stellung)

Jurina, Josef, Die Religionsgemeinschaften mit privatrechtlichem Rechtsstatus. in: Listl, Joseph/ Pirson, Dietrich (Hrsg.):Handbuch des Staatskirchenrechts. Band I, 2. Aufl. Berlin, 1994, 689–713, (zit.: Jurina, Die Religionsgemeinschaften mit privatrechtlichem Rechtsstatus)

Kaiser, Eberhard, Zeugisverweigerungsrecht von Diplompsychologen. in: NJW, 1971, 491–494, (zit.: Kaiser, Zeugnisverweigerungsrecht der Diplompsychologen)

Kaiser, Matthäus, Die rechtliche Grundstellung der Christgläubigen. in: Listl, Joseph/ Müller, Herbert/ Schulz, Heribert (Hrsg.): Handbuch des katholischen Kirchenrechts. 1. Aufl. Regensburg, 1983, 171–184, (zit.: Kaiser, Die rechtliche Grundstellung)

Kalb, Herbert, Art.:Buße. in: Campenhausen, Axel von/ Riedel-Spangenberger, Ilona/ Sebott, Reinhold (Hrsg.): Lexikon für Kirchen- und Staatskirchenrecht. Band 1, A-F, korrigierte 2. Aufl. Paderborn et al., 2000, 309–310, (zit.: Kalb, Art. Buße)

Karitzky, Babara, Die Geschichte der Zeugnisverweigerungsrechte. Diss., Düsseldorf, 1953, (zit.: Karitzky, Die Geschichte der Zeugnisverweigerungsrechte)

Karlsruher Kommentar, zur Strafprozessordnung und zum Gerichtsverfassungsgesetz mit Einführungsgesetz. Pfeiffer, Gerd (Hrsg.), 5. Aufl. München, 2003, (zit.: Karlsruher Kommentar - Bearbeiter)

Kaufmann, Arthur, Anmerkung zu OLG Nürnberg Beschl. v. 17.8.1956. in: NJW, 1958, 272–273, (zit.: Kaufmann, Anmerkung zu OLG Nürnberg)

Kehl, Medard, Die Kirche. Eine katholische Ekklesiologie. 3. Aufl. Würzburg, 1994, (zit.: Kehl, Die Kirche)

Kirchhof, Paul, Die Kirchen und Religionsgemeinschaften als Körperschaften des öffentlichen Rechts. in: Listl, Joseph/ Pirson, Dietrich (Hrsg):Handbuch des Staatskirchenrechts der Bundesrepublik Deutschland. Band 1, 2. Aufl. Berlin, 1994, 651–687, (zit.: Kirchhof, Die Kirchen und Religionsgemeinschaften als Körperschaften des öffentlichen Rechts)

Kleine, Markus, Institutionalisierte Verfassungswidrigkeit im Verhältnis von Staat und Kirche unter dem Grundgesetz. Ein Beitrag zur juristischen Methodik im Staatskirchenrecht. Baden-Baden, 1993, (zit.: Kleine, Institutionalisierte Verfassungswidrigkeit im Verhältnis von Staat und Kirche)

KMR – Kommentar zur Strafprozeßordnung, hrsg. von Müller, Hermann/ Fezer, Gerhard/ Paulus, Rainer, begründet von Theodor Kleinknecht, Neuwied et al., 37. Erg.-lief., Stand Mai 2004, (zit.: KMR - Bearbeiter)

Knopp, Nikolaus, Der katholische Seelsorger als Zeuge vor Gericht. Regensburg, 1849, (zit.: Knopp, Der Katholische Seelsorger als Zeuge vor Gericht)

Kohlhaas, Max, Die Schweigepflicht der in der Medizin technisch tätigen Personen. in: NJW, 1972, 1502, (zit.: Kohlhaas, Die Schweigepflicht)

Kopp, Ferdinand, Geistlichenprivileg gem. § 11 I Nr. 3 WPfG für „Sekten"? in: NVwZ, 1982, 178–180, (zit.: Kopp, Geistlichenprivileg)

Korioth, Stefan, Loyalität im Staatskirchenrecht? in: Erbguth, Wilfried/ Müller, Friedrich/ Neumann, Volker (Hrsg.):Rechtstheorie und Rechtsdogmatik im Austausch. Gedächtnisschrift für Bernd Jeand´Heur. Berlin, 1999, (zit.: Korioth, Gedächtnisschrift Jeand´Heur)

Köttgen, Arnold, Das anvertraute öffentliche Amt. in: Hesse, Konrad/ Reiche, Siegfried/ Scheuner, Ulrich (Hrsg.): Staatsverfassung und Kirchenordnung, Festgabe für Rudolf Smend zum 80. Geburtstag. Tübingen, 1962, (zit.: Köttgen, Festgabe Smend)

Krause, Daniel-M., Der „Gehilfe" der Verteidigung und sein Schweigerecht (§ 53a StPO). in: StrafFo, 1998, 1–8, (zit.: Krause, Der „Gehilfe" der Verteidigung und sein Schweigerecht)

Krekeler, Wilhelm/ Schonard, Marcus, Der Berufshelfer im Sinne des § 53a StPO. in: wistra, 1998, 137–140, (zit.: Krekeler/ Schonard, Der Berufshelfer im Sinne des § 53a StPO)

Kreuzer, Arthur, Zeugnisverweigerungsrecht für Drogenberater.Zur Entwicklung einer rechtlichen Klärung im Spannungsfeld von Sozialarbeit und Strafjustiz. in: Albrecht, Peter A. (Hrsg.): Festschrift für Horst Schüler-Springorum zum 65. Geburtstag. Köln, Berlin, Bonn, München, 1993, 527–540, (zit.: Kreuzer, Festschrift für Schüler-Springorum)

Kribs-Dress, Jutta, Grenzen prozessualer Aussageverpflichtung.in:DStZ, 1978, 51–53, (zit.: Kribs-Dress, Grenzen prozessualer Aussageverpflichtung)

Kühn, Ulrich, Kirchliche Ämter. in: Fahlbusch, Erwin (Hrsg.): Evangelisches Kirchenlexikon, Internationale theologische Enzyklopädie. Band 2, Göttingen, 1989, 1218–1223, (zit.: Kühn, Kirchliche Ämter)

Kühne, Hans-Heiner, Zeugnisverweigerungsrecht im Strafprozeß – neue Wege für die Anwendung von Grundrechten? - BVerfGE 33, 367. in: JuS, 1973, 685–689, (zit.: Kühne, Zeugnisverweigerungsrecht im Strafprozeß)

Kurtscheid, Bernhard, Das Beichtsiegel in seiner geschichtlichen Entwicklung. Freiburger Theologische Studien. Freiburg i. Br., 1912, (zit: Kurtscheid, Das Beichtsiegel in seiner geschichtlichen Entwicklung)

Leipziger Kommentar, Strafgesetzbuch. §§ 138 - 141. Hanack, Ernst Walter (Bearb.), Jähnke, Burkhard/ Laufhütte, Heinrich Wilhelm/ Odersky, Walter (Hrsg.), 11. Aufl. Berlin, 1996, (zit.: Leipziger Kommentar - Bearbeiter)

Lenckner, Theodor, Aussagepflicht, Schweigepflicht und Zeugnisverweigerungsrecht. in: NJW, 1965, 321–327, (zit.: Lenckner, Aussagepflicht, Schweigepflicht und Zeugnisverweigerungsrecht)

Leonard, (o. Ang.), Das Beichtgeheimnis, seine Stellung im Strafprozeß und im Strafvollzuge. in: ZStW, 1906, 405–457, (zit.: Leonard, Das Beichtgeheimnis)

Lichtenberg, Peter/ Schücking, Prosper, Zeugnisverweigerungsrecht für Mitarbeiter in anerkannten Beratungsstellen für Aids- und Suchtfragen. in: ZRP, 1989, 243–246, (zit.: Lichtenberg/ Schücking, Zeugnisverweigerungsrecht für Mitarbeiter)

Lienemann, Wolfgang, Kirchlicher Dienst zwischen kirchlichem und staatlichem Recht. in: Rau, Gerhard/ Reuter, Hans-Richard/ Schlaich, Klaus (Hrsg.): Das Recht der Kirche. Band III, München et al., 1994, (zit.: Lienemann, Kirchlicher Dienst zwischen kirchlichem und staatlichem Recht)

Ling, Michael A., Zum Geistlichenprivileg im Strafrecht. in: GA, 2001, 325–332, (zit.: Ling, Zum Geistlichenprivileg im Strafrecht)

Link, Christoph, Staatskirchenrechtliche Probleme der nicht-akademisch vorgebildeten Geistlichen. in: ZevKR, 1972, 256–279, (zit.:Link, Staatskirchenrechtliche Probleme der nicht-akademisch vorgebildeten Geistlichen)

Ders., Die gesetzlichen Regelungen der Mitwirkung der Kirchen in den Einrichtungen des Rundfunks und Fernsehens. in: Listl, Joseph/ Pirson, Dietrich (Hrsg.): Handbuch des Staatskrichenrechts der Bundesrepublik Deutschland. Band II, 2. Aufl. Berlin, 1995, 285–313, (zit.: Link, Mitwirkung in Rundfunk und Fernseheinrichtungen)

Ders., Zeugen Jehovas und Körperschaftsstatus. in: ZevKR, 1998, 1–54, (zit.: Link, Zeugen Jehovas und Körperschaftsstatus)

Lorch, Herbert Edgar, Das Zeugnisverweigerungsrecht im Strafprozess. Diss., Frankfurt am Main, 1927, (zit.: Das Zeugnisverweigerungsrecht im Strafprozess)

Löwe, Ewald, Die Strafprozessordnung für das Deutsche Reich nebst dem Gerichtsverfassungsgesetz und den das Strafverfahren betreffenden Bestimmungen der übrigen Reichsgesetze. 8. Aufl. Berlin, 1894, (zit.: Löwe, Die Strafprozessordnung für das Deutsche Reich)

Ders./ Rosenberg, Werner/ Dünnebier, Hanns/ Riess, Peter/ Niethammer, Emil (Hrsg.), Die Strafprozessordnung und das Gerichtsverfassungsgesetz. 24. Aufl. Berlin, New York, 1996, (zit.: Löwe/ Rosenberg - Bearbeiter)

Lumen Gentium, Dogmatische Kostitution über die Kirche. Zweites Vatikanisches Konzil, in: Rahner, Karl/ Vorgrimmler, Herbert (Hrsg.): Kleines Konzilskompendium. Sämtliche Texte des Zweiten Vatikanums, 25. Aufl. Freiburg i. Br., Basel, Wien, 1994, 123–197 (zit.: Lumen Gentium)

Luther, Martin, D. Martin Luthers Werke: kritische Gesamtausgabe. Weimar, 1883ff., (zit.: WA, sowie für die Tischreden: WATR)

Magen, Stefan, Körperschaftsstatus und Religionsfreiheit. Zur Bedeutung des Art. 137 Abs. 5 WRV im Kontext des Grundgesetzes. Diss., Frankfurt am Main, 2002, (zit.: Magen: Körperschaftsstatus und Religionsfreiheit)

Mangoldt, Hermann von/ Klein, Friedrich/ Starck, Christian (Hrsg.), Das Bonner Grundgesetz. Kommentar. Band 2, München, 1999, (zit.: Mangoldt/ Klein - Bearbeiter)

Maunz, Theodor, Der öffentliche Charakter der kirchlichen Aufgaben. in: Mikat, Paul (Hrsg.): Kirche und Staat in der neueren Entwicklung. Darmstadt, 1980, 306–318, (zit.: Maunz, Der öffentliche Charakter der kirchlichen Aufgaben)

Ders./ Dürig, Günter/ Herzog, Roman, Grundgesetz. Kommentar. Band 3, München, 1992, (zit.: Maunz/ Dürig/ Herzog)

Maurach, Reinhart (Begr.)/ Schroeder, Friedrich-Christian (Bearb.), Strafrecht, Besonderer Teil. Lehrbuch. Heidelberg, 1999, (zit.: Maurach/ Schroeder/ Maiwald, BT 2)

May, Georg, Art.:Geistlich. in: Buchberger, Michael/ Höfer, Josef (Hrsg.), Lexikon für Theologie und Kirche. Band 4, völlig neubearb. 2. Aufl. Freiburg i. Br., Basel, Wien, 1960, 618, (zit.: May, Art. Geistlich, LThK)

Mehlhausen, Joachim, Die Ordination. Theologische Begründung und kirchenrechtliche Ordnung aus Sicht einer Gliedkirche der EKU. in: Theologia Practica 20, München 1985, 104–115, (zit.: Mehlhausen, Die Ordination)

Merkl, Gerhard, Die Zeugenaussage nichtbeamteter Personen des öffentlichen Dienstes vor Zivil- und Strafgerichten (Aussagegenehmigung nach §§ 376 ZPO, 54 StPO; Zeugnisverweigerungsrecht nach § 383 Abs. 1 Ziffer 5 ZPO). Diss., Regensburg, 1973, (zit.: Merkl, Die Zeugenaussage nichtbeamteter Personen)

Meyer-Goßner, Lutz, Strafprozessordnung, Gerichtsverfassungsgesetz, Nebengesetze und ergänzende Bestimmungen. 47., neu bearb. Aufl. des von Otto Schwarz begr., in der 23. bis 35. Aufl. von Theodor Kleinknecht und in der 36. bis 39. Aufl. von Karlheinz Meyer bearb. Werkes. München, 2004, (zit.: Kleinknecht/ Meyer-Goßner)

Meyer-Teschendorf, Klaus G., Der Körperschaftsstatus der Kirchen. in: AöR, 1978, 289–333, (zit.: Meyer-Teschendorf, Der Körperschaftsstatus der Kirchen)

Michalowski, Sabine, Schutz der Vertraulichkeit strafrechtlich relevanter Patienteninformationen. in: ZStW, 1997, 519–544, (zit.: Michalowski, Schutz der Vertraulichkeit)

Mode, Richard, Beichtsiegel und Zeugnispflicht nach der Reichsprozessordnung. in: Archiv für katholisches Kirchenrecht, 1902, 476–351, (zit: Mode, Beichtsiegel und Zeugnispflicht nach der Reichsprozessordnung)

Morlok, Martin/ Heinig, Michael, Parität im Leistungsstaat - Körperschaftsstatus nur bei Staatsloyalität? Ein Beitrag zur Dogmatik des Art. 140 GG i.V.m. mit Art. 137 V 2 WRV. in: NVwZ, 1999, 697–706, (zit.: Morlok/ Heining, Parität im Leistungsstaat)

Morschhäuser, Franz J., Hermann Joseph Wehrle (1899-1945). Zeuge des Glaubens in bedrängter Zeit. St. Ottilien, 1994, (zit.: Morschhäuser, Zeuge des Glaubens in bedrängter Zeit)

Mosheim, Johann Lorenz; Windheim, Christian Ernst v. (Hrsg.), Einleitung in die Sittenlehre der Heiligen Schrift. Zum Gebrauch akademischer Vorlesungen. Erlangen, 1762, (zit.: Mosheim, Sittenlehre 9. und letzter Teil)

Muckel, Stefan, Muslimische Gemeinschaften als Körperschaften des öffentlichen Rechts. in: DÖV, 1995, 311–317, (zit.: Muckel, Muslimische Gemeinschaften als Körperschaften des öffentlichen Rechts)

Ders., Religionsgemeinschaften als Körperschaften des öffentlichen Rechts. Zur aktuellen Diskussion um die Verleihung der Körperschaftsrechte. in: Der Staat, 1999, 569–593, (zit.: Muckel, Religionsgemeinschaften als Körperschaften)

Ders., Auf dem Weg zu einem grundrechtlich geprägten Staatskirchenrecht? Anmerkungen zum Zeugen-Jehovas-Urteil des Bundesverfassungsgerichts. in: Stimmen der Zeit, 2001, 463–479, (zit.: Muckel, Auf dem Weg zu einem grundrechtlich geprägten Staatskirchenrecht)

Müller, Konrad, Die Gewährung der Rechte einer Körperschaft des öffentlichen Rechts an Religionsgemeinschaften gemäß Art. 137 Abs. V Satz 2 WRV. in: ZevKR, 1952/ 53, 139–169, (zit.: Müller, Die Gewährung der Rechte einer Körperschaft des öffentlichen Rechts an Religionsgemeinschaften)

Müller, Ludger, Die Münchener Schule. Charakteristika und wissenschaftliche Anliegen. in: Archiv für katholisches Kirchenrecht, 1997, 85–118, (zit.: Müller, Die Münchener Schule)

Müller, Philipp, Art.: Seelsorge. in: Kasper, Walter (Hrsg.): Lexikon für Theologie und Kirche. Band 9, völlig neubearb. 3. Aufl. Freiburg i. Br., Basel, Wien, 2000, 383–387, (zit.: Art. Seelsorge)

Müller-Volbehr, Jörg, Das Grundrecht der Religionsfreiheit und seine Schranken. in: DÖV, 1995, 301–310, (zit.: Müller-Volbehr, Das Grundrecht der Religionsfreiheit)

Ders., Rechtstreue und Staatsloyalität: Voraussetzungen für die Verleihung des Körperschaftsstatus an Religions- und Weltanschauungsgemeinschaften? in: NJW, 1997, 3358–3360, (zit.: Müller-Volbehr, Rechtstreue und Staatsloyalität)

Münchener Kommentar zur Zivilprozeßordnung mit Gerichtsverfassungsgesetz und Nebengesetzen, hrsg. von Lüke, Gerhard/ Wax, Peter, Band 2, §§ 355 - 308, 2. Aufl. München, 2000, (zit.: Münchener Kommentar - Bearbeiter)

Münsterischer Kommentar zum Codex Iuris Canonici, unter besonderer Berücksichtigung der Rechtslage in Deutschland, Österreich und der Schweiz. Lüdicke, Klaus (Hrsg.), Losebl.-Ausg., 37. Erg.-lief., Stand: Dez. 2003. Essen, 1985ff., (zit.: Münsterischer Kommentar - Bearbeiter)

Münter, Wilhelm Otto, Begriff und Wirklichkeit des geistlichen Amtes. 2. Teil der Untersuchung: Die Gestalt der Kirche „nach göttlichem Recht“. Beiträge zur evangelischen Theologie. Band 21, München, 1955, (zit.: Münter, Begriff und Wirklichkeit des geistlichen Amtes)

Musielak, Hans-Joachim (Hrsg.), Kommentar zur Zivilprozeßordnung mit Gerichtsverfassungsgesetz. 3. Aufl. München, 2002, (zit.: Musielak - Bearbeiter)

Niese, Werner, Die Rechtsprechung des Bundesgerichtshofs in Strafsachen. in: JZ, 1953, 73–78, (zit.: Die Rechtsprechung des Bundesgerichtshofs in Strafsachen)

Obermayer, Klaus, Zur Verfassungsmäßigkeit und Auslegung des Geistlichenprivilegs im Wehrrecht. in: DÖV, 1976, 80–84, (zit.: Obermayer, Zur Verfassungsmäßigkeit des Geistlichenprivilegs)

Olbrich, Clemens/ Stammberger, Ralf M.W. (Hrsg.), PastoralreferentInnen – unverzichtbar für die Kirche. Und sie bewegen sie doch. Freiburg i. Br., Basel, Wien, 2000, (zit.: Olbrich/ Stammberger, Und sie bewegen sie doch)

Oppermann, Paul, Die Verwaltung des Heiligen Bußsakramentes. Praktisches Handbuch der Moral. Breslau, 1932, (zit.: Oppermann, Die Verwaltung des Heiligen Bußsakramentes)

Pahlke, Armin, Kirche und Koalitionsrecht. Zur Problematik des kirchlichen Arbeitsrechtsregelungsverfahrens, insbesondere des sog. Dritten Weges der Kirchen, Jus Ecclesiasticum, Band 29. Tübingen, 1983, (zit.: Pahlke, Kirche und Koalitionsrecht)

Peters, Karl, Beweisverbote im deutschen Strafverfahren. Verhandlungen des 46. Deutschen Juristentages (Essen 1966), Ständige Deputation des Deutschen Juristentages (Hrsg.), Band I (Gutachten), Teil 3 A, München, Berlin, 1966, (zit.: Peters, Gutachten für den 46. Deutschen Juristentag)

Ders., Seelsorge und Strafvollzug. in: JR, 1975, 402–406, (zit.: Peters, Seelsorge und Strafvollzug)

Ders., Der Strafprozeß. Ein Lehrbuch. 4. Aufl. Heidelberg, 1985, (zit.: Peters, Strafprozess)

Pfeifer, Wolfgang (Hrsg.), Etymologisches Wörterbuch des Deutschen, A-G, erarb. im Zentralinstitut für Sprachwissenschaft Berlin unter der Leitung von Wolfgang Pfeifer. Ungekürzte, durchges. Ausg., 2. Aufl. München, 1995, (zit.: Etymologisches Wörterbuch des Deutschen)

Pirson, Dietrich, Das kircheneigene Dienstrecht der Geistlichen und Kirchenbeamten. in: Listl, Joseph/ Pirson, Dietrich (Hrsg.): Handbuch des Staatskirchenrechts der Bundesrepublik Deutschland. Band II, 2. Aufl. Berlin, 1995, 850–875, (zit.: Pirson, Das kircheneigene Dienstrecht der Geistlichen und Kirchenbeamten)

Plöchl, Willibald M., Geschichte des Kirchenrechts. in: Das katholische Kirchenrecht der Neuzeit. Zweiter Teil. Wien, 1966, (zit.: Plöchl, Geschichte des Kirchenrechts)

Pree, Helmuth, Das kirchenrechtliche Kernprofil des hierarchischen Amtes. in: Demel, Sabine (Hrsg.): Mehr als Nichtkleriker: Die Laien in der Katholischen Kirche. Regensburg, 2001, 57–91, (zit.: Pree, Das kirchenrechtliche Kernprofil des hierarchischen Amtes)

Presbyterorum ordinis, Das Dekret über Dienst und Leben der Priester, Zweites Vatikanisches Konzil, in: Rahner, Karl/ Vorgrimmler, Herbert (Hrsg.): Kleines Konzilskompendium. Sämtliche Texte des Zweiten Vatikanums, 25. Aufl. Freiburg i. Br., Basel, Wien, 1994, 561–598, (zit.: Presbyterorum ordinis)

Puchelt, Ernst Sigismund, Die Strafprozessordnung für das Deutsche Reich unter Benützung der Materialien sowie der Doktrin und Praxis insbesondere der Rechtsprechung des Reichsgerichte. Leipzig, 1881, (zit.: Puchelt, Die Strafprozessordnung für das Deutsche Reich)

Radke, Henning, Beichtgeheimnis und Zeugnisverweigerung. in: ZevKR, 2003, 385–406, (zit.: Radke, Beichtgeheimnis und Zeugnisverweigerung)

Ranft, Otfried, Strafprozessrecht. Systematische Lehrdarstellung für Studium und Praxis. neubearb. 2. Aufl. Stuttgart et al., 1995, (zit.: Ranft, Strafprozessrecht)

Ratschow, Carl Heinz, Art.: Amt/ Ämter/ Amtsverständnis (VIII.). in: Krause, Gerhard/ Müller, Gerhard (Hrsg.): Theologische Realenzyklopädie. Band II, Berlin, New York, 1978, 593–622, (zit.: Ratschow, Art. Amt)

Renaud, Achilles, Lehrbuch des gemeinen deutschen Civilproceßrechts mit Rücksicht auf die neueren Civilproceßgesetzgebungen. Der ordentliche Proceß. Nachdruck der Ausgabe Leipzig et al. 1867. Frankfurt am Main, 1987, (zit.: Renaud, Lehrbuch des gemeinen deutschen Civilprozeß)

Rengier, Rudolf, Die Zeugnisverweigerungsrechte im geltenden und künftigen Strafverfahrensrecht: Grundlagen, Reformfragen und Stellung im System der Beweisverbote und im Revisionsrecht. Paderborn, München, Wien, Zürich, 1979, (zit.: Rengier, Die Zeugnisverweigerungsrechte im geltenden und künftigen Strafverfahrensrecht)

Reupke, Dietrich, Die Religionskörperschaften des öffentlichen Rechts in der Werteordnung des Grundgesetzes. in: Kirche und Recht, 1997, 7–20, (zit.: Reupke, Die Religionskörperschaften des öffentlichen Rechts)

Richardi, Reinhard, Arbeitsrecht in der Kirche. Staatliches Arbeitsrecht und kirchliches Dienstrecht. 4. Aufl. München, 2003, (zit.: Richardi, Arbeitsrecht in der Kirche)

Robbers, Gerhard, Sinn und Zweck des Körperschaftsstatus im Staatskirchenrecht. in: Kästner, Karl-Hermann (Hrsg.): Festschrift für Martin Heckel zum siebzigsten Geburtstag. Tübingen, 1999, 411–425, (zit.: Robbers, Festschrift Heckel)

Roth, Erich, Die Privatbeichte und Schlüsselgewalt in der Theologie der Reformatoren. Gütersloh, 1952, (zit.: Roth, Die Privatbeichte und Schlüsselgewalt in der Theologie der Reformatoren)

Roxin, Claus, Strafverfahrensrecht. Ein Studienbuch. völlig neubearb. 25. Aufl. München, 1998, (zit.: Roxin, Strafverfahrensrecht)

Rudolphi, Hans Joachim, Revisibilität von Verfahrensmängeln.in:MDR 1970, 93–100, (zit.: Rudolphi, Revisibilität von Verfahrensmängeln)

Rüfner, Wolfgang, Das kirchlich rezipierte und adaptierte Dienst- und Arbeitsrecht der übrigen kirchlichen Bediensteten. in: Listl, Joseph/ Pierson, Dietrich (Hrsg.): Handbuch des Staatskirchenrechts der Bundesrepublik Deutschland. Band II, 2. Aufl. Berlin, 1995, 877–900, (zit: Rüfner, Das kirchlich rezipierte und adaptierte Dienst- und Arbeitsrecht)

Rüping, Heinrich, Das Strafverfahren. überarb. 3. Aufl. München, 1997, (zit.: Rüping, Das Strafverfahren)

Ders., Grundriß der Strafrechtsgeschichte. überarb. 3. Aufl. München, 1998, (zit.: Rüping, Grundriss der Strafrechtsgeschichte)

Rupp, Hans Heinrich, Beweisverbote im Strafprozeß in verfassungsrechtlicher Sicht. Gutachten für den 46. Deutschen Juristentag, in: Verhandlungen des Deutschen Juristentages, Band I, Teil 3 A. München, Berlin, 1966, (zit.: Rupp, Gutachten für den 46. Deutschen Juristentag)

Sacrosanctum Concilium, Konstitution über die heilige Liturgie, Zweites Vatikanisches Konzil,in:Rahner, Karl/Vorgrimmler,Herbert(Hrsg.): Kleines Konzilskompendium.Sämtliche Texte des Zweiten Vatikanums, 25. Aufl. Freiburg i. Br., Basel, Wien, 1994, 51-90, (zit.: Sacrosanctum Concilium)

Sarstedt, Werner, Beweisverbote im Strafrecht. Referat, in: Verhandlungen des Sechsundvierzigsten deutschen Juristentages. Ständige Deputation des Deutschen Juristentages (Hrsg.), Band II (Sitzungsberichte, Teil F), München, Berlin 1967, (zit.: Sarstedt: Beweisverbote im Strafrecht)

Sattler, Dorothea, Gelebte Buße. Das menschliche Bußwerk (satisfactio) im ökumenischen Gespräch. Mainz, 1992, (zit: Sattler, Gelebte Buße)

Dies., Art.: Bußsakrament. in: Kasper, Walter (Hrsg.): Lexikon für Theologie und Kirche. Band 2, völlig neubearb. 3. Aufl. Freiburg i. Br., Basel, Rom, Wien, 1994, 845–853, (zit.: Sattler, Art. Bußsakrament)

Sauter, Fritz, Das Berufsgeheimnis und sein strafrechtlicher Schutz, Strafrechtliche Abhandlungen, Heft 123. Breslau, 1910, (zit.: Sauter, Das Berufsgeheimnis und sein strafrechtlicher Schutz)

Schade, Johann Casper, Vom conscientia erronea. o.O., 1696, (zit.: Schade, Vom conscientia erronea)

Schanz, (o. Ang.), Die Lehre des hl. Augustin über das hl. Sakrament der Buße. in: Theologische Quartalsschrift, 1895, 598–621, (zit.: Schanz, Die Lehre des hl. Augustin über das hl. Sakrament der Buße)

Scheuring, Ottheinz/ Steingen, Werner, Mantel-Tarifvertrag für Arbeiter der Länder (MTL) vom 14. Januar 1959, Kommentar. Losebl.-Ausg., 10. Erg.-Lief., 3. Aufl. München, 1965, (zit.: Scheuring-Steingen, Kommentar zum Manteltarifvertrag für Arbeiter der Länder)

Schieffer, Elisabeth, Art.: Seelsorger. in: Kasper, Walter (Hrsg.): Lexikon für Theologie und Kirche. Band 9, Freiburg i. Br., Basel, Wien, 2000, 390–391, (zit.: Schieffer, Art. Seelsorge)

Schiller, Gernot, Kompetenzrechtliche Aspekte eines Verbots von Religionsgemeinschaften. in: ZevKR, 2003, 257–283, (zit.: Schiller, Kompetenzrechtliche Aspekte eines Verbots von Religionsgemeinschaften)

Schilling, Georg, Strafprozessuales Zeugnisverweigerungsrecht für Sozialarbeiter, Sozialpädagogen und Psychologen? in: JZ, 1976, 617–622, (zit.: Schilling, Strafprozessuales Zeugnisverweigerungsrecht)

Schlaich, Klaus, Art.: Corpus Christianum. in: Kunst, Hermann (Hrsg.): Evangelisches Staatslexikon. Band 1, A–M, 3. neubearb. Aufl. Stuttgart, Berlin, 1966, 421–424, (zit.: Schlaich, Art. Corpus Christianum)

Schleiermacher, Friedrich; Frerichs, Jacob (Hrsg.), Die praktische Theologie nach den Grundsätzen der evangelischen Kirche im Zusammenhang dargestellt. Berlin, 1850, (zit.: Schleiermacher, Die praktische Theologie nach den Grundsätzen der evangelischen Kirche)

Schlüchter, Ellen, Das Strafverfahren. 2. Aufl. Köln, 1983, (zit.: Schlüchter, Das Strafverfahren)

Schmid, Peter F., Art.: Kirchliche Ämter und Dienste. (V. Praktisch-theologisch). in: Kasper, Walter (Hrsg.): Lexikon für Theologie und Kirche. Band 6, völlig neubearb. 3. Aufl. Freiburg i. Br., Basel, Wien, 1997, 95–97, (zit.: Schmid, Art. Dienst und Ämter)

Schmidt, Eberhard, Lehrkommentar zur Strafprozessordnung und zum Gerichtsverfassungsgesetz, Teil II, Lfg. 1 - 6., Erläuterungen: §§ 1 - 474a StPO. Göttingen, 1957, (zit.: Schmidt, Eb., StPO Lehrkommentar II)

Ders., Lehrkommentar zur Strafprozeßordnung und zum Gerichtsverfassungsgesetz, Nachträge und Ergänzungen zu Teil II, Nachtragsband I. Göttingen, 1967, (zit.: Schmidt, Eb., StPO Lehrkommentar I)

Ders., Einführung in die Geschichte der deutschen Strafrechtspflege. Nachdr. der unveränd. 2. Aufl., 3. Aufl. Göttingen, 1995, (zit.: Schmidt, Eb.: Einführung in die Geschichte)

Schmidt, Jens-Roger, Die Rechte des Zeugen im Strafverfahren. Diss., Erlangen, Nürnberg, 1986, (zit.: Schmidt, Die Rechte des Zeugen im Strafverfahren)

Schmitt, Petra, Die Berücksichtigung der Zeugnisverweigerungsrechte nach §§ 52, 53 StPO bei den auf Beweisgewinnung gerichteten Zwangsmaßnahmen. Diss., Berlin, 1993, (zit.: Schmitt, Die Berücksichtigung der Zeugnisverweigerungsrechte)

Schönke, Adolf / Lenckner, Theodor (Bearb.), Strafgesetzbuch : Kommentar, begr. von Adolf Schönke (1. - 6. Aufl.), fortgef. von Horst Schröder (7. - 17. Aufl.), 26. Aufl. München, 2001, (zit.: Schönke/ Schröder - Bearbeiter)

Schwarz, Joachim, Die unterlassene Verbrechensanzeige, zugleich ein Beitrag zur Lehre vom Unterlassungsdelikt. Neuwied, 1968, (zit.: Schwarz, Die unterlassene Verbrechensanzeige)

Schwarze, Friedrich Oskar, Kommentar zur Strafprozessordnung des Königreichs Sachsen vom 11. August 1855. Leipzig, 1855, (zit.: Schwarze, Kommentar zur Strafprozessordnung des Königreichs Sachsen)

Seelemann, Ulrich, Der Begriff des Geistlichen im Strafprozeßrecht. in: ZevKR, 2004, 639–660, (zit.: Seelemann, Der Begriff des Geistlichen)

Sehling, Emil (Hrsg.), Die evangelischen Kirchenordnungen des 16. Jahrhunderts. Der Merseburger Synodalunterricht 1544 (mit Abänderungen von 1545). Fortgef. vom Kirchenrechtlichen Institut der Evangangelischen Kirche in Deutschland. Aalen, 1955, (zit.: Sehling, Die evangelischen Kirchenordnungen des 16. Jhs.)

Sekretariat der Deutschen Bischofskonferenz (Hrsg.), Rahmenstatuten und -ordnungen für Gemeinde- und Pastoral-Referenten, -Referentinnen,Die deutschen Bischöfe, Hirtenschreiben, Erklärungen.Bonn, 1987, (zit.: Sekretariat der Deutschen Bischofskonferenz, Rahmenstatut für Pastoralreferenten)

Dass. (Hrsg.), Rahmenordnung für die Priesterbildung. Bonn, 1988, (zit.: Sekretariat der Deutschen Bischofskonferenz, Rahmenordnung)

Dass. (Hrsg.), Erklärung der deutschen Bischöfe zum kirchlichen Dienst und Grundordnung des kirchlichen Dienstes im Rahmen kirchlicher Arbeitsverhältnisse. Bonn, 1993, (zit.: Sekretariat der Deutschen Bischofskonferenz, Grundordnung des kirchlichen Dienstes im Rahmen kirchlicher Arbeitsverhältnisse)

Dass. (Hrsg.), Der pastorale Dienst in der Pfarrgemeinde. Bonn, 1995, (zit.:Sekretariat der Deutschen Bischofskonferenz,Der pastorale Dienst in der Pfarrgemeinde)

Dass. (Hrsg.), Kirchliches Handbuch: Statistisches Jahrbuch der Bistümer und ihnen gleichgestellten kirchlichen Gebietskörperschaften im Bereich der Deutschen Bischofskonferenz. Bonn, 2002, (zit.: Sekretariat der Deutschen Bischofskonferenz, Kirchliches Handbuch)

Siegmund, Iris, Ordination: die Rechtslage in den Landeskirchen im Bereich der EKD. Bonn, 1995, (zit.: Siegmund, Ordination)

Solte, Ernst-Lüder, Die Organisationsstruktur der übrigen als öffentliche Körperschaften verfassten Religionsgemeinschaften und ihre Stellung im Staatskirchenrecht. in: Listl, Joseph/ Pirson, Dietrich (Hrsg.): Handbuch des Staatskirchenrechts in der Bundesrepublik Deutschland. Band I, 2. Aufl. Berlin, 1994, 417–436, (zit.: Solte, Die Organisationsstruktur der übrigen als öffentliche Körperschaften verfassten Religionsgemeinschaften)

Spari, Georg, Darf der Priester wirklich nie etwas aus der Beicht offenbaren? in: Theologisch-praktische Quartalsschrift, 1901, 85–96, (zit.: Spari, Darf der Priester nie etwas aus der Beicht offenbaren)

Spendel, Günter, Beweisverbote im Strafprozeß. in: NJW, 1966, 1102–1108, (zit.: Spendel, Beweisverbote im Strafprozess)

Stein, Albert, Hat die Schweigepflicht des Seelsorgers Grenzen? in : WuPKG, 1972, Nr. 61, (zit.: Stein, Hat die Schweigepflicht des Seelsorgers Grenzen?)

Ders., Wo liegen die Grenzen des seelsorgerlichen Aussageverweigerungsrechts? in: ZevKR, 1974, 138–144, (zit.: Stein, Grenzen des seelsorgerlichen Aussageverweigerungsrechts)

Ders., Das strafprozessuale Schweigerecht von Seelsorgehelfern. in: ZevKR, 1976, 418–422, (zit.: Stein, Das strafprozessuale Schweigerecht von Seelsorgehelfern)

Ders., Evangelisches Kirchenrecht. Ein Lernbuch. 3. Aufl. Neuwied, Kriftel, Berlin, 1992, (zit.: Stein, Kirchenrecht)

Ders., Ordination. in: Rau, Gerhard/ Reuter, Hans-Richard/ Schlaich, Klaus (Hrsg.): Das Recht der Kirche. Zur Praxis des Kirchenrechts. Band III, Gütersloh, 1995, 73–117, (zit.: Stein, Ordination)

Stein, Friedrich (Hrsg.), Kommentar zur Zivilprozessordnung. Stein/ Jonas. 21. Aufl. Tübingen, 2004, (zit.: Stein/ Jonas–Bearbeiter)

Stolleis, Michael, Rechtsfragen der Telefonseelsorge. in: ZevKR, 1972, 279–299, (zit.: Stolleis, Rechtsfragen der Telefonseelsorge)

Ders., Art.: Gemeinwohl. in: Evangelisches Staatslexikon, Band I, Stuttgart 1987, Sp. 1061–1064, (zit.: Stolleis, Art. Gemeinwohl)

StPO Alternativkommentar zur Strafprozessordnung, hrsg. von Wassermann, Rudolf, bearb. von Hans Achenbach. Band 2, Teilband 1, Reihe Alternativkommentare. Neuwied, 1992, (zit.: StPO Alternativkommentar - Bearbeiter)

Stromberg, Eberhard, Über das Zeugnisverweigerungsrecht und die Genehmigungsbedürftigkeit von Zeugenaussagen kirchlicher Bediensteter - mit einem Ausblick auf die zu erwartende Erweiterung des § 53 StPO. in: MDR, 1974, 892–895, (zit.: Stromberg, Über das Zeugnisverweigerungsrecht und die Genehmigungsbedürftigkeit)

Stutz, Ulrich, Die päpstliche Diplomatie unter Leo XIII. nach den Denkwürdigkeiten des Kadinals Domenico Ferrata.Abhandlungen der Preussischen Akademie der Wissenschaften, Philosophisch-Historische Klasse, Jg. 1925, Nr. 3/ 4. Berlin, 1926, (zit.: Stutz, Die päpstliche Diplomatie unter Leo XIII.)

Systematischer Kommentar zum Strafgesetzbuch, hrsg. von Rudolphi, Hans Joachim, Frankfurt am Main, 40. Aufbau-lief., Stand Juli 2004, (zit.: SK - Bearbeiter)

Thannhausen, Markus Freiherr von und zu, Zeugnisverweigerungsrecht für bestimmte kirchliche Berufsgruppen. in: Kirche und Recht, 2000, 191–202, (zit.: Thannhausen, Zeugnisverweigerungsrecht)

Thomas, Heinz, Zivilprozeßordnung mit Gerichtsverfassungsgesetz, den Einführungsgesetzen und europarechtlichen Vorschriften. Kommentar. 26. Aufl. München, 2004, (zit.: Thomas/ Putzo)

Thüsing, Gregor, Kirchenautonomie und Staatsloyalität.Inhalt und mögliche Konsequenzen von BVerwG, Urteil vom 26. Juni 1997 (Zeugen Jehovas). in: DÖV, 1998, 25–29, (zit.: Thüsing, Kirchenautonomie und Staatsloyalität)

Tiling, Peter von, Die Mitwirkung der Kirchen im staatlichen Bereich. Göttingen, 1968, (zit.: Tiling, Die Mitwirkung der Kirchen)

Ders., Zum Berurteilungsspielraum bei Entscheidungen über die Eignung für das Pfarramt. in: ZevKR, 1992, 113–127, (zit.: Tiling, Zum Beurteilungsspielraum bei Entscheidungen über die Eignung für das Pfarramt)

Ders., Die karitativen Werke und Einrichtungen im Bereich der evangelischen Kirche. in: Listl, Joseph/ Pirson, Dietrich (Hrsg.): Handbuch des Staatskirchenrechts der Bundesrepublik Deutschland. Band II, 2. Aufl. Berlin, 1995, 809–829, (zit.: Tiling, Die karitativen Werke)

Tillmanns, Reiner, Zur Verleihung des Körperschaftsstatus an Religionsgemeinschaften. in: DÖV, 1999, 441–452, (zit.: Tillmanns, Zur Verleihung des Körperschaftsstatus)

Tröndle, Herbert/ Fischer, Thomas, Strafgesetzbuch und Nebengesetze. 52. Aufl. München, 2004, (zit.: Tröndle-Fischer)

Uhlendorff, Hans-Krafft, Das Zeugnisverweigerungsrecht in der Hauptverhandlung und seine geschichtliche Entwicklung. Diss., Heidelberg, 1951, (zit.: Uhlendorff, Das Zeugnisverweigerungsrecht in der Hauptverhandlung und seine geschichtliche Entwicklung)

Ullmann, Emanuel, Lehrbuch des Deutschen Strafprozessrechts. München, 1893, (zit.: Ullmann, Lehrbuch des Deutschen Strafprozessrechts)

Verlautbarungen des Apostolischen Stuhls, Instruktion Redemptionis Sacramentum über einige Dinge bezüglich der heiligsten Eucharistie, die einzuhalten und zu vermeiden sind, 25. März 2004, hrsg. vom Sekretariat der Deutschen Bischofskonferenz. Bonn, 2004, (zit.: Verlautbarungen des Apostolischen Stuhls, Instruktion Redemptionis Sacramentum)

Ders., Instruktion zu einigen Fragen über die Mitarbeit der Laien am Dienst der Priester, 15. August 1997, hrsg. vom Sekretariat der Deutschen Bischofskonferenz. Bonn, 1997, (zit.: Verlautbarungen des Apostolischen Stuhls, Instruktion zu einigen Fragen über die Mitarbeit der Laien am Dienst der Priester)

Wach, Adolf, Das Recht der Zeugnisverweigerung. in: Der Gerichtssaal, Zeitschrift für Strafverfahrensrecht und die ergänzenden Disziplinen, 1905, 1–27, (zit.: Wach, Das Recht der Zeugnisverweigerung)

Wagner, Herbert, Einführung in das Recht für Sozialarbeiter und Sozialpädagogen. 3. Aufl. Neuwied, Kriftel, Berlin, 1996, (zit.: Wagner, Einführung in das Recht)

Weber, Hermann, Die Verleihung der Körperschaftsrechte an Religionsgemeinschaften. Grundsätzliche und aktuelle Probleme. in: ZevKR, 1989, 337–383, (zit.: Weber, Die Verleihung der Körperschaftsrechte an Religionsgemeinschaften)

Ders., Körperschaftsstatus für die Religionsgemeinschaft der Zeugen Jehovas in Deutschland? in: ZevKR, 1996, 172–222, (zit.: Weber, Körperschaftsstatus für die Religionsgemeinschaft der Zeugen Jehovas)

Ders., Die Religionsfreiheit im nationalen und internationalen Verständnis. in: ZevKR, 2000, 109–156, (zit.: Weber, Die Religionsfreiheit im nationalen und internationalen Verständnis)

Ders., Der Körperschaftsstatus der Religionsgemeinschaften in der Bundesrepublik Deutschland und nach dem Zeugen-Jehovas-Urteil des Bundesverfassungsgerichts. in: Religion – Staat – Gesellschaft, 2001, 47–77, (zit.: Weber, Der Körperschaftsstatus, Religion – Staat – Gesellschaft)

Wegener, Roland, Staat und Verbände im Sachbereich Wohlfahrtspflege. Eine Studie zum Verhältnis von Staat, Kirche und Gesellschaft im polititischen Gemeinwesen. Berlin, 1978, (zit.: Wegener, Wohlfahrtspflege)

Weier, Joseph, Der ständige Diakon im Recht der lateinischen Kirche unter besonderer Berücksichtigung der Rechtslage in der Bundesrepublik Deutschland. Essen, 1989, (zit.: Weier, Der ständige Diakon)

Weigand, Thomas, Empfehlen sich gesetzliche Änderungen, um Zeugen und andere nicht beschuldigte Personen im Strafprozeß besser vor Nachteilen zu bewahren?, Gutachten C für den 62. Deutschen Juristentag. Band I. München, 1998, (zit.: Weigand, Gutachten zum 62. Deutschen Juristentag)

Wendt, Günther, Die Gestaltungsfreiheit der Kirche im Rahmen ihres öffentlich-rechtlichen Status. in: Jung, H. G. et al. (Hrsg.): Autonomie der Kirche. Symposium für Armin Füllkrug. Neuwied, Darmstadt, 1979, (zit.: Wendt, Gestaltungsfreiheit)

Wenz, Gunther, Art.: Amt (1-5). in: Campenhausen, Axel von/ Riedel-Spangenberger, Ilona/ Sebott, Reinhold (Hrsg.): Lexikon für Kirchen- und Staatskirchenrecht. Band 1, A-F. Paderborn, 2000, 74–78, (zit.: Wenz, Art. Amt, LStKR)

Wieczorek, Bernhard (Hrsg.)/ Rössler, Georg F. (Bearb.), Zivilprozessordnung und Nebengesetze, §§ 253 - 510c. Band 2, neubearb. 2. Aufl. Berlin, 1976, (zit.: Wieczorek)

Wilms, Heinrich, Glaubensgemeinschaften als Körperschaften des öffentlichen Rechts. in: NJW, 2003, 1083–1090, (zit.: Wilms, Glaubensgemeinschaften als Körperschaften des öffentlichen Rechts)

Winkler, Eberhard, Art.: Pfarrer (II.). in: Krause, Gerhard/ Müller, Gerhard (Hrsg.): Theologische Realenzyklopädie. Band XXVI, Berlin, New York, 1996, 360–374, (zit.: Winkler, Art. Pfarrer II)

Würtenberger, Thomas, Anmerkung zu BVerfG, Beschluß vom 19. Juli 1972. in: JZ, 1973, 784–786, (zit.: Würtenberger, Anmerkung zu BVerfG)

Zacharias, Diana, Verfassungsrechtliche Voraussetzungen für die Verleihung der Körperschaftsrechte – Anmerkungen zum „Zeugen Jehovas-Urteil“ des BVerfG. in: Kirche und Recht, 2001, 33–48, (zit.: Zacharias, Verfassungsrechtliche Voraussetzungen für die Verleihung der Körperschaftsrechte)

Zimmermann, Walter, Zivilprozeßordnung mit Gerichtsverfassungsgesetz und Nebengesetzen. Kommentar anhand der höchstrichterlichen Rechtsprechung. Heidelberg, 2002, (zit.: Zimmermann)

Zöller, Richard (Begr.)/ Geimer, Reinhold (Bearb.), Zivilprozessordnung mit Gerichtsverfassungsgesetz und den Einführungsgesetzen, mit Internationalem Zivilprozessrecht, EG-Verordnungen, Kostenanmerkungen; Kommentar, neubearb. 24. Aufl. Köln, 2004, (zit.: Zöller - Bearbeiter)

Schriften zum Staatskirchenrecht

Herausgegeben von Axel Frhr. von Campenhausen und Christoph Link

Band 1 Christoph Link: Staat und Kirche in der neueren deutschen Geschichte. Fünf Abhandlungen. 2000.

Band 2 Andreas Franitza: Der Allgemeine Hannoversche Klosterfonds und die Klosterkammer Hannover. Untersuchung zur rechtsgeschichtlichen Entwicklung. 2000.

Band 3 Reinald Willenberg: Rundfunk unter kirchlicher Trägerschaft. 2001.

Band 4 Martin Fischer: Kirchliche Beiträge im Fernsehen. Darstellung eines abgestuften Mitgestaltungsmodells kirchlicher Beteiligung im Fernsehen. 2001.

Band 5 Bernd Albrecht von Garmissen: Landwirtschaftliches Grundvermögen in kirchlicher Hand. Dargestellt am Beispiel der Evangelischen Kirche in Deutschland und unter besonderer Berücksichtigung der Evangelisch-Lutherischen Landeskirche Hannovers. 2001.

Band 6 Berend Lindner: Entstehung und Untergang von Körperschaften des öffentlichen Rechts. Unter besonderer Berücksichtigung der Religions- und Weltanschauungsgemeinschaften. 2002.

Band 7 Gesa Dirksen: Das deutsche Staatskirchenrecht - Freiheitsordnung oder Fehlentwicklung? 2003.

Band 8 Im Dienste der Sache. Liber amicorum für Joachim Gaertner. Herausgegeben von Ricarda Dill, Stephan Reimers, Christoph Thiele. 2003.

Band 9 Arnd Diringer: Scientology. Verbotsmöglichkeit einer verfassungsfeindlichen Bekenntnisgemeinschaft. 2003.

Band 10 Konstantin v. Notz: Lebensführungspflichten im evangelischen Kirchenrecht. 2003.

Band 11 Matthias Schwara: Die Heiliggeistkirche in Heidelberg im Wandel der Zeiten. Ein Beitrag zur Rechtsgeschichte Südwestdeutschlands. 2003.

Band 12 Axel Frhr. von Campenhausen (Hrsg.): Deutsches Staatskirchenrecht zwischen Grundgesetz und EU-Gemeinschaftsrecht. Symposion im Kirchenamt der Evangelischen Kirche in Deutschland am 25. und 26. April 2002 in Hannover. 2003.

Band 13 Thomas Bauer: Die GmbH als Rechtsform karitativer Einrichtungen der Kirche. 2003.

Band 14 Anne-Ruth Glawatz: Die Zuordnung privatrechtlich organisierter Diakonie zur evangelischen Kirche. Unter besonderer Berücksichtigung von unternehmerischen Umstrukturierungen in der Diakonie. 2003.

Band 15 Detlef Kehlen: Europäische Antidiskriminierung und kirchliches Selbstbestimmungsrecht. Zur Auslegung von Art. 13 EG und Art. 4 der Richtlinie 2000/78/EG. 2003.

Band 16 Andreas Grube: Der Sonntag und die kirchlichen Feiertage zwischen Gefährdung und Bewährung. Aspekte der feiertagsrechtlichen Entwicklung im 19. und 20. Jahrhundert. 2003.

Band 17 Burghard Winkel: Kirche und Vergaberecht. Der vergaberechtliche Status der evangelischen Landeskirchen in Deutschland. 2004.

Band 18 Suzanne Mann: Das Kopftuch der muslimischen Lehramtsanwärterin als Eignungsmangel im Beamtenrecht. 2004.

Band 19 Markus Ogorek: Geltung und Fortbestand der Verfassungsgarantie staatlichen Religionsunterrichts in den neuen Bundesländern. Ein Beitrag zur Lehre vom sogenannten Verfassungswandel. 2004.

Band 20 Steffen Rupp: Verwaltungsmodernisierung in der Kirche. Eine Untersuchung am Beispiel des Neuen Steuerungsmodells der Evangelischen Landeskirche in Baden. 2004.

Band 21 Gunter Barwig: Die Geltung der Grundrechte im kirchlichen Bereich. Eine Untersuchung zur Grundrechtsfähigkeit und Grundrechtsbindung der Religionsgemeinschaften. 2004.

Band 22 Andreas Kasper: Sozialsponsoring. Eine rechtliche Bewertung unter besonderer Berücksichtigung des Sponsorings kirchlicher Werke und Einrichtungen. 2004.

Band 23 Martin Rauhaus: Das kirchenrechtliche Gemeindeprinzip und seine Auswirkungen auf die kirchliche Verfassungsgestaltung. Dargestellt am Beispiel der Verfassung der evangelisch-reformierten Kirche. 2005.

Band 24 Heidi Reichegger: Die Auswirkungen der Richtlinie 2000/78/EG auf das kirchliche Arbeitsrecht unter Berücksichtigung von Gemeinschaftsgrundrechten als Auslegungsmaxime. 2005.

Band 25 Matthias Triebel: Das europäische Religionsrecht am Beispiel der arbeitsrechtlichen Anti-Diskriminierungsrichtlinie 2000/78/EG. 2005.

Band 26 René Seidel: Die Anerkennung der privaten Ersatzschule und ihre Auswirkungen auf das Privatschulverhältnis. 2005.

Band 27 Uta Kleine: Die Eingrenzung des Haftungsrisikos für den ehrenamtlichen Betreuer. 2005.

Band 28 Gerrit Nils Beermann: Hoheitsbetriebe von Kirchen und Religionsgemeinschaften. Eine körperschaftsteuerliche Untersuchung. 2005.

Band 29 Falko Tappen: Kirchliche Vermögensverwaltung am Beispiel des Ethischen Investments. 2005.

Band 30 Walter Fischedick: Die Zeugnisverweigerungsrechte von Geistlichen und kirchlichen Mitarbeitern. 2006.

Gunter Barwig

Die Geltung der Grundrechte im kirchlichen Bereich

Eine Untersuchung zur Grundrechtsfähigkeit und Grundrechtsbindung der Religionsgemeinschaften

Frankfurt am Main, Berlin, Bern, Bruxelles, New York, Oxford, Wien, 2004. 346 S.
Schriften zum Staatskirchenrecht.
Herausgegeben von Axel Frhr. von Campenhausen und Christoph Link. Bd. 21
ISBN 3-631-52302-5 · br. € 56.50*

Neben dem Staat beeinträchtigen auch Kirchen und Religionsgemeinschaften den Einzelnen in seinen Grundrechten. Da das Kirchenmitglied zugleich Staatsbürger ist, stellt sich das Problem, ob die Religionsgemeinschaften zur Achtung der Grundrechte des Grundgesetzes verpflichtet sind. Weiter wendet sich die Arbeit der bislang nur wenig diskutierten Frage zu, ob die Religionsgemeinschaften bereit sind, staatliche Grundrechte in ihr innerkirchliches Rechtssystem aufzunehmen. Eine Auseinandersetzung mit bestehenden kircheneigenen Grundrechten des Codex Iuris Canonici sowie der einzelnen Verfassungen der Landeskirchen ist dabei unumgänglich. Die Religionsgemeinschaften selbst sehen sich aber auch der Beschränkung ihrer Rechte durch Staat und Gesellschaft ausgesetzt. Die sich daher ergebende Frage der Grundrechtsträgerschaft der Kirchen beantwortet der Autor unter Berücksichtigung des verfassungsrechtlichen Systems des Grundgesetzes.

Aus dem Inhalt: Grundrechtsfähigkeit der Religionsgemeinschaften · Grundrechtsbindung der Religionsgemeinschaften · Bindung der Kirchen an staatliche Grundrechte kraft innerkirchlicher Rezeption · Kirchliche Grundrechte im Bereich der römisch-katholischen Kirche und der evangelischen Landeskirchen